MACHADO DE ASSIS, HISTORIADOR

SIDNEY CHALHOUB

Machado de Assis, historiador

COMPANHIA DAS LETRAS

Grafia atualizada segundo o Acordo Ortográfico da Língua Portuguesa de 1990, que entrou em vigor no Brasil em 2009.

Capa
Ettore Bottini

Foto de capa
Hilton Ribeiro
Pince-nez: Cortesia Museu dos Óculos Gioconda Giannini

Preparação
Beatriz de Freitas Moreira

Índice remissivo
Luciano Marchiori

Revisão
Ana Maria Barbosa
Carmen T. S. da Costa

Atualização ortográfica
Marise Leal

Dados Internacionais de Catalogação na Publicação (CIP)
Câmara Brasileira do Livro, SP, Brasil

Chalhoub, Sidney
Machado de Assis : historiador / Sidney Chalhoub. — 1ª ed. — São Paulo : Companhia das Letras, 2003.

ISBN 978-85-359-0435-2

1. Assis, Machado de, 1839-1908 — Crítica e interpretação 2. Crítica literária 3. História na literatura 4. Literatura e história I. Título.

03-5966 CDD-869.9309

Índice para catálogo sistemático:
1. Assis, Machado de : Historiador : Literatura brasileira : Crítica e interpretação 869.9309

EDITORA SCHWARCZ S.A.
Rua Bandeira Paulista, 702, cj. 32
04532-002 — São Paulo — SP
Telefone: (11) 3707-3500
www.companhiadasletras.com.br
www.blogdacompanhia.com.br
facebook.com/companhiadasletras
instagram.com/companhiadasletras
twitter.com/cialetras

Dedico a
Lara, a minha Helena,
Lucas e Sandra, de novo, e sempre

Sumário

Prólogo e agradecimentos

A pesquisa que originou este livro iniciou-se, inadvertidamente, em fins da década de 1980. Redigia, à época, um livro sobre a história da escravidão no Rio imperial. Por acidente de percurso, que já não cabe aqui relembrar, retornei à obra de Machado de Assis enquanto escrevia aquele texto. Viajei então em suas páginas impregnadas do velho Rio, aquela cidade de distinção senhorial, rua do Ouvidor, teatro lírico, folhetins, política, burocracia, finanças e todo o "resto" — escravos, agregados, caixeiros, operários, cortiços, febre amarela, varíola... Como historiador, desde sempre, fora esse "resto" que me interessara. A releitura de Machado, mediada por vários anos de pesquisa sobre a história social do Rio no século XIX, foi dessas experiências intelectuais que não passam, e ainda assim deixam saudade. Surpreso, encontrava naqueles textos exposição detalhada das políticas de dominação social que buscava reconstituir a partir de outras fontes históricas; perplexo, percebia ali muita alegoria e reflexão sistemática sobre a experiência social de escravos, dependentes e outros sujeitos que, dizia-se, não estavam no centro da obra de Machado. Aos poucos, e após outra longa pesquisa — sobre epidemias na Corte imperial — à sombra dos textos machadianos, pareceu-me de bom alvitre deixar de mudar de assunto.

Em meados dos anos 1990, incomodado com a carência de informações mais diretas sobre as ideias políticas e sociais do romancista, passei a investigar com cuidado a vida do funcionário público Joaquim Maria Machado de Assis. Conhecedor dos meandros da administração imperial, ciente da possibilidade de encontrar tesouros insuspeitados nalguns daqueles maços e mais maços de rotina burocrática, li tudo que pude encontrar sobre o trabalho na segunda seção da Diretoria da Agricultura do Ministério da Agricultura durante o período no qual Machado chefiou tal repartição — de meados dos anos 1870 até o final da década de 1880. Descobri logo que os principais assuntos da seção eram política de terras e escravidão — neste caso, mais precisamente, estava encarregada de acompanhar a aplicação da lei de 28 de setembro de 1871, depois apelidada Lei do Ventre Livre.

O resultado da coleta foi desigual. Nos livros de minutas de avisos e ofícios redigidos na repartição quase nada está assinado. Esse problema foi fácil de resolver, pois bastou arranjar algumas páginas fotocopiadas com a caligrafia de nossa personagem e passar dias divertidos no Arquivo Nacional, a identificar sinuosidades habituais dessa ou daquela letra. Após algum treino, achava os manuscritos do bruxo num relance. Para aumentar a minha autoconfiança, encontrava, mui raramente, um bilhete ou outra coisa deveras assinada pelo chefe da seção. De qualquer modo, parecia evidente, pelo estudo da rotina do serviço, que Machado examinava, pelo menos superficialmente, tudo que circulava em seu setor. Também se tornou razoável supor que era o principal responsável pelas diretrizes políticas gerais do trabalho da seção, ainda que isso pouco signifique quanto à orientação geral da Diretoria da Agricultura, ainda menos do Ministério da Agricultura, mais remotamente ainda do governo imperial... De fato, aprendi bem mais durante a pesquisa nas situações em que foi possível recuperar com algum detalhe, sobre uma qualquer questão à baila, o debate entre os funcionários da segunda seção e os de outros setores do governo imperial — superiores em hierarquia, na esmagadora maioria dos casos.

Todavia, a coleta mostrava-se desigual num outro aspecto, mais difícil de contornar. Encontrei desde o início um volume impressionante de material sobre política de terras. A seção opinava cotidianamente sobre invasão de terras devolutas, demarcação e medição de terras, posses, sesmarias, terras de aldeamento, corte de madeiras e outras tantas questões fundiárias. Durante alguns anos, li, selecionei, copiei, comprei microfilmes, juntei enfim quantidade absurda de material sobre o tema, que está agora a atravancar a biblioteca doméstica. Não usei nada disso neste texto. Com o tempo, notei a ausência quase completa de avisos e ofícios sobre escravidão e emancipação de escravos nos livros que consultava. Avançava na pesquisa, recorria a outras fontes e tinha notícia desse ou daquele aspecto da lei de 28 de setembro de 1871 discutido na seção, porém não achava nada disso na documentação manuscrita da repartição. Talvez por acreditar que pesquisa em arquivos nunca encontra obstáculos, apenas sugere novas pistas, busquei "cercar" a segunda seção em outros setores e fontes da administração pública. Tinha de descobrir pareceres sobre a lei de 1871, pelo encanto do desafio, mas também porque o meu modo de ler os romances de Machado dependia muito visceralmente de interpretar o sentido da experiência histórica da década de 1870, toda ela marcada pelos debates para a aprovação da dita lei e pelas consequências de sua aplicação.

De início, fiz o óbvio. Li todos os relatórios ministeriais

da Agricultura e seus anexos, alguns deles incrivelmente ricos e detalhados, mais outras fontes impressas, leis e regulamentos. Nalgum ponto, passei a compulsar os pareceres sobre escravidão, muitos deles sobre aspectos da lei de 1871, nos papéis do Conselho de Estado. Lá estava a segunda seção a formular várias das consultas enviadas aos conselheiros, a emitir pareceres e réplicas — às vezes transcritas, outras vezes resumidas, outras vezes mui rapidamente mencionadas. A vantagem dessa documentação estava pois na chance de vislumbrar Machado de Assis e a segunda seção numa arena de luta, numa gama de interesses diversos e contraditórios, mesmo que circunscritos pela estrutura e rotina da administração pública. Ainda que fosse ilusório esperar encontrar, em tais fontes e circunstâncias, longas expansões de Machado sobre suas ideias políticas e sociais, o fato é que havia uma ou outra passagem sugestiva a merecer releituras numa rede apertada de interlocução social. Esse acidente de percurso ocupou-me os últimos três anos, talvez mais, não sei dizer. Ao terminar o quarto capítulo, havia aportado em algum lugar, e dei por concluída essa etapa. Quanto à política de terras, "cousas futuras", quem sabe.

A organização deste volume traduz, digamos assim, as duas vertentes que constituíram o esforço de investigação. Os três primeiros capítulos interpretam romances de Machado de Assis, em busca do sentido das mudanças históricas do período, segundo a visão dele, e conforme a sua intenção, ou ao arrepio dela. Não sei se me entendem. O próprio Machado me socorre, por meio de seu narrador d'além-túmulo, para dizer que o "melhor prólogo é o que contém menos cousas, ou o que as diz de um jeito obscuro e truncado". Que assim seja. A leitora entenderá bem o intuito desses capítulos ao ler o primeiro deles. O quarto e assaz longo capítulo apresenta os resultados da pesquisa sobre o debate, a aprovação e a aplicação da lei de 28 de setembro de

1871. Capítulo tradicional de História, enfim, para fundamentar o modo de ler as histórias nos três primeiros. Verdade que tudo isso confunde um tanto as coisas. Não me ocorreria ler as histórias de determinado modo sem o estofo da História que conto depois, mas que não aprendi depois. Também é verdade que não veria História nenhuma nas histórias de Machado de Assis sem a experiência intelectual de ler outros intérpretes dele, com os quais tento estabelecer um diálogo mais direto. Refiro-me, principalmente, a John Gledson e a Roberto Schwarz. O primeiro incentivou-me algumas vezes, em conversas pessoais e por correspondência, e devo agradecer-lhe por isso também.

Aos agradecimentos, pois. Como sempre, minha dívida principal é para com o Arquivo Nacional, onde realizei praticamente toda a pesquisa. Sou muito grato a Helena, Rogério, Sátiro e Valéria, que me auxiliam há anos na sala de consulta do Arquivo. Na Unicamp, utilizei as bibliotecas do Instituto de Filosofia e Ciências Humanas, do Instituto de Estudos da Linguagem e do Centro de Memória, e agradeço a todos os funcionários a gentileza com que me atendem. Nos Estados Unidos, estive no Institute for the Humanities, da Universidade de Michigan, no primeiro semestre de 2000. Durante alguns meses trabalhei em condições excelentes, apoiado por equipe atenciosa e pela ótima biblioteca da universidade. O CNPq presta auxílio financeiro ao projeto desde 1996, por meio de bolsa de produtividade em pesquisa; a Fapesp concedeu-me bolsa de pós-doutorado, o que permitiu prolongar a estadia na Universidade de Michigan.

São tantos anos a apresentar seminários e palestras sobre Machado de Assis, no Brasil e nos Estados Unidos, que é impossível lembrar de todos que me brindaram com sugestões e comentários críticos. Nos Estados Unidos, agradeço em especial a Peter Beattie, Dain Borges, Brodwin Fischer, Richard Graham, Sandra Graham, Aims McGuinness, Rebecca Scott e

Thomas Trautmann. Mui especialmente, a Sueann Caulfield, que me acolheu em Michigan e incentivou este projeto todo o tempo. David Treece enviou, de Londres, comentários sobre versão anterior do terceiro capítulo. Na Unicamp, meu carinho e gratidão às amigas e parceiras de tantos anos: Maria Clementina Pereira Cunha e Silvia Lara. Nossos debates em seminários são às vezes tão intensos, sempre tão ricos, que é possível que eu tenha roubado uma ou outra ideia delas sem me dar conta. Robert Slenes continua meu mestre, ponto. Foi ele quem sugeriu, há muito tempo, talvez nem se lembre, o retorno a Machado de Assis. Ainda no âmbito do Centro de Pesquisa em História Social da Cultura (Cecult), Cláudio Batalha e Carlos Roberto Galvão Sobrinho apoiaram sempre, criticaram quando necessário. Cláudio fez também a gentileza de me resolver inúmeros assuntos domésticos quando estive por longo período, e com toda a família, nos Estados Unidos. Henrique Espada Lima Filho e Leonardo Affonso de Miranda Pereira foram grandes companheiros de trabalho no Cecult; e continuo sob a proteção indispensável de Uliana Ferlim e Luciana Barbeiro. Michael Hall leu, comentou e corrigiu as primeiras versões — redigidas em inglês — dos segundo e terceiro capítulos. Aos funcionários do Arquivo Edgard Leuenroth, da Unicamp, agradeço a consulta a um ou outro documento, mas sobretudo a paciência com que aturaram um diretor um tanto avoado, outro quanto ausente, nesses últimos meses. Regina Horta Duarte enviou sugestões e críticas de Belo Horizonte. Margarida de Sousa Neves comentou versão do terceiro capítulo em mesa-redonda da Anpuh/2001 — com aquela amálgama de agudeza crítica e carinho de que só ela parece capaz. O texto foi defendido como tese em concurso ao cargo de professor titular, na Unicamp, em julho de 2003. Agradeço aos membros da banca por sua leitura atenta e generosa: Arnaldo Contier, Janice Theodoro da Silva, Angela Maria de Castro Gomes, João José Reis e Ítalo Tronca. Finalmente, um agradecimento especial a Marta Garcia, da Companhia das Letras, pela gentileza e cuidado na preparação de meus livros.

É um prazer reconhecer que este trabalho foi concebido e nutrido, em grande parte, nas salas de aula. Ministrei vários cursos sobre história e literatura ao longo da década de 1990, vários deles sobre Machado de Assis. Os três primeiros capítulos, de fato, surgiram na preparação das aulas para tais cursos. Nesse período, vários alunos que frequentaram essas disciplinas formaram-se na graduação, fizeram mestrado, concluíram doutorado, ingressaram no pós-doutorado..., ou se foram para outras universidades. Outros continuaram à roda, alguns na torcida explícita para que eu concluísse o texto. Sou grato a todos pelas perguntas e pelo ceticismo construtivo, expresso às vezes numa careta, num olhar enviesado. Menciono três deles, de quem tenho aprendido muito, na leitura do que escrevem, e naquilo que dizem sobre o que escrevo: Gabriela dos Reis Sampaio, Jefferson Cano e Leonardo Affonso de Miranda Pereira.

Quanto à família, apoio incondicional, que não há como agradecer, ficando a esperança de retribuir de igual modo. Pais e sogros acolheram-me no Rio, em tantas viagens de pesquisa. Na casa de meus pais encontrei refúgio para escrever, vez ou outra, quando precisava de dedicação integral ao texto. Sandra continua a meu lado, firme, uma tese atrás da outra. Qualquer palavra de gratidão é pouca. Lucas e Lara nasceram e crescem enquanto o pai lê e escreve sobre Machado de Assis. Nos últimos meses, mostram-se revoltados com tantos fins de semana mornos, sem graça. Lara promete colocar-me "de castigo": "um mês sem trabalhar no computador". Lucas quer navegar na internet. Alegria, crianças, podem brincar nesta geringonça.

1. Paternalismo e escravidão em *Helena*

ARGUMENTO

Ao contar suas histórias, Machado de Assis escreveu e reescreveu a história do Brasil no século XIX. Essa hipótese vem sendo defendida, a meu ver de forma bastante convincente, por críticos literários como Roberto Schwarz e John Gledson, e tem se revelado importante para desvendar e potencializar significados nos textos machadianos.[1] Na ótica de Schwarz, a obra de Machado é interpretada como um comentário "estrutural", por assim dizer, sobre a sociedade brasileira do século XIX: o romancista expressa e analisa aspectos essenciais ao funcionamento e reprodução das estruturas de autoridade e exploração vigentes no período. Schwarz procura mesmo explicar a trajetória da obra machadiana como um processo de experimentação e busca de um "dispositivo literário" que "capta e dramatiza a estrutura do país, transformada em regra de escrita".[2] Gledson, por outro lado, está mais preocupado em perseguir o movimento da história nos escritos de Machado: o crítico demonstra, num procedimento sistemático de decifração de alusões e alegorias, que o romancista comentou intensamente as transformações sociais e políticas de seu tempo. Se a pena de Gledson revela um Machado empenhado em interpretar o sentido da história, também mostra que tal esforço é acompanhado de um processo não menos intenso de dissimulação e despistamento do leitor, que não raro vê o seu esforço de entendimento solenemente enviado para as calendas gregas.

É claro que as perspectivas de Schwarz e Gledson se completam, e que questões de estrutura e de movimento são pertinentes e precisam estar presentes na análise da textura sempre complexa, quando não deliberadamente minada, do romance machadiano. Afinal, o próprio Machado já nos mandara a todos para as calendas gregas no capítulo LXXII de *Memórias póstumas de Brás Cubas.* Lá está o crítico e bibliômano, um sujeito magro, amarelo e grisalho, que, setenta anos depois, encontra um exemplar único das *Memórias* e se empenha em decifrar seus aparentes despropósitos. Esse sujeito, que parece amar os livros acima de todas as coisas, e que também é estrábico, míope, calvo e corcunda, vira e revira as palavras, examina-as por dentro e por fora, e finalmente desanima de tentar entender os seus significados. Isso soa como advertência, porém funciona como vertigem.

Neste capítulo, o objetivo é apresentar um modo de ler *Helena* em que a visão de Machado sobre a história social e política do Brasil em meados do século XIX ocupa o centro da concepção e estrutura narrativa da obra. Em resumo, esse romance seria uma interpretação da sociedade brasileira durante o período de hegemonia do projeto saquarema — "o tempo saquarema", na expressão cunhada por Ilmar Mattos.[3] Em *Helena*, os acontecimentos narrados estão situados na década de 1850, o que permite a Machado uma análise pormenorizada da vigência de uma hegemonia política e cultural, historicamente específica, que informa e organiza a reprodução das relações sociais desiguais. Em outras palavras, uma política de domínio assentada na inviolabilidade da vontade senhorial e na ideologia da produção de dependentes garante uma unidade de sentido à totalidade das relações sociais, que parecem então seguir o seu curso natural e inabalável. Todavia, *Helena* não podia ser apenas o registro de certa estrutura de dominação: Machado escreveu tal romance em 1876, evocando as práticas sociais e o "clima" vigentes na década de 1850. Ou seja, é preciso ler *Helena* em suas duas historicidades: a da narrativa — anos 1850 — e a do autor — 1876 —, e considerar que houve, de permeio, a crise social e os debates políticos intensos que culminaram na lei de 28 de setembro de 1871, depois conhecida como Lei do Ventre Livre. Escrito na perspectiva de quem presenciara a emergência da crise nas formas tradicionais de domínio, *Helena* se torna também uma revelação, às vezes sutil, outras vezes aberta e até informada pelo propósito da denúncia, dos antagonismos e da violência inerentes às relações sociais vigentes durante "o tempo saquarema".

A IDEOLOGIA SENHORIAL: DESCRIÇÃO

Os capítulos iniciais do romance, e especialmente o segundo, são uma cuidadosa descrição da ideologia senhorial. Morto o conselheiro Vale, personagem de família tradicional e pertencente às "primeiras classes da sociedade", as ações e tensões convergem para as disposições testamentárias do finado. O episódio parece exemplar e concentra o significado social mais decisivo a um determinado ideário de dominação de classe: a vontade do chefe de família, do senhor-proprietário, é inviolável, e é essa vontade que organiza e dá sentido às relações sociais que a circundam. Um dos momentos mais cruciais e ritualísticos desse ideal de dominação/subordinação é o da morte seguida da abertura de testamento; de fato, o que fica expresso em tal contexto é que a vontade senhorial carrega tamanha inércia que continua a governar os vivos postumamente. Por um lado, o testamento é a manifestação máxima de uma vontade senhorial, sendo ao mesmo tempo o encaminhamento da continuidade de uma política de domínio que precisa sobreviver ao ato derradeiro daquela vontade específica. Por outro lado, a situação do testamento, e posterior inventário, apresenta sempre um potencial de tensão e conflito: os herdeiros defendem seus interesses, e frequentemente se desentendem, no processo de partilha dos bens; os agregados e dependentes em geral vivem a incerteza da permanência de arranjos passados; e os escravos, via de regra o elo mais frágil, enfrentam o risco de ver suas famílias e comunidades divididas entre os herdeiros ou bruscamente destruídas por transações de compra e venda.

O conselheiro Vale, todavia, tivera um único filho, o jovem Estácio, personagem de robustas qualidades e formado em matemáticas. Na ausência de tensão e partilha entre herdeiros, os ricaços do Andaraí poderiam talvez esperar um processo tranquilo de sucessão familiar. Aberto o testamento, com todas as formalidades de praxe, descobre-se que o conselheiro reconhecia uma filha natural, de nome Helena, declarada herdeira da parte que lhe tocasse de seus bens. Mais ainda, e numa demonstração cabal de que o espírito do morto conhecia perfeitamente o seu direito de governar os vivos, o conselheiro ordenava que a menina fosse viver com a família em Andaraí, e que todos a deveriam tratar "com desvelo e carinho, como se de seu matrimônio fosse" (*H*, cap. II).[4] Em outras palavras, não satisfeito em legar as suas propriedades, o conselheiro Vale dispunha que os seus também lhe deviam herdar os sentimentos.

No céu azul e límpido armou-se logo a tempestade, e Machado, em seguida, e ainda sem abandonar por uma linha sequer o ponto de vista estritamente senhorial, estuda as tensões internas à classe dominante. Aquilo não podia ser, revoltava-se d. Úrsula, irmã do finado, tia do guapo donzel das matemáticas. Se o reconhecimento de Helena já era por si só "um ato de usurpação e um péssimo exemplo" (*H*, cap. II), a boa senhora parecia especialmente irritada com o fato de o defunto procurar impingir-lhe a menina "no seio da família e de seus castos afetos" (*H*, cap. II). Que o finado perfilhasse a menina, vá lá, são as tais "licenças jurídicas", mas governar-lhe os sentimentos em situação tão melindrosa é que não havia de ser. Na realidade, toda a arenga de d. Úrsula sobre a severidade dos costumes e a pureza de seus sentimentos acaba se amoldando à forma de um preconceito de classe: nada se sabia sobre a origem dessa menina, nada constava sobre a mãe, além do nome. Como fazer ascender assim uma "mulher de ordem inferior"? Aquilo fora um excesso, argumentava por seu turno o dr. Camargo, médico e amigo da família. Esse dr. Camargo tinha um sonho, que consistia em casar sua filha Eugênia, "a flor dos seus olhos" (*H*, cap. I), com o herdeiro do Andaraí; por conseguinte, o dito esculápio interpretou a perfilhação de Helena como uma subtração indevida aos bens que, no futuro, seriam de Eugênia. Fora definitivamente um excesso, "à custa de direitos alheios" (*H*, cap. II). Machado é impiedoso quanto aos motivos do dr. Camargo, chega a compará-lo a um "réptil" (*H*, cap. VII), e se delicia em descrever a frívola Eugênia como "uma das mais brilhantes estrelas *entre as menores* do céu fluminense" (grifo meu, *H*, cap. V).

O fato, porém, é que os preconceitos de d. Úrsula e a cupidez pecuniária do doutor acabaram se esvaindo diante de Estácio, o legítimo herdeiro das prerrogativas morais e materiais do conselheiro. Não surpreende que tenha de ser assim, pois o filho era o principal interessado em que as últimas vontades do pai fossem cumpridas; com efeito, o ritual de submissão às determinações derradeiras do finado significava solidificar a própria condição de Estácio como detentor, daí em diante, do poder de exercício da vontade senhorial. Na ficção ou invenção característica dessa política de domínio, Estácio passava a encarar o mundo à sua volta como mera expansão, quiçá uma concessão, de sua vontade. Machado faz com que o jovem encare os eventos como uma espécie de destino de classe, e chega, com efeito, a explicar "que ele não cedia nem esquecia nenhum dos direitos e deveres que lhe davam a classe em que nascera" (*H*, cap. II). É a Estácio, portanto, que fica a incumbência de aparar as divisões internas e disciplinar as resistências e ambições que poderiam comprometer o rumo "natural" das coisas. E o rapaz bate o martelo, com firmeza, mas com a polidez e a elegância que eram um dever em sua condição. Assim, ao constatar a insatisfação da tia com o reconhecimento de Helena, Estácio conclui porém que "uma vez que seu pai assim o ordenava [...] ele a aceitava tal qual, sem pesar nem reserva" (*H*, cap. II); em seguida, ao responder às ponderações do dr. Camargo de que o conselheiro teria sido mais prático e justo caso tivesse se limitado a deixar um legado a Helena, o rapagão do Andaraí dispara que "a estrita justiça é a vontade de meu pai" (*H*, cap. II); cada vez mais incisivo, Estácio pinga ponto final à discussão: "Não quero saber [...] se há excesso na disposição testamentária de meu pai. Se o há, é legítimo" (*H*, cap. II). Diante da firmeza inquebrantável do mancebo, só resta ao réptil um recuo estratégico: Camargo admite serem inúteis os seus esforços e afirma que o melhor era cumprir a resolução do finado, "lealmente, sem hesitação nem pesar" (*H*, cap. II); pouco adiante, em conversa com d. Úrsula, o doutor observa que Estácio aceitava os fatos "filosoficamente e até com satisfação", e concorda "que mais nada há do que cumprir textualmente a vontade do conselheiro" (*H*, cap. II). A satisfação de Estácio, que o doutor dizia não compreender, é facilmente explicável: ele conseguira manter o controle dos acontecimentos, entrava no pleno exercício de suas prerrogativas senhoriais, e evitava ainda o risco de uma divisão definitiva do patrimônio numa partilha não amigável. Afinal, a vontade do conselheiro expressa em testamento tinha força legal, e Helena adquiria direitos que, caso usurpados, poderiam originar uma longa, incerta e desgastante batalha judicial. Estácio era, efetivamente, o hábil depositário de uma tradição, um chefe de família/senhor/proprietário, garantidor e continuador de toda uma hegemonia política e cultural.

A IDEOLOGIA SENHORIAL: UMA LEITURA A CONTRAPELO

Disse Estácio: que venha a menina. E assim se fez. Moça feita, de dezesseis para dezessete anos, educada num colégio de Botafogo, Helena tinha prendas tais que deviam empalidecer as moçoilas bem-nascidas à sua volta: "magnífica voz de contralto", "pianista distinta", ótima desenhista, fluente em francês e sabendo um pouco de inglês e italiano, além da costura e dos bordados de costume (*H*, cap. IV). No que tange à beleza, belíssima. Apesar do mistério quanto à sua origem, e da resistência inicial que começava na tia Úrsula, passava pelos amigos da família e chegava até às senzalas, Helena acabou seduzindo todos — menos, é claro, o réptil do Camargo —, pois a donzela "conseguia polir os ásperos, atrair os indiferentes e domar os hostis" (*H*, cap. IV).

Nada disso, todavia, era ainda o melhor de Helena. Se nos capítulos iniciais do livro Machado descrevera a ideologia senhorial e explorara as tensões internas à classe dominante, com Helena ele nos lança no bojo dos antagonismos de classe constitutivos dessa política específica de domínio. O processo é extremamente sutil, por isso tenho dificuldade de avaliar o tanto de planejamento e o quanto de intuição havia nos procedimentos narrativos de Machado. A chave do problema, talvez a chave do livro, consiste em perceber que há na personagem Helena, apesar das aparências em contrário, uma visão de mundo que lhe é própria, e que não pode ser entendida se referida apenas à ideologia senhorial. Dito de outra forma, a protagonista decerto conhecia e compartilhava os significados sociais gerais que, regidos por Estácio e criaturas semelhantes, reproduziam aquele universo de relações sociais; o fato crucial, no entanto, é que Helena, por sua posição ambivalente, está condenada a uma introjeção crítica dos valores e significados que organizam o mundo a partir do ponto de vista de Estácio.

O primeiro aspecto a observar é que Helena tem um método próprio, por assim dizer, de conversar e de, conversando, interpretar a realidade à sua volta. Tal método está exposto em detalhe no capítulo VI, em meia dúzia de páginas surpreendentes. Tudo começa com uma aparente puerilidade da mocinha: estando em companhia de Estácio e de d. Úrsula, a filha do conselheiro revela que, ao folhear um livro de geometria, tivera o desejo de aprender a montar a cavalo. Como não parecia haver aí qualquer relação manifesta de causa e efeito, o espanto foi geral. A pimentinha, satisfeita da travessura, explica então que folheava o livro de geometria quando ouviu um tropel de cavalos e, chegando à janela, ficara encantada com a garbosidade da amazona que passava; estava esclarecido, por conseguinte, o desejo de aprender a montar a cavalo. Na linha abaixo, Estácio já se oferece para dar lições de equitação à irmã, e os dois acertam uma aula para a manhã seguinte.

O episódio é tão insólito e pueril que o leitor dificilmente se deterá em examinar o que Helena está fazendo na passagem. No entanto, a leitora atenta suspeitará talvez que Helena mentiu. A puerilidade do motivo inicial e depois a descrição visivelmente forçada e idealizada da amazona provocam a suspeição. A mocinha pretende passear a cavalo, porém não quer pedir esse favor abertamente a Estácio, e logo ela inventa uma história que obriga o donzel do Andaraí a oferecer-lhe as lições. O fundamental no contexto é que Helena sabe induzir em Estácio o comportamento que lhe interessa a ela; em outras palavras, a moçoila conhece perfeitamente as cadeias de causa e efeito que constituem a estrutura mental do mancebo.

A trama torna-se mais clara no dia seguinte, na ocasião em que havia de ocorrer a tal aula de equitação. Helena apresenta-se a caráter, supostamente compenetrada de sua condição de aluna. Logo adiante, o homem das matemáticas descobre, primeiro espantado, depois bem-humorado, que a galhofeira da irmã sabia cavalgar perfeitamente. Digo mal, pois há muito tutano na suposta galhofa. Leia com atenção o diálogo entre os dois jovens:

> — Não me dirá você, perguntou ele, por que motivo, sabendo montar, pedia-me ontem lições?
>
> — A razão é clara, disse ela; foi uma simples travessura, um capricho... ou antes um cálculo.
>
> — Um cálculo?
>
> — Profundo, hediondo, diabólico, continuou a moça sorrindo. Eu queria passear algumas vezes a cavalo; não era possível sair só, e nesse caso...
>
> — Bastava pedir-me que a acompanhasse.
>
> — Não bastava. Havia um meio de lhe dar mais gosto em sair comigo; era fingir que não sabia montar. A ideia momentânea de sua superioridade neste assunto era bastante para lhe inspirar uma dedicação decidida. (*H*, cap. VI)

Por um lado, tem-se aqui a confirmação de que, do ponto de vista da leitora, é necessário acompanhar os movimentos de Helena em estado de alerta máximo; ou seja, em certo sentido, há sempre a possibilidade de a rapariga estar mentindo, ou de estar omitindo coisas, e logo ela não é confiável. Por outro lado, e uma vez compreendido que a pequena tem um intelecto sofisticado e é capaz de dissimulações, percebemos que ela se torna bastante confiável como intérprete da ideologia senhorial. Helena sabe que, no mundo ideal de Estácio, coisas e pessoas aparecem apenas como expressão da vontade dele, e logo o rapaz e seus semelhantes gostam de se imaginar controladores de uma espécie de economia de concessões e favores. Helena também sabe, como veremos adiante, o quanto essa visão unilateral do mundo encerra de possibilidade de arbítrio e solução violenta de conflitos. No momento, basta reter que a moça percebia que a melhor maneira de obter alguma coisa de Estácio era inculcar-lhe uma superioridade qualquer; em outras palavras, ela decodifica com precisão os motivos do "Senhor geômetra", e com isso consegue arrancar dele aquilo que deseja, com astúcia, mas sem pedir nada, nem tampouco lutar abertamente. E, como o momento é de galhofa, a beldade chega a explicar ao rapagão o quanto havia sido fácil induzi-lo a determinado comportamento.

É claro que Helena não poderia ser tão astuciosa se não fosse crítica na mesma medida — isto é, a condição de sua astúcia é a capacidade de análise e distanciamento em relação ao ponto de vista de Estácio. De fato, o núcleo do método crítico de Helena consiste na relativização sistemática da perspectiva de Estácio. O método se anuncia, como que por acaso, ainda no trecho em que ela aparece pronta para montar a égua Moema e iniciar a aula de equitação (*H*, cap. VI). Em estilo grotescamente professoral, Estácio adverte: "Vença primeiramente o medo". A moça responde na bucha: "Não sei o que é medo". Surpreso, mas tentando não perder a pose de professor, o donzel ironiza a valentia da aprendiza de amazona, e afirma que ele, de sua parte, sabia o que era o medo. A jovem, contudo, prossegue imperturbável: "O medo é um preconceito dos nervos. E um preconceito desfaz-se; basta a simples reflexão". Em seguida, Helena conta que em pequena não entrava em sala escura porque lhe haviam ensinado a acreditar em almas de outro mundo; mais tarde, interrogou-se sobre a possibilidade de uma pessoa morta voltar à terra, e como fazer a pergunta era já lhe dar resposta livrou-se de tamanha tolice, declarando-se agora capaz de ir passear à noite num cemitério. Há aqui, de novo, um quê e tanto de galhofa; todavia, isso não nos deve ludibriar quanto ao significado da passagem: contra as ideias feitas — os preconceitos — de Estácio, Helena anunciava atitude de reflexão e crítica sistemática; mais do que isso, a reflexão era arma diante da qual os preconceitos se desfaziam. O mundo de Estácio, portanto, parecia prestes a sofrer um assalto de exame e crítica.

E assim se fez. Os dois jovens passeavam, e a conversa em certo momento versava sobre as "vantagens da riqueza"; disse Estácio:

> Valem muito os bens da fortuna [...]; eles dão a maior felicidade da Terra, que é a independência absoluta. Nunca experimentei a necessidade; mas imagino que o pior que há nela não é a privação de alguns apetites ou desejos, de sua natureza transitórios, mas sim essa escravidão moral que submete o homem aos outros homens. A riqueza compra até o tempo, que é o mais precioso e fugitivo bem que nos coube. Vê aquele preto que ali está? Para fazer o mesmo trajeto que nós, terá de gastar, a pé, mais de uma hora ou quase.

Antes de acompanharmos o que Helena irá fazer desse pedacinho de filosofice senhorial, cabem algumas observações. A fala de Estácio apresenta um movimento interessante: a fortuna vale muito porque garante a independência absoluta; ora, se a independência é absoluta, as obrigações ou os deveres são nenhuns. Ou seja, na visão de mundo de Estácio não haveria lugar para a noção de reciprocidade, não existiria espaço para o reconhecimento dos direitos de outrem. Em sua forma pura — isto é, caso existisse fora de um contexto de luta de classes —, a ideologia de Estácio seria como o Deus do Gênesis: criaria um mundo a partir do nada; dito de outra forma, criaria um mundo que seria a mera expansão de sua vontade. Todavia, como essa ideologia é produto e ao mesmo tempo instituinte de um contexto de luta de classes, ela é apenas aquilo que permite a Estácio pensar e dizer que está *concedendo* quando, na verdade, estiver *cedendo a pressões*, ou ao menos reconhecendo a existência de antagonismos sociais.

O segundo movimento da fala de Estácio é a oposição entre "independência absoluta" e "escravidão moral". Como vimos, na situação ideal, a tal "independência absoluta", Estácio não tem entraves morais, pois a moral e tudo o mais são apenas produtos de sua vontade; o oposto disso é a dependência moral absoluta, a escravidão. A expressão "escravidão moral" nesse contexto não é apenas eufemismo ou qualquer outro recurso de retórica: ao contrário, ela exprime o lugar preciso da instituição da escravidão no imaginário senhorial. A escravidão é a situação de máxima dependência nessa sociedade em que o centro da política de domínio é a produção de dependentes. Não é por acaso que, logo em seguida, Estácio procura exemplificar e reforçar o seu argumento contrastando a sua situação diretamente com a do preto, que era, "ao parecer, escravo". Senhor e escravo são os dois extremos de uma cadeia que começa na "independência absoluta" e termina na "escravidão moral", na submissão completa, que seria a característica da escravidão.

Insisto, porém, que continuamos no âmbito do mundo que Estácio gostava de *imaginar*. Se Estácio fosse Deus, e o romance de Machado de Assis se tornasse o Gênesis, ainda assim estaríamos apenas nos versículos iniciais das Escrituras. Pois que então venha o homem, e logo a mulher, e logo, logo o pecado, e veremos que a ideologia de Estácio opera num mundo que se faz *na* luta de classes — só para insistir nessa expressão irritante, ridícula, fora de moda. Chega, porém, de blasfêmias, e é Eva, ou melhor, Helena, quem procura trazer Estácio de volta à Terra, e introduzi-lo ao pecado.

Helena atentou no quadro que o irmão lhe indicava. Viu um preto com cerca de quarenta anos e duas mulas. Sentado no capim, o preto esburgava uma laranja e deitava pedaços da casca ao focinho de um dos animais. O homem mostrava-se alegre com o passatempo — "infinitamente" alegre, segundo o narrador — e, no entanto, parecia tratar-se de um cativo. A pequena reflete sobre o que dissera Estácio, a respeito de a riqueza possibilitar a compra do tempo, e retruca finalmente:

> Tem razão, disse Helena: aquele homem gastará muito mais tempo do que nós em caminhar. Mas não é isto uma simples questão de ponto de vista? A rigor, o tempo corre do mesmo modo, quer o esperdicemos, quer o economizemos. O essencial não é fazer muita coisa no menor prazo; é fazer muita coisa aprazível ou útil. Para aquele preto o mais aprazível é, talvez, esse mesmo caminhar a pé, que lhe alongará a jornada, e lhe fará esquecer o cativeiro, se é cativo. É uma hora de pura liberdade. (*H*, cap. VI)

O objetivo de Helena na passagem é mostrar a Estácio que a visão de mundo dele não pode ser o critério ou a medida de todas as coisas. A moça tenta — inutilmente, como veremos — fazer com que o mancebo perceba que sua relação com o mundo precisa conter algo além de procedimentos autoconfirmadores. Há valores, conceitos, formas de interpretar a realidade que negam, ou pelo menos relativizam, a ideologia de Estácio. O exemplo em torno do qual ocorre o diálogo entre os dois jovens é, na verdade, um tanto esdrúxulo. Afinal, não se entende bem o porquê de o guapo donzel do Andaraí estar preocupado em comprar horas e minutos, pois que ele vivia de brisa — ou melhor, dos aluguéis e outros rendimentos da fortuna que herdara. Helena não criticará a perspectiva de Estácio por esse caminho, se bem que poderia fazê-lo, e o verdadeiro pai da menina, Salvador, o fará de forma muito didática e amarga num trecho que logo veremos. A moça não parte para um discurso de denúncia; ela procura desfazer com argumentos, como anunciara, os pilares de sustentação do pensamento de Estácio. De início, Helena apresenta um argumento, digamos, teórico: a experiência da passagem do tempo depende do ponto de vista; assim, a menina contrasta a concepção produtivista defendida pelo rapaz — a de um tempo que se compra, no caso de Estácio, sem haver um porquê — com a ideia de tempo útil ou aprazível — que remete a uma noção pré-capitalista, de tempo por tarefa, sem o ritmo marcado pelo relógio ou pela produção. Essa negação teórica da perspectiva de Estácio, porém, não basta a Helena. O preto à beira da estrada talvez estivesse administrando o tempo de modo a lidar melhor com o cativeiro, procurando quem sabe ampliar ou garantir um espaço de autonomia já arrancado ao senhor — "é uma hora de pura liberdade". A referência agora se faz prática, e Estácio é pressionado a encarar os antagonismos sociais.

A tentativa de Helena foi inútil, e o rapagão não abandonou por um segundo sequer o seu círculo de ideias. Estácio riu, insinuou que a donzela estava sofismando, e elogiou a habilidade da irmã para defender "as causas mais melindrosas". Em seguida, resumiu numa frase o que entendera da fala de Helena: "Nem estou longe de crer que o próprio cativeiro lhe parecerá uma bem-aventurança, se eu lhe disser que é o pior estado do homem". As palavras de Estácio operam uma inversão retórica curiosa, pois ele, que não conseguia pensar a não ser como senhor de escravos, acusava Helena de reabilitar a escravidão. Na verdade, o raciocínio varonil permanece o mesmo: a escravidão é a situação de máxima dependência, e essa condição, para quem preza a "independência absoluta", é "o pior estado do homem". Por conseguinte, Estácio só consegue imaginar aquilo que possa pensar um escravo, em qualquer circunstância, como reflexo ou espelhamento de sua própria maneira de ver as coisas; em outras palavras, os escravos conceberiam a sua condição sempre a partir dos significados sociais gerais impostos pelos senhores. O intuito de Helena fora sugerir que o fato da subordinação — no caso, o cativeiro — não acarretava a inexistência de formas alternativas de interpretar a realidade e, se estou correto, a donzela percebe até mesmo que tais valores alternativos surgem no processo cotidiano de luta contra a opressão — o preto procurava lidar com o tempo de modo a "esquecer o cativeiro" e alcançar "uma hora de pura liberdade".

A frase de Estácio insinuando que Helena edulcorava a escravidão não faz do guapo donzel um crítico de tal instituição. Estácio, ao contrário de Helena, só consegue acesso à instituição da escravidão de forma abstrata: como ele é incapaz de relativizar valores e de perceber diferenças, o jovem nem sequer chega a conceber a ideia de opressão. Para o geômetra, os outros existem apenas como dependentes, ou seja, como elementos confirmadores de determinada política de domínio, e logo a escravidão está explicada como parte constitutiva da ordem natural das coisas; acontecia tão somente que os escravos eram os mais dependentes entre os dependentes. É apenas nesse sentido que deve ser tomado o comentário de Estácio sobre o cativeiro como "o pior estado do homem". A perspectiva crítica está em Helena; Estácio é mero repetidor da ótica dos escravocratas.

O ritmo vertiginoso e a dialética dessas páginas de Machado não cessam de surpreender. Se o leitor relaxa por um instante, já lhe vai o entendimento para as calendas. Diante da pérola de Estácio, que acabamos de ver, Helena parece desanimar de uma discussão séria e retornar à zombaria. O irmão lançara-lhe o desafio de defender a causa "melindrosa" de que o cativeiro era uma "bem-aventurança"; ainda conduzindo a égua Moema, a moça responde:

> Sim? retorquiu Helena sorrindo; estou quase a fazer-lhe a vontade. Não faço; prefiro admirar a cabeça de Moema. Veja, veja como se vai faceirando. Esta não maldiz o cativeiro; pelo contrário, parece que lhe dá glória. Pudera! Se não a tivéssemos cativa, receberia ela o gosto de me sustentar e conduzir? Mas não é só faceirice, é também impaciência. (*H*, cap. VI)

Cá estamos, sem dúvida, de volta à galhofa. Ocorre, porém, que Helena continua a falar de cativeiro. Numa sociedade escravista, escravos e animais encontram-se muitas vezes em lugar semelhante no que tange à estrutura legal e até às representações sociais: num inventário *post-mortem*, por exemplo, escravos e animais aparecem lado a lado como os bens semoventes do senhor/proprietário; nos discursos de denúncia contra a escravidão, era comum que os críticos do regime acentuassem seus horrores traçando paralelos entre a condição dos escravos e a dos animais "irracionais" à sua volta. Pois então a galhofa de Helena torna-se dissimulação. Ela declara que não vai fazer a vontade do irmão e, portanto, não defenderá a causa de que o cativeiro é uma "bem-

-aventurança". Todavia, ela começa imediatamente a falar de uma cativa que não maldiz o próprio cativeiro, que tem "o gosto de me sustentar e conduzir" — isto é, que tem "orgulho de servilidade", para lembrar o título de um dos capítulos de *Memórias póstumas de Brás Cubas*. Estácio nada percebe, mas sua visão de mundo está, de novo, sob fogo cerrado. A explicação é simples: sendo impossível fazer com que Estácio relativize nem por um momento sequer a sua própria ideologia, Helena volta ao exercício de expor tal ideologia, só que de forma um tanto irônica, até debochada. Na realidade, o filho do conselheiro poderia imaginar a condição do escravo de duas maneiras, ambas rigorosamente coerentes com o seu círculo de ideias. A primeira é a que já foi mencionada: Estácio se compara diretamente ao escravo, avalia a condição do outro a partir apenas dos valores que servem para dimensionar a sua própria condição, e então conclui que o cativeiro é "o pior estado do homem". A segunda maneira é a que Helena desenvolve metaforicamente por meio de Moema: nesse caso, o senhor não se compara ao escravo de modo direto, mas imagina aquilo que ocorre na mente do cativo quando este pensa a própria condição. Como o escravo seria um dependente moral do senhor, ele avalia a sua situação tendo como critério o poder senhorial e a consequente proteção que tal poder lhe confere. Estácio era um homem poderoso, logo seus criados deviam ter boa dose de "orgulho de servilidade". É também o que ocorre com Moema, que se sente toda faceira porque está conduzindo o corpinho esbelto de Helena; é isto o que nos explica a galhofeira narcisista, quando pergunta: "Se não a tivéssemos cativa, receberia ela o gosto de me sustentar e conduzir?". Em suma, e ao contrário do que declarou a Estácio, Helena desenvolveu o argumento de que a escravidão era uma "bem-aventurança", e teve ainda a perspicácia de fazê-lo da única forma em que seria coerente com a visão de mundo de Estácio. O guapo donzel do Andaraí continuou sem entender.

Helena ainda explora um pouco mais a metáfora de Moema. Os meneios de cabeça da égua talvez não fossem apenas faceirice; poderiam denotar impaciência. Tal sentimento da égua explicar-se-ia pelo desejo de sair correndo pela estrada da Tijuca afora, "sentindo-se alguma cousa senhora e livre" (*H*, cap. VI). Nesse caso, a cativa não estaria sentindo "orgulho de servilidade", porém desejo de liberdade. Na frase seguinte, Helena inclina a cabeça e começa a conversar com Moema; por um momento, e ainda num clima de mera chacota, a menina se identifica com a égua cativa, estando ambas sujeitas ao domínio de um homem "que é ao mesmo tempo meu irmão e meu inimigo". Há, portanto, um certo movimento em todo esse diálogo: primeiro, Moema é um animal que tem seus sentimentos humanizados e então, sendo a égua dependente de Helena, parece "que lhe dá glória" a situação de cativa de tão augusta senhora; segundo, Helena, que é senhora em relação a Moema, sente-se sob o domínio de Estácio, e logo compartilha com a égua as agruras da dependência e o impulso em direção à liberdade. Em suma, há aqui a descrição de uma lógica ou política de dominação que reaparece e se reforça em inúmeras situações específicas de controle e subordinação.

Nesse momento, Estácio desconfia de alguma coisa; Helena poderia estar prestes a disparar com a égua. Em outras palavras, a moça talvez pensasse em cometer uma desobediência, pois o rapaz recomendara enfaticamente que o passeio deveria ocorrer com a máxima precaução. Helena tivera mesmo de prometer que iria "pacificamente". De novo, Machado descreve a ideologia senhorial de modo bastante preciso: para Estácio, a diferença — isto é, a expressão de vontades outras que não a sua própria e a de seus pares — só poderia ser entendida como desobediência ou rebeldia. Fora da subordinação completa — pois na ótica senhorial a subordinação é sempre completa, não obstante o fato de os dependentes estarem hierarquizados —, só havia a rebeldia. Zumbi ou Pai João, rebeldia ou coisificação, assim reza a tradição, e não apenas a de Estácio. Para chamar Helena à disciplina, Estácio fecha uma vez mais o seu círculo mental. Vejamos a continuação do diálogo:

> — Helena! interrompeu Estácio; você é muito capaz de disparar a correr.
>
> — E se fosse?
>
> — Eu deixava-a ir, e nunca a traria em meus passeios. Você monta bem; mas não desejo que faça temeridades. Nós somos responsáveis, não só por sua felicidade, mas também por sua vida. (*H*, cap. VI)

O rapaz retorna à ideia de um mundo que é a projeção de sua vontade: não só a felicidade, mas também a vida de Helena passa a depender do guapo donzel. A menina não deixa de notar a especiosidade de tal argumento e, após o instante habitual de reflexão, relativiza outra vez o ponto de vista de Estácio:

> — Quer dizer, perguntou ela, que se eu fosse vítima de um desastre, não faltaria quem o imputasse à minha família?
>
> — Justo.
>
> — Singular gente! Não há de ser tanto assim... (*H*, cap. VI)

MISÉRIA E CHOCOLATE

Até este ponto, temos observado Estácio como expressão de poder — isto é, como vigência de determinada hegemonia política e cultural. Todavia, Helena também percebia quanto havia de força virtual, de potencial para a humilhação e a violência, na visão de mundo de Estácio. De fato, a moça parece agir como quem está consciente de que a qualquer momento pode se encontrar sob a ameaça de invasão e rapina. O enredo intrincado do romance acaba ressaltando a fragilidade da posição de Helena, que, ao fim e ao cabo, descobre-se completamente indefesa. Supondo que tenho leitores, e supondo, o que é infinitamente mais razoável, que tais leitores também o são de *Helena*, todos se lembrarão que o conselheiro mentira em seu testamento. Helena não era filha do conselheiro; este, tendo uma vida amorosa pouco católica, arranjara um caso extraconjugal com a mãe da menina, e se fizera protetor de ambas. Na origem da posição de Helena junto à família Vale, portanto, havia um ato de pura vontade, de puro arbítrio senhorial: o conselheiro inventara essa paternidade, produzindo uma ficção de enormes consequências para as pessoas à sua volta. Essa característica da trama propõe uma explicação formal para o fato de Helena saber mais, de ela poder captar com perfeição a complexidade das relações de poder na qual estava inserida. Afinal, Helena encontrava-se na condição singular de ter dupla filiação paterna: o pai verdadeiro, Salvador, era alguém que amargara todas as humilhações e sofrimentos pelos quais poderia passar um homem pobre e dependente nessa sociedade; o pai adotivo, o conselheiro Vale, era o senhor todo-poderoso e benevolente, que abraçara resolutamente a causa da proteção de mãe e filha. E reparem que ninguém é mal-intencionado: apesar de mulherengo por índole e distração, o conselheiro não tivera o propósito de humilhar Salvador, pois a mãe de Helena se dissera viúva. Enfim, uma metade de Helena estava na posição de compreender inteiramente o sofrimento de um dependente — papai Salvador —, ao passo que a outra metade não podia deixar de reconhecer e se sentir grata pela proteção oferecida por um senhor/proprietário — papai Vale, o conselheiro. Num momento crítico, o próprio Salvador, ao descrever a situação, afirma que "o pai lutava com o pai" (*H*, cap. XXVI). A moça move-se em terreno social ambíguo, liminar, pois está imbuída de um sentimento de gratidão e de uma agudeza crítica que lhes são igualmente inescapáveis.

O que se segue é que Helena tem plena consciência do potencial de violência inerente à posição de Estácio. Se contrariado, e sendo incapaz de admitir a alteridade, Estácio exigiria que o outro se anulasse, ou então ele mesmo partiria para a empresa de destruição. Como vimos, Helena administra o cotidiano, e preserva o seu tanto de autonomia, com astúcia e dissimulação, temperando ainda as suas atitudes com uma pitada de chalaça. Às vezes, porém, em situações de perigo iminente, a rapariga é obrigada a escolher entre a submissão e a rebeldia.

Ela se recolhe à submissão, por exemplo, logo após ter explicado a Estácio o ardil que utilizara para induzi-lo às aulas de equitação. O rapaz sorri a princípio, mas fica sério após um instante, ocorrendo então a seguinte cena:

> — Já lhe negamos algum prazer que desejasse?
> Helena estremeceu e ficou igualmente séria.
> — Não! murmurou; minha dívida não tem limites. (*H*, cap. VI)

Surgindo num contexto de manifesta franqueza e cordialidade, a pergunta repentina do filho do conselheiro equivale a uma agressão: Estácio observa a Helena o fato de que ela está sob a sua proteção, sendo a fortuna e a posição familiar do moço a origem da possibilidade de a rapariga agora ter desejos e poder satisfazê-los. É claro que Estácio não tem a dimensão exata da violência do golpe que desfechara, pois ele não sabia ainda da mentira do testamento. De qualquer modo, Helena está prostrada, e sua resposta é a capitulação: "minha dívida não tem limites". A capitulação permite que Estácio retorne à sua atitude habitual, e ele o faz de forma exemplar. Ao perceber que cometera uma descortesia, ele rompe o silêncio:

— Você ficou triste, disse Estácio; mas eu desculpo-a.

— Desculpa-me? perguntou a moça erguendo para o irmão os belos olhos úmidos.

— Desculpo a injúria que me fez, supondo-me grosseiro. (*H*, cap. VI)

Em suma, temos de volta o velho Estácio: foi ele quem cometeu a injúria e, paradoxalmente, é ele também quem se arroga a prerrogativa de desculpar a injuriada. Nessa passagem é Estácio que assume um tom de brincadeira, procurando desanuviar a tensão que ele próprio criara. O conteúdo da chalaça é deveras significativo: Estácio consuma a agressão e atribui a si mesmo o direito de perdoar; isto se explica porque não há qualquer referencial externo ao mundo do homem das matemáticas, e logo seria inconcebível que ele cometesse um ato de violência. Com efeito, não há como conceber um ato de agressão, já que o mundo imaginado por Estácio é constituído por dependentes e, no limite, um mundo de dependentes é a negação da alteridade. Logo, não se reconhece a existência de um "objeto" externo passível de ser agredido. Seria desnecessário insistir no tanto de onanismo mental que há em tal concepção de mundo, e tolice ignorar o quanto Machado mostra-se ciente disso muito antes de escrever as *Memórias póstumas de Brás Cubas.*

Em outra cena em que Estácio parte para uma conduta invasiva, a reação de Helena é mais complexa, não podendo ser interpretada como submissão, e não sendo exatamente rebeldia. Estácio teimava em descobrir quem era o mancebo por quem a irmã estava apaixonada; Helena deixara escapar uma meia confissão, não podia revelar o resto, e o rapaz acaba cedendo "a um mau impulso". Vejamos a passagem:

> Um dia, a insistência de Estácio teve tal caráter de autoridade, que pareceu constranger e molestar Helena. Ela replicou com um remoque; ele redarguiu com uma advertência áspera. Ouvindo a palavra do irmão, Helena susteve o passo, e fitou-o com um olhar digno, um desses olhares que parecem vir das estrelas, qualquer que seja a estatura da pessoa. (*H*, cap. x)

Estácio, portanto, procurou utilizar suas prerrogativas senhoriais — a "autoridade" — para arrancar o segredo à irmã. A menina tentou se esquivar como de hábito — "com um remoque" —, mas o donzel tornou-se ainda mais incisivo. Para suster a invasão, Helena deixa claro a Estácio que ela não se submeteria, lançando-lhe o tal olhar vindo das estrelas. O rapaz entende então que prosseguir seria optar pela rapina, pela força pura e simplesmente. Ao resolver pela retratação, Estácio é levado a reconhecer que há limites para o exercício da vontade senhorial e recua diante da contingência de ter de se aprofundar no uso da força. Esse é um instante raro de Estácio no romance, pois ele é obrigado a admitir que existe um mundo para além do comprimento do próprio nariz. Aliviada com o recuo do agressor, Helena explica, de forma necessariamente enigmática para Estácio, o porquê de ela precisar resistir:

> não é vã melindre, é a própria necessidade da minha posição. Você pode encará-la com olhos benignos: mas a verdade é que só as asas do favor me protegem... Pois bem, seja sempre generoso, como foi agora; não procure violar o sacrário da minha alma. (*H*, cap. x)

Estácio continuava a ignorar o logro do testamento, e logo não podia perceber o alcance das palavras de Helena. A rapariga conseguira resistir ao ataque deixando claro a Estácio que havia limites à autoridade dele, havia um espaço de autonomia pelo qual ela iria zelar e que lhe garantia a inviolabilidade do "sacrário da alma". Estácio não avançara porque reconhecera a legitimidade do direito de Helena a essa autonomia relativa. O drama de Helena, porém, é que ela sabia que sua posição não era legítima, que sua autonomia era, no limite, indefensável, pois seu direito não fora fruto de uma conquista ou de uma paternidade verdadeira, mas de uma mentira benévola e protetora do conselheiro. Em outras palavras, Helena reconhecia que, caso a verdade viesse à tona, ela estaria reduzida à condição de dependência mais abjeta, sem qualquer direito ao "sacrário da alma" e obrigada à submissão completa. Enfim, descoberta a trama do testamento, Helena se tornaria aquela dependente que povoava habitualmente o imaginário de Estácio: um nada, sem direito algum, cuja própria vida pareceria uma concessão da vontade senhorial. Helena tinha de morrer, pois tamanha dependência só podia existir mesmo numa instância imaginária, e o romance machadiano procurava o movimento histórico real.

O momento de maior violência de Estácio no romance, todavia, ainda estava por vir. Helena procurava escapar ao amor impossível que surgia entre ela e aquele que era ao mesmo tempo seu irmão e seu inimigo. A beldade empurrava Estácio para os braços de Eugênia, a filha de Camargo, estrela mais brilhante entre as menores do firmamento, ao mesmo tempo que, auxiliada pelo padre Melchior, arranjava um noivo para si própria. Não lhe foi difícil descobrir que Luiz Mendonça, o melhor amigo de Estácio, ardia a seus pés. O filho do conselheiro soube do noivado da irmã durante uma viagem a Cantagalo, onde o dr. Camargo e família esperavam impacientemente pela morte de uma fazendeira que talvez lhes fizesse um legado. Desvairado com a notícia, Estácio volta à Corte pronto para fazer valer a sua capacidade de humilhar e submeter os circundantes. Consultado sobre o casamento da irmã, ele nega o seu consentimento. Num lance brutal, Estácio humilhara Mendonça referindo-se a seu "crédito", e insinuando assim que "o fim exclusivo" do noivo era "a riqueza da moça" (*H*, cap. XIX). Dessa vez, no entanto, a atitude de Helena é de completa insubmissão. Ela não aceita a decisão do irmão, dispõe-se a renunciar à herança do conselheiro para afastar a suspeita de que o noivo agia por interesse e desafia abertamente o rapagão do Andaraí: "Mendonça é já o fruto proibido, concluiu a moça; começo a amá-lo. Se ainda assim me obrigar a desistir do casamento, adorá-lo-ei" (*H*, cap. XIX).

Em suma, o que vimos até o momento é que, em *Helena*, Machado empreende uma análise bastante lúcida das políticas de domínio vigentes durante "o tempo saquarema". A história de Estácio e Helena, antes que o drama choroso de um amor impossível, é a descrição do período de hegemonia inconteste da classe senhorial-escravista, cuja crise profunda o romancista vivenciara entre 1866 e 1871, e cujo desmanchar ele assistia com olhar investigativo no decorrer da década de 1870. Ao escrever *Helena*, Machado não tinha mais ilusões quanto à continuidade das estruturas tradicionais de poder. A perspectiva de análise já é bem crítica e, de certa forma, ele faz emergir a sua abordagem deixando que Helena fale por ele. Se Machado não tem mais ilusões, sofre porém com o impasse e não vê alternativa. A ambiguidade da personagem principal traduzia a experiência histórica de um sem-número de dependentes nesse tempo e sociedade: ainda seduzidos de alguma maneira pela ideologia senhorial, Helena e seus semelhantes podiam mostrar-se sinceramente gratos a seus senhores ou benfeitores específicos, e assim permaneciam relutantes em sacudir a inércia das estruturas tradicionais de poder;

outrossim, os anos de crise haviam agudizado a perspectiva crítica mais geral, explicitando as injustiças inerentes à política de domínio senhorial. Por um lado, a crise tornara a crítica inevitável — acreditar era já impossível; por outro, não parecia haver uma saída, e o discurso que era de análise acaba se reestruturando como denúncia.

Se metade de *Helena* é a análise fina e já outro tanto irônica de determinados mecanismos de poder, a outra metade torna-se denúncia amargurada das iniquidades vigentes em tais práticas de dominação. Duas personagens encarnam o sentido de denúncia do romance: um algoz, o dr. Camargo, e uma vítima, o papai Salvador. Não vou me ocupar aqui das vilanias do dr. Camargo, pois o repertório é o de sempre: frio, calculista, interesseiro e chantagista, a única característica marcante do doutor é que ele tinha o requinte de beijar a filha apenas nas ocasiões em que sobrevinham acontecimentos que pareciam facilitar-lhe a ambição de casar Eugênia e Estácio. Assim, a menina foi beijada quando do falecimento do conselheiro, quando do almejado pedido de casamento e, muito afetuosamente, quando da morte de Helena.

Mas deixemos de lado os beijos do réptil, pois é com Salvador que o conteúdo de denúncia do livro assume um caráter ao mesmo tempo mais abrangente e historicamente específico. Nesse momento, Machado abandona os procedimentos tão sutis quanto demolidores de Helena e parte para o discurso direto e contundente. A sofisticação analítica e a dissimulação da menina deixam o centro da narrativa; o leitor pode afundar-se na poltrona e simplesmente acreditar no que está lendo. Tendo pilhado Helena no instante em que esta saía da casa de papai Salvador, Estácio, que ainda ignorava a verdadeira história da menina, utiliza como pretexto a necessidade de curar um ferimento para tentar arrancar alguma coisa àquele desconhecido com quem

Helena travava relações. O moço não escolhe tal alvitre sem certa hesitação, pois "o espetáculo da pobreza lhe repugnava aos olhos saturados de abastança" (*H*, XXI). Após alguns minutos de conversa, Salvador fez um comentário qualquer sobre os motivos de sua penúria. O donzel do Andaraí, que não tinha razão alguma para pressa porém queria comprar horas e minutos, que vivia de brisa porém exaltava as virtudes do trabalho, retruca que um homem ainda jovem, forte e inteligente "não tem o direito de cair na penúria" (*H*, cap. XXI). O pai de Helena responde sem rodeios, para ressaltar o tanto de ingenuidade que havia no ponto de vista do senhor/proprietário:

> Sua observação, disse o dono da casa sorrindo, traz o sabor do chocolate que o senhor bebeu naturalmente esta manhã antes de sair para a caça. Presumo que é rico. Na abastança é impossível compreender as lutas da miséria, e a máxima de que todo o homem pode, com esforço, chegar ao mesmo brilhante resultado, há de sempre parecer uma grande verdade à pessoa que estiver trinchando um peru... Pois não é assim... (*H*, cap. XXI)

O tom da crítica muda bastante nesse contexto: onde antes havia sutileza e galhofa, temos agora a denúncia, se bem que mantendo ainda a ironia. De qualquer modo, o conteúdo da crítica é o mesmo: tanto Helena quanto papai Salvador colocam-se numa perspectiva exterior à ideologia senhorial, e tentam fazer com que Estácio relativize a sua maneira de pensar. O filho do conselheiro, todavia, permanece bebendo o chocolate e trinchando o peru, até que, algumas páginas adiante, os homens encontram-se de novo, em presença do padre Melchior, e Salvador conta então toda a sua história (*H*, cap. XXV). O pai de Helena enfatiza outra vez a ideia de que, em sua vida, quanto mais trabalhara mais empobrecera, e depois narra como fora levado a abrir mão de lutar pela mulher e pela filha em função da proteção e da segurança que o conselheiro dispunha-se a proporcionar. Essa história de renúncia e humilhação, cuja origem estava no poder e nos caprichos da vontade senhorial, chega a emocionar o jovem mancebo, mas não sabemos até que ponto podia lhe abalar as estruturas. A morte de Helena interrompe o processo, e mantém a verossimilhança do romance. Afinal, Helena não podia existir no estado de sujeição mais abjeta, e a descoberta da mentira do testamento arrebatava-lhe a possibilidade de uma perspectiva crítica e autonômica. Em suma, os antagonismos sociais estão identificados e delineados, mas ainda não são descritos num processo de mudança histórica. Machado de Assis está, em 1876, a interpretar a sociedade do período anterior à crise de 1871; o aprofundamento dos antagonismos e o consequente desmanchar das políticas tradicionais de dominação serão temas presentes em *Iaiá Garcia*.

ENTREATO TEÓRICO

É claro que esta leitura que venho propondo para *Helena* deve bastante a Roberto Schwarz e à sua descoberta de que Machado de Assis, ao contrário das aparências e de interpretações convencionais, sempre teve muito a dizer sobre as relações sociais de dominação vigentes no Brasil do século XIX. No entanto, e apesar de concordar com Schwarz nesse sentido mais essencial, meu argumento apresenta especificidades que vale ressaltar.

Para Schwarz, o objetivo de Machado em *Helena* é contribuir para o "aperfeiçoamento do paternalismo".[5] Segundo ele, a ideologia do romance seria a de que cabe à severidade do amor familiar e ao sentimento cristão a moralização das diferenças sociais, para que estas se tornem livres das baixezas e das humilhações que possam eventualmente inspirar. Ou seja, a ideologia do livro, bastante insípida, seria a de que a família e a religião deveriam civilizar os ricos e consolar os pobres e dependentes, e dessa forma *Helena*, tanto quanto os demais romances da primeira fase de Machado, poderiam ser descritos como trabalhos "deliberada e desagradavelmente conformistas".[6] O "movimento profundo" de *Helena* estaria no contraste entre essa "intenção morigerada e civilizatória" mais geral e o comportamento deveras turbulento e indisciplinado das personagens.[7] Esse objetivo conformista acabaria por conter a força potencialmente dissolvente da análise racional e profunda do paternalismo, que Schwarz demonstra estar presente, mas que, em sua opinião, não chega a ser crítica, "pois não se interessa pelo movimento das contradições reais nem interfere".[8]

Penso que Schwarz não percebeu todo o alcance da crítica e a força da denúncia contidos em *Helena*, e há ao menos três explicações para isso. Em primeiro lugar, e apesar de correr o risco de ser ainda mais repetitivo, enfatizo o deslocamento de enfoque que me parece essencial na leitura desse romance: como venho tentando demonstrar, o "movimento profundo" de *Helena* é a descrição dos antagonismos constitutivos das políticas de domínio vigentes no período anterior à crise de fim dos anos 1860 e início da década de 1870. Como fez questão de registrar em inúmeros textos, Machado de Assis considerava decisivos os anos de agitação política e social que culminaram na promulgação da lei de 28 de setembro de 1871 e, de fato, muito daquilo que escreveu nas décadas seguintes tinha a preocupação de interpretar os acontecimentos daquele período, assim como avaliar as consequências. A crise havia provocado em Machado um distanciamento crítico que não tinha volta. Ele, que conhecia as relações paternalistas por experiência histórica e trajetória individual, expõe em *Helena*, com lucidez e clareza talvez impossíveis antes de 1871, tanto a unilateralidade da visão de mundo senhorial como as dificuldades e perigos inerentes à posição do dependente. A chave de *Helena*, o romance, é a ambivalência de Helena, a personagem: ela está no interior da ideologia senhorial porque possui gratidão e porque conhece e manipula bem os símbolos e valores que constituem e expressam tal ideologia; ela está fora das relações paternalistas devido ao fato de que consegue relativizá-las, e logo percebê-las claramente enquanto poder e, no limite, força ou imposição. A perspectiva crítica permite a Helena, como já foi dito, a preservação de certa autonomia, sendo que a impossibilidade de tal autonomia, no fim do romance, é a destruição da ambivalência e da possibilidade crítica — a alternativa é a morte, ou a transformação histórica. A transformação histórica seria o assunto de *Iaiá Garcia*; em *Helena*, o cenário ainda é a hegemonia do projeto saquarema. Enfim, não consigo ver em *Helena*, por um momento sequer, que Machado pudesse ter em vista o "aperfeiçoamento do paternalismo".

O segundo problema, aliás, é aquilo que se entende por paternalismo. Meus leitores, supondo sempre que os tenho, terão notado que evitei, até há poucas linhas, utilizar essa palavra. É óbvio que a não utilização da palavra não significa que eu tenha ignorado os problemas pertinentes a tal conceito; ao contrário, boa parte deste texto tem sido uma análise do paternalismo a partir da interpretação daquilo que um romance de Machado, analisado como *testemunho histórico*, pode nos revelar a respeito de uma sociedade em que tal ideologia assume caráter hegemônico. O conceito de paternalismo é complexo, a palavra precisa ser usada sempre levando-se em conta certas cautelas, e então evitei empregá-la até que houvesse condições de esvaziá-la de sua vocação para causar confusão. Há elementos suficientes em Machado para fundamentar uma definição convencional, por assim dizer, de paternalismo: trata-se de uma política de domínio na qual a vontade senhorial é inviolável, e na qual os trabalhadores e os subordinados em geral só podem se posicionar como dependentes em relação a essa vontade soberana. Além disso, e permanecendo na ótica senhorial, essa é uma sociedade sem antagonismos sociais significativos, já que os dependentes avaliam sua condição apenas na verticalidade, isto é, somente a partir dos valores ou significados sociais gerais impostos pelos senhores, sendo assim inviável o surgimento das solidariedades horizontais características de uma sociedade de classes. Não é preciso observar que os movimentos de Estácio no romance são uma exposição mais do que convincente dessa acepção da palavra paternalismo.

Todavia, já há cerca de três décadas de produção acadêmica na área de história social para demonstrar que, se entendido unicamente no sentido mencionado, o paternalismo é apenas uma autodescrição da ideologia senhorial; ou seja, nessa acepção, o paternalismo seria o mundo idealizado pelos senhores, a sociedade imaginária que eles se empenhavam em realizar no cotidiano. Em textos famosos, escritos desde o início da década de 1970, Thompson e Genovese — este abordando um contexto em que também havia escravidão —, e depois muitos outros historiadores, mostraram que a vigência de uma ideologia paternalista não significa a inexistência de solidariedades horizontais e, por conseguinte, de antagonismos sociais.[9] Em outras palavras, e para citar Rebecca Scott, outra especialista na história da escravidão, subordinação não significa necessariamente passividade, e "os historiadores vêm encontrando numerosas maneiras de examinar as iniciativas dos escravos sem desconsiderar a opressão, de explorar a criação de sistemas alternativos de crenças e valores no contexto da tentativa de dominação ideológica, de aprender a reconhecer a comunidade escrava mesmo constatando o esforço contínuo de repressão a algumas de suas características essenciais".[10] As palavras de Scott ajudam a pensar não só a situação dos escravos, mas também a dos dependentes em geral, em sociedades em que havia a hegemonia política e cultural do paternalismo. Não é preciso observar que os movimentos de Helena no livro são uma exposição mais do que convincente da complexidade histórica do conceito de paternalismo e da vigência da alteridade no centro mesmo dos rituais senhoriais que insistiam em ignorá-la. Em resumo, meu argumento é que, talvez tolhido em excesso por definições convencionais de paternalismo, comuns à época em que escreveu *Ao vencedor as batatas*, Schwarz não teve como descortinar inteiramente a dialética extraordinária dos movimentos de Helena no romance de Machado.

Finalmente, e o leitor atento já terá suspeitado, o terceiro problema é aquilo que se entende por escravidão. Por um lado, parece claro que para Machado a crise da sociedade senhorial-escravista originava-se basicamente no processo histórico de emancipação dos escravos. Por outro lado, as referências à instituição da escravidão nos romances machadianos não são muito frequentes e, ao que parece, nem centrais ao desenvolvimento da narrativa. Tanto Schwarz quanto Gledson registram o seu desconforto diante desse suposto paradoxo. Schwarz oferece uma solução teórica para o problema: a escravidão era a relação produtiva fundamental, porém não se constituía no nexo efetivo da vida ideológica no Brasil do século XIX. A explicação disso estaria no fato de que a subordinação dos trabalhadores na "relação produtiva de base" — isto é, na escravidão — estaria "assegurada pela força".[11] Já os agregados e dependentes em geral viam-se envolvidos na teia complexa do favor, que garantia a subordinação da pessoa por meio de mecanismos de proteção com contraprestação de serviços e obediência. Assim, sendo a escravidão mantida unicamente pela violência direta, nossos escritores oitocentistas preferiam tematizar o Brasil a partir do problema do paternalismo e do controle social dos dependentes livres, sem dúvida "mais simpático do que o nexo escravista".[12] Estaria explicado, então, o porquê de a escravidão não ser o "nexo efetivo da vida ideológica".

Certa vez, num debate sobre a sua própria obra, Schwarz afirmou que é necessário "entender essa realidade como uma estrutura: dependente, escravo, proprietário", e observou que a "relação particular com os dependentes depende da existência da escravidão, se configura a partir dela, inclusive um dos pavores básicos do dependente era ser tratado como escravo, coisa que ele precisava evitar a todo custo".[13] Esta última observação é bastante promissora, mas Schwarz não chega a explorar o seu potencial; em suma, ele postula, porém não demonstra, a existência do vínculo estrutural entre escravidão — isto é, o controle social exercido sobre os trabalhadores escravos — e paternalismo — a política de domínio que garantia a subordinação dos dependentes. O resultado prático desse problema na obra de Schwarz é que ele exclui o tema da escravidão da obra de Machado; ou seja, como o assunto não parece estar presente — e de fato não se apresenta de forma ostensiva —, então se conclui que ele efetivamente não está presente. Tal é o procedimento de Schwarz ao analisar o tema da escravidão em Machado; todavia, e para sermos apenas justos, Schwarz é exatamente quem mais fez até hoje para demonstrar a insuficiência de semelhante método em se tratando da interpretação dos textos do bruxo do Cosme Velho.

John Gledson encaminha outra solução para o problema. Em seu capítulo sobre *Quincas Borba* em *Ficção e história*, Gledson argumenta que para Machado "a escravidão é um importante elemento causal de mudança" e que uma das explicações para a dificuldade do romancista na redação desse livro fora exatamente a busca de uma solução artística que exprimisse a sua interpretação da história do período. Em síntese, para Gledson, era assim que o problema aparecia para Machado: a abolição da escravidão "não ocorreu através dos próprios escravos, que não podem, assim, representá-la"; todavia, também não parecia correto descrever o processo como simples expressão dos interesses dos proponentes da emancipação gradual.[14] O assunto era complexo, e Machado teria encontrado uma maneira de registrar a importância da escravidão por meio dos conflitos internos de Rubião e seu lento processo de alienação mental, sendo que às vezes essa personagem parece exprimir o "inconsciente coletivo" daquela sociedade.[15] A solução de Gledson é engenhosa, e quase que certamente não é equivocada ao supor tanta engenhosidade em Machado, porém permanece assumidamente uma tentativa de abordar as intenções manifestas do romancista; penso, porém, que no que concerne ao tema da escravidão, em especial talvez nos romances anteriores a *Brás Cubas*, boa parte do testemunho histórico de Machado pode estar além de suas intenções.

ESCRAVIDÃO

Em *Helena*, quase tudo o que se diz sobre a instituição da escravidão está contido nos movimentos de Vicente, o pajem da protagonista. Em sua primeira aparição, Vicente é descrito como "cria da casa e particularmente estimado do conselheiro" (*H*, cap. IV). Tal descrição do cativo tem objetivo bem definido: como pautavam seus sentimentos pelos de d. Úrsula, os escravos da família ficaram inicialmente insatisfeitos com a chegada de Helena; Vicente, no entanto, pelo fato de haver sido tão estimado pelo conselheiro, aceitou logo aquela que se lhe apresentava como filha do finado senhor e se tornou então "um fiel servidor de Helena, seu advogado convicto nos julgamentos da senzala" (*H*, cap. IV). O comentário mais crucial da passagem, todavia, é o de que a dedicação de Vicente à rapariga era "despida de interesse, porque a esperança da liberdade, se a podia haver, era precária e remota" (*H*, cap. IV). A necessidade de mencionar a esperança da alforria — ou até de justificar a sua possível ausência — num contexto em que se procurava enfatizar a dedicação de um escravo é bastante reveladora: como já abordei com detalhe em outro texto, um dos aspectos centrais da política de domínio na escravidão, pelo menos até 1871, era o fato de que o ato de alforriar consistia em prerrogativa exclusiva dos senhores. Em outras palavras, cada escravo sabia bem que, excluídas as fugas e outras formas radicais de negação do cativeiro, sua esperança de liberdade dependia do tipo de relacionamento que mantivesse com seu senhor particular. A ideia era convencer os escravos de que suas chances de alforria passavam necessariamente pela obediência e fidelidade em relação aos proprietários. Além disso, conforme o exemplo notável do africano Raimundo em *Iaiá Garcia*, a concentração do poder de alforriar exclusivamente nas mãos dos senhores fazia parte de uma ampla estratégia de produção de dependentes, de transformação de ex-escravos em negros libertos ainda fiéis e submissos a seus antigos proprietários.[16]

Em suma, essa primeira visão de escravidão constante em *Helena* sugere que há um importante elemento em comum nas políticas de domínio exercidas sobre escravos e dependentes: em ambos os casos, e permanecendo sempre na ótica da classe dos senhores e proprietários, as relações sociais de dominação estão assentadas no pressuposto da inviolabilidade da vontade senhorial. Se for esse mesmo o conteúdo do testemunho histórico de Machado, então será possível traçar mais paralelismos entre os movimentos de Vicente e os de outros dependentes que temos acompanhado no romance. Uma cena interessante é aquela em que Helena resume para Estácio, em termos que seriam inteligíveis para o mancebo, qual o tipo de relação que ela tinha com

Vicente. Estácio ficara amuado porque a irmã fizera o passeio matinal a cavalo sem a sua companhia; ele se dizia preocupado com a possibilidade de a moçoila sofrer um acidente. Interpelado por Helena, que fingia não entender bem o motivo da casmurrice do rapaz, Estácio confessa que não gostara de saber que a moça saíra apenas em companhia de Vicente: "Está certa de que não corre nenhum perigo indo só com o pajem?". Em seguida, Estácio pede a Helena que "não saia nunca sem mim". Veja a resposta:

> Não sei se poderei obedecer. Nem sempre você poderá acompanhar-me; além disso, indo com o pajem, é como se fosse só; e meu espírito gosta, às vezes, de trotar livremente na solidão. (*H*, cap. IX)

Ou seja, Helena não podia obedecer, pois Vicente era seu cúmplice nas visitas que fazia secretamente a papai Salvador; e então, para justificar diante de Estácio os passeios que decerto continuaria a fazer em companhia do moleque, a rapariga emprega o recurso que sabia utilizar tão bem: ela narra a Estácio uma versão para a sua relação com Vicente que se mostra apenas uma reprodução da ideologia do guapo donzel. Assim, Vicente é um nada diante da vontade de Helena, e a moça chega a produzir a pérola de que "indo com o pajem, é como se fosse só".

Esse momento foi, obviamente, outro exemplo de dissimulação da pequena. Adiante, o narrador da história é quem nos oferece versão diferente para o relacionamento entre Helena e Vicente. A moça fora fazer mais uma visita a papai Salvador, porém voltava triste porque não o encontrara em casa. O pajem, que também vinha triste porque pautava os seus sentimentos pelos da senhora, na verdade não pautava os seus sentimentos pelos da senhora (*sic*):

> O pajem levava os olhos na moça com um ar de adoração visível; mas, ao mesmo tempo, com a liberdade que dá a confiança e a cumplicidade fumava um grosso charuto havanês, tirado às caixas do senhor. (*H*, cap. xv)

O trecho é notável, pois sugere que o movimento de Vicente em relação a Helena é semelhante ao de Helena em relação a seus protetores/algozes: por um lado, há o reconhecimento pela proteção senhorial — a "adoração visível" de Vicente e a gratidão de Helena; por outro, há a possibilidade de "traduzir" essa obediência em conquistas ou espaços de autonomia — a liberdade de fumar o charuto havanês em Vicente, o direito ao "sacrário da alma" em Helena. A referência ao charuto é mais interessante ainda porque quiçá remetia o leitor de *Helena* ao contexto da escravidão urbana, que era, afinal, o tanto de experiência histórica mais familiar a Machado. Perdigão Malheiro faz o seguinte comentário sobre a situação dos escravos urbanos nas últimas décadas da instituição da escravidão:

> Nas cidades já se encontram escravos tão bem-vestidos e calçados, que, ao vê-los, ninguém dirá que o são. Até o uso do fumo, o charuto sobretudo, sendo aliás um vício, confundindo no público todas as classes, nivelando-as para bem dizer, há concorrido a seu modo para essa confraternidade, que tem aproveitado ao escravo; o empréstimo do fogo ou do charuto aceso para que um outro acenda o seu e fume, tem chegado a todos sem distinção de *cor* nem de *classe*. E assim outros atos semelhantes.[17]

Mesmo com o devido desconto às idealizações e exageros de Perdigão Malheiro, parece relevante o fato de Machado utilizar o exemplo do charuto para exprimir o tanto de liberdade conquistado por Vicente. E charuto "tirado às caixas do senhor", para ser fumado na frente da senhora. Machado talvez registre aqui algo que é percebido pelos escravos como uma aproximação, ao menos simbólica, à condição de liberdade. Na verdade, e apesar da observação inicial sobre o desinteresse que havia na dedicação de Vicente a Helena, o que vemos é que a conduta fiel e obediente do pajem acaba por tornar mais concreta a sua esperança de alforria. É Estácio quem nos informa a esse respeito: tendo visto Helena deixar a casa de Salvador em companhia do pajem, ele cogita em interrogar o cativo — que "era o confidente e o cúmplice" de Helena. O filho do conselheiro acaba desistindo de utilizar esse alvitre, mas antes ainda se recorda "de que Helena lhe pedira uma vez a liberdade daquele escravo" (*H*, cap. XXI).

A intervenção mais importante de Vicente na história ocorre no auge da crise entre Helena e a família do conselheiro. Ao desconfiar que a senhora padecia, o pajem interpela o padre Melchior para descobrir o que estava ocorrendo. O padre desconversa e manda o moleque sossegar, mas este permanece inquieto e comenta que "há alguma coisa que o escravo não pode saber"; em seguida, e para reafirmar a sua resolução de fazer algo por Helena, Vicente diz ao padre que "também o escravo pode saber alguma cousa que os brancos tenham vontade de ouvir" (*H*, cap. XXIV). O pajem parece estar agindo de "movimento próprio", como dirá depois Melchior (*H*, cap. XXIV), e uma interpretação historicamente verossímil para a atitude de Vicente, além da "adoração visível" pela senhora, seria a de que ele entendia que sua esperança de alforria estava estreitamente ligada ao destino de Helena e à possibilidade de esta manter o exercício da vontade senhorial. Não é esse, todavia, o encaminhamento explícito que Machado dá ao problema. Tudo o que temos é a interpretação que Helena oferece para o "movimento próprio" de Vicente e, nesse momento, a moça apenas reproduz, aliás com bastante pieguice, a ideologia senhorial. Assim, ao saber que Vicente revelara ao padre a versão que ela lhe contara — isto é, a de que Salvador era seu irmão —, a pequena faz uma oração a Deus "porque infundiu aí no corpo vil do escravo tão nobre espírito de dedicação. Delatou-me para restituir-me a estima da família" (*H*, cap. XXIV). Se pensarmos na galhofeira deliciosa de outras partes do romance, torna-se patente que Helena agora descarrilou, pois consegue ser tão insossa quanto Estácio. O fato, no entanto, é que o descarrilamento de Helena é, à sua maneira, um testemunho histórico: sendo a senhora de Vicente, a moça repete em relação a este, pelo menos num momento de crise, determinada lógica de domínio, e então interpreta o movimento do escravo como mera subordinação à vontade senhorial.

Em suma, se há em *Helena* elementos suficientes para colocar em xeque a definição convencional de paternalismo já mencionada, também é verdade que há nesse romance indícios suficientes para questionar a ideia da vigência de uma separação muito marcada entre paternalismo e escravidão, outro pressuposto importante na chave de leitura de Schwarz. Voltemos à preciosa observação do próprio Schwarz de que a situação dos "dependentes depende da existência da escravidão, se configura a partir dela, inclusive um dos pavores básicos do dependente era ser tratado como escravo, coisa que ele precisava evitar a todo custo". A observação é correta, corretíssima, e dá ensejo às observações finais deste capítulo. Em primeiro lugar, há algo que venho repetindo neste texto à exaustão: do ponto de vista de Estácio e criaturas semelhantes, o pressuposto da inviolabilidade da vontade senhorial estava presente nas políticas de domínio tanto de escravos quanto de agregados e dependentes em geral e, como a escravidão era a situação de máxima dependência, é isso que esclarece o sentido da afirmação de que a situação dos dependentes se configura a partir da condição dos escravos. Em segundo lugar, e isto se segue da observação anterior, o pavor do dependente em ser tratado como escravo era bastante concreto, talvez frequentemente informado pelo perigo real de escravização. Sabemos ao menos que havia amplos setores da população dita "livre" que viviam sob a pressão constante de uma possível escravização ou reescravização. No caso dos negros que já haviam recebido a carta de alforria, a situação era variada. Havia aqueles que tinham de cumprir cláusula de prestação de serviços, o que os colocava por algum tempo, às vezes por vários anos, numa posição ambígua entre a liberdade e o cativeiro. Até a promulgação da lei de 1871, existia ainda a possibilidade de o senhor revogar a alforria por motivo de ingratidão, o que realça a subordinação e a incerteza contidas nessa "liberdade" conferida aos libertos. Em suma, havia condições intermediárias entre a escravidão e a liberdade que, ao mesmo tempo em que matizam a visão tradicional de uma sociedade rigidamente dividida em senhores e escravos, sugerem o tanto de precariedade inerente à condição desses dependentes.

Além disso, continuam a faltar pesquisas sistemáticas sobre a ameaça e a ocorrência concreta da escravização ilegal. A tranquilidade escandalosa com que centenas de milhares de africanos introduzidos no país após a lei antitráfico de 1831 permaneciam ilegalmente escravizados — assim como seus descendentes — salta aos olhos e sugere a magnitude desse costume senhorial e o tamanho do perigo que rondava a população livre de cor em geral. Também é necessário observar com desconfiança a prática comum, na Corte e alhures, de deter para averiguações indivíduos "suspeitos de serem escravos".[18] Numa sociedade em que havia a escravidão, e logo a vigência de uma lógica de dominação assentada na privatização do controle social, um dependente, especialmente se pobre e de cor, arriscava bastante ao se afastar da vizinhança em que podia ser imediatamente referido a determinado universo de relações pessoais. A rede que perseguia e capturava escravos fugidos tinha um entrelaçamento preciso e regular ou lançava a ameaça e a suspeição sobre amplos setores da população "livre" de cor? Dito isso, e apesar desse tanto que há em comum na política de domínio vigente para escravos e dependentes, é claro que a condição de escravo era muito diferente daquela do livre dependente. Sabemos isso porque os escravos lutavam intensamente pela liberdade, e via de regra organizavam suas vidas em função da expectativa de alcançar esse objetivo. As características mais essenciais do tipo de dependência a que estavam submetidos os escravos eram o castigo físico e a condição de propriedade — esta os deixava sempre sob a ameaça das transações de compra e venda e, por conseguinte, diante da possível ruptura de seus laços de família e comunidade.

Enfim, meu argumento é que, ao centrar suas histórias nos antagonismos entre senhores e dependentes, Machado de Assis abordava, na verdade, a lógica de dominação que era hegemônica e organizava as relações sociais no Brasil oitocentista, incluído aí o problema do controle dos trabalhadores escravos, a "relação produtiva de base". Ao fazer isso, o romance machadiano produzia outro registro realista extremamente sutil e eficaz: como a ambiência social dos textos era basicamente o interior de propriedades senhoriais da Corte, não seria verossímil fundar o enredo na escravidão. De fato, na segunda metade do século XIX, e mais ainda após a lei de 1871, Estácio, Brás Cubas, Bentinho e todos os demais membros dessa galeria viviam num mundo em que a visibilidade da escravidão permanecia inevitável, mas a ostentação de tal visibilidade seria uma gafe, um pecado, ou quem sabe sobretudo um perigo. Ao escolher a ambiência senhorial urbana da Corte, Machado de Assis também adotou a aparência que suas personagens *procuravam aparentar*; no entanto, qualquer leitor do século XIX saberia observar essa aparência a contrapelo, e o bruxo certamente contava com esse olhar.

2. A política cotidiana dos dependentes

PERCURSO E ARGUMENTO

Ao completar o percurso do capítulo anterior, chegávamos à conclusão de que as políticas de dominação vigentes na sociedade brasileira do século XIX poderiam ser apropriadamente descritas como paternalistas. Vimos que tal lógica de domínio estava presente tanto nas estratégias de subordinação de escravos quanto de pessoas livres dependentes, e que sua característica principal era a imagem da inviolabilidade da vontade senhorial. O mundo era representado como mera expansão dessa vontade, e o poder econômico, social e político parecia convergir sempre para o mesmo ponto, situado no topo de uma pirâmide imaginária. O paternalismo, como qualquer outra política de domínio, possuía uma tecnologia própria, pertinente ao poder exercido em seu nome: rituais de afirmação, práticas de dissimulação, estratégias para estigmatizar adversários sociais e políticos, eufemismos e, obviamente, um vocabulário sofisticado para sustentar e expressar todas essas atividades.

Ao menos desde a publicação do livro clássico de Roberto Schwarz, *Ao vencedor as batatas*, sabemos que Machado de Assis foi mestre nesses meandros e expositor arguto de tal tecnologia de dominação.[1] Em *Helena*, o cenário desenhado em torno da abertura do testamento do conselheiro Vale é descrição exemplar, se bem que levada às fronteiras do absurdo, de um ritual de afirmação da vontade senhorial: o conselheiro é tão conhecedor de suas prerrogativas — "a estrita justiça é a vontade de meu pai" (*H*, cap. II), diria Estácio — que resolve não só legar seus bens, mas também seus sentimentos em relação a Helena. Em *Iaiá Garcia*, Valéria luta contra a intenção do filho em escolher uma esposa sem levar na devida conta "as tradições de família", "cabedais" e "relações adquiridas", elementos definidores das "primeiras classes da sociedade" (conforme o vocabulário de *H*, cap. I). Sendo assim, adota o alvitre de mandar Jorge à guerra para separá-lo da virgem — amada, porém pessoa "de certa espécie" —, e recorre à "honra nacional" para dar "colorido nobre e augusto" (*IG*, cap. II) à causa e dissimular seus verdadeiros objetivos — "de um caso doméstico saía uma ação patriótica" (*IG*, cap. III). Em *Helena*, Estácio busca estigmatizar os adversários de forma impiedosa. Mendonça é esmagado com uma breve alusão a seu "crédito" (*H*, cap. XIX), atribuindo-se-lhe dessa forma mero interesse econômico no casamento com Helena. Em seu primeiro encontro com Salvador, Estácio procura recriminá-lo por sua pobreza, pois "um homem forte, moço e inteligente não tem o direito de cair na penúria" (*H*, cap. XXI). Ou seja, para o guapo donzel do Andaraí, que vivia de brisa, ou melhor, das rendas provenientes de seus "cabedais", pobreza é defeito moral, imputando-se assim a Salvador a suspeita do "vício" da ociosidade. Quanto aos eufemismos da dominação paternalista, estavam por toda parte, em Machado e alhures, e basta lembrar que no Brasil oitocentista a tortura rotineira de trabalhadores escravos era conhecida como "castigo justo". Quanto à existência de um vocabulário específico a essa tecnologia de poder, fiz ao leitor o "favor" de, a título de exemplo, pinçar várias expressões em Machado — são a maioria das que aparecem entre aspas neste parágrafo que ora encerro.

"As políticas de dominação vigentes na sociedade brasileira do século XIX poderiam ser apropriadamente descritas como paternalistas." Poderiam? Não sem alguns inconvenientes e precauções. A ideologia de sustentação do poder senhorial incluía a imagem de que aquela era uma sociedade em que os pontos de referência — ou seja, de atribuição e formulação de consciência de lugares sociais — definiam-se todos na verticalidade. Se o problema consistia em saber a opinião dos escravos, sobre Helena, por exemplo, bastava saber que "esses pautavam os sentimentos pelos de d. Úrsula" (*H*, cap. IV). Em *Iaiá Garcia*, Luís Garcia "amoldara as cousas a seu jeito", portanto "não admirava que amoldasse também o homem"; assim, Raimundo, "escravo e livre", "parecia feito expressamente para servir Luís Garcia" (*IG*, cap. I). No mundo construído por tal ideologia, mundo *sonhado*, a medida do sujeito são as relações pessoais nas quais está inserido ("relações adquiridas"; *H*, cap. I). Não existe lugar social fora das formas instituídas — formalmente, mas também pelo costume — de hierarquia, autoridade e dependência. Os sujeitos do poder senhorial *concedem*, controlam uma espécie de *economia de favores*, nunca cedem a pressões ou reconhecem direitos adquiridos em lutas sociais. Fora dos referenciais da verticalidade, haveria apenas pulverização, átomos sem existência social.

Em outras palavras, na ideologia do paternalismo, tomada em seus próprios termos, de modo transparente, é central o sentido de encobrimento de interesses e solidariedades horizontais entre os "dominados", "subordinados", "subalternos", "dependentes" — ou sei lá o que mais, e cada um escolha a expressão que lhe aprouver. O que interessa é notar que, em semelhante acepção, o paternalismo é apenas o mundo idealizado pelos senhores, a sociedade imaginária que eles sonhavam realizar no cotidiano — sonho impossível, no qual Estácio e Bentinho ainda puderam acreditar, talvez ingenuamente, mas que Brás Cubas e Dom Casmurro aprenderam a glosar perfeitamente, em parte por autocomiseração diante da consciência da derrota.

É claro que os senhores sabiam que as solidariedades entre seus trabalhadores (escravos e/ou livres dependentes) estavam lá, para além do fato comum de sua própria subordinação, e reconheciam tacitamente alguns costumes locais, laços étnicos, dialetos, manifestações religiosas, artes de cura e outros ofícios, e demais práticas culturais. O problema é que essa alteridade, essa autonomia, que era real, não tinha lugar enquanto tal no imaginário senhorial. Às práticas autônomas dos dominados não eram atribuídos, via de regra, sentidos de alteridade, menos ainda de antagonismo. Elas existiam porque os senhores teriam *concedido* aos trabalhadores a possibilidade de exercê-las ou inventá-las. Sendo soberana e inviolável a vontade dos senhores, as ações dos outros sujeitos históricos apareciam como originárias dessa vontade, como sua simples extensão. O que escapava a esse enquadramento era insubordinação ou revolta, algo a ser esmagado com a incivilidade de que são sempre capazes os poderosos.

Havia, porém, territórios sociais mais ambíguos, indeterminados, nos quais práticas políticas outras que não a aparente submissão ou o antagonismo aberto estavam instituídas e eram constantemente acionadas. Eram os territórios do *diálogo*, das trocas cotidianas diretas entre senhores e escravos, senhores e dependentes. Tratava-se esses, certamente, de territórios mapeados pelos senhores, pois os significados sociais gerais reconhecidos pelos sujeitos eram os atinentes à política da dominação senhorial. O fato, contudo, é que a alteridade, a diferença, vazava a rotina mesma do diálogo inevitável entre sujeitos socialmente desiguais. Machado de Assis foi um intérprete incansável do *discurso político possível* aos dominados em tais situações que, posto que rotineiras, traziam sempre o risco do deslize, da palavra dita em má hora, provocando em contrapartida os atos de agressão e humilhação dos detentores das prerrogativas senhoriais.[2]

Do ponto de vista do dependente, o enredo básico de tais diálogos era sempre o mesmo. Segundo Dom Casmurro, Capitu explicou certa vez a Bentinho precisamente aquilo que tenho de assinalar aqui. Para mostrar a Bentinho que José Dias, o agregado, seria aliado hábil na campanha para evitar o seminário, Capitu enceta o seguinte diálogo com o namoradinho:

> — Você não se lembra como é que foi ao teatro pela primeira vez, há dous meses? D. Glória não queria e bastava isso para que José Dias não teimasse; mas ele queria ir e fez um discurso, lembra-se?
>
> — Lembra-me; disse que o teatro era uma escola de costumes.
>
> — Justo; tanto falou que sua mãe acabou consentindo, e pagou a entrada aos dous... Ande, peça, mande... (*DC*, cap. XVIII)

O cenário desenhado na passagem é claro. O motivo declarado da conversa estava no desejo de Bentinho de ir ao teatro pela primeira vez. D. Glória, porém, não concordava com a ideia. O assunto morreria aí, não fosse o fato de José Dias, o agregado, também querer ir ao teatro. Homem dependente, vivendo de favor na propriedade dos Santiago, José Dias não podia teimar com a viúva; "bastava" o fato de que a senhora "não queria" que Bentinho fosse ao teatro para que ele não insistisse. Mas, como o que estava em questão era a conveniência ou não de o menino ir à representação, José Dias fez "um discurso" defendendo a tese de que "o teatro era uma escola de costumes". Ou seja, o agregado construiu um argumento procurando comprovar que devia ser vontade da viúva enviar o menino ao teatro — que, afinal, tornara-se agora uma "escola". D. Glória acabou concordando; isto é, passou a ser vontade dela que Bentinho fosse ao teatro. José Dias foi então designado para acompanhá-lo, atendendo-se assim à vontade do menino, que aparentemente fora quem originara toda a situação. Digo "aparentemente" porque o móvel real dos acontecimentos era outro. Talvez tivesse sido o próprio José Dias a sugerir a Bentinho que urgia ir pela primeira vez ao teatro. Era o agregado quem tinha, de fato, o desejo de fazê-lo — e arrumou um jeito de ir de graça, pois, como não escapou a Capitu, a viúva pagara "a entrada *aos dous*" (grifo meu).

Se observarmos essa passagem naquilo que ela contém de descrição estrutural, de análise das possibilidades de atuação política de sujeitos submetidos a relações sociais profundamente desiguais, características da dominação paternalista, vemos que: primeiro, em nenhum momento as prerrogativas da vontade senhorial são questionadas — ao contrário, elas são reforçadas e reverenciadas a cada passo; segundo, aos dependentes resta perseguir objetivos próprios tentando provocar nos senhores os movimentos que lhes interessam a eles, dependentes. Em outras palavras, impossibilitados de lutar abertamente por seus objetivos, José Dias e seus semelhantes tentam obter seus desígnios fazendo com que seus senhores imaginem que é vontade deles, senhores, fazer aquilo que eles, dependentes, querem que seja feito.

Ações ou tramas políticas desse tipo pressupõem a possibilidade do que estou chamando aqui de *diálogo* — no sentido literal, de troca de palavras entre sujeitos, e no sentido metafórico, pois tais trocas ocorrem em arenas instituídas da luta de classes. Meu argumento neste capítulo é que Machado de Assis, em vários de seus escritos, testemunhou e analisou sistematicamente *o ponto de vista do dominado* — ou do dependente, ou do subalterno, ou seja lá o que mais — em tais situações, que eram rotineiras e agudamente perigosas ao mesmo tempo.

Em suma, a vigência do enredo da dominação paternalista não significava que os subordinados estavam passivos, incapazes de perseguir objetivos próprios, impossibilitados de afirmar a diferença. Ao contrário, apesar do perigo constante de invasão e rapina por seus algozes, e decerto por isso mesmo, o desafio de Helena, Luís Garcia, Capitu e tantos outros era *afirmar a diferença no centro mesmo dos rituais da dominação senhorial*. Tratava-se de uma arte arriscada, que ratificava a ideologia paternalista na aparência mesmo quando lhe roía os alicerces. Arte de sobrevivência em meio à tirania e à violência, exercida no centro do perigo, tal discurso político dos dominados envolvia a capacidade de atingir objetivos importantes utilizando de forma criativa — e reforçando, ao menos aparentemente — os rituais associados à própria subordinação. Tratava-se da produção de um outro texto, contratexto, que se revelava nas entrelinhas (mas não a qualquer observador), na piada talvez ingênua, no dito chistoso, na ambivalência das palavras, na ambiguidade da intenção. Essa era a arte do diálogo em Machado de Assis. Passo a comentar alguns outros exemplos.

DE *HELENA* A *IAIÁ GARCIA*

Quase tudo o que havia a dizer sobre *Helena* nesse contexto já apareceu no primeiro capítulo, e o leitor terá adivinhado isso mesmo ao acompanhar as páginas anteriores e lembrar das conversas entre Helena e Estácio. Isso abrevia o caminho até *Iaiá Garcia*. Antes, porém, cumpre frisar ainda um ou outro aspecto de *Helena*, para mostrar que Machado de Assis tinha um "plano", digamos, na passagem de um romance a outro. Seu objetivo consistia em desenvolver uma interpretação consistente da história política e social do país entre aproximadamente 1850 e 1871, e as mudanças na arte política dos dependentes eram parte importante da história que havia de ser contada.

Como vimos, Estácio pouco ou nada entende dos movimentos de Helena. Ou seja, Helena analisa a ideologia senhorial e persegue objetivos próprios *por dentro de tal ideologia*, permanecendo por isso indecifrável para Estácio. O antagonismo entre senhores e dependentes é claro e passível de análise para Helena — a moça, afinal, está ciente da fragilidade de sua posição e tenta esculpir a própria sobrevivência a partir de tal percepção. Talvez o momento histórico retratado no romance ajude a explicar a forma como Machado de Assis construiu a personagem senhorial principal nesse texto. Estamos na década de 1850, período que na memória política construída no século XIX configurou-se como o apogeu do Segundo Reinado. A supressão das revoltas provinciais que haviam marcado o período regencial e a década de 1840, o arrefecimento das disputas políticas com a formação dos gabinetes de conciliação dos partidos, o afastamento do perigo de intervenção inglesa com o fim do tráfico negreiro, tudo isso serviu para construir a imagem de paz e prosperidade das décadas de 1850 e 1860 ("o tempo saquarema"), ao menos até o advento da Guerra do Paraguai e das primeiras escaramuças parlamentares sobre "a questão servil" — para usar o eufemismo preferido à época. Por conseguinte, Estácio está "satisfeito consigo mesmo", exercendo como que naturalmente os "direitos e deveres que lhe davam a idade e a classe em que nascera" — "direitos e deveres" esses que "ele não cedia nem esquecia" (*H*, cap. II). Em outras palavras, Estácio, postado diante do espelho da alcova, aparece como o representante de uma dominação incontestada, orgânica, virtuosa, abençoada pela religião (padre

Melchior) e polida pela ciência (o mancebo tinha "vontade" e "paixão do saber" e "entregara-se à ciência com ardor e afinco"; *H*, cap. II).

A possibilidade de discernir intuito de verdade política e social na forma como Estácio é desenhado no romance se reforça na observação de seu antecessor imediato no exercício das prerrogativas senhoriais. Em contraste com a virgindade e a candidez do filho, o conselheiro Vale tivera vida amorosa pouco católica, e "matrona houve, e não só uma, que viu ir a enterrar com ele a melhor página da sua mocidade" (*H*, cap. I). O comportamento amoroso desregrado do conselheiro está na origem das injustiças e sofrimentos narrados na história ("não se colhem figos dos abrolhos"; *H*, cap. XXIV); apesar das promessas de regeneração feitas várias vezes ao padre, o velho nunca se emendara ("promessa feita na areia; o primeiro vento do coração apagou a escritura"; *H*, cap. IV).

Essa imagem pouco virtuosa traz à lembrança a leitura que gerações posteriores fariam do período histórico anterior aos anos 1850, especialmente do período regencial na década de 1830. Tal época teria sido marcada por paixões políticas desenfreadas e ilegalidades escandalosas, especialmente no que concerne ao tráfico africano, que, oficialmente abolido em 1831, foi retomado em meados dos anos 1830.[3] O contrabando de africanos prosseguiu e intensificou-se até a nova lei de abolição de 1850, contando sempre com a conivência de políticos e autoridades públicas. Como consequência, milhares e milhares de africanos, introduzidos ilegalmente no país, foram reduzidos à escravidão no período, e "reduzir pessoa livre à escravidão" era crime previsto no código criminal do Império. Em 1850, Helena tinha "dezesseis a dezessete anos" (*H*, cap. III), o que situaria seu nascimento em 1833 ou 1834. O caso entre o conselheiro e a mãe da menina dataria então do final da década de 1830, pois Helena "contava seis anos" (*H*, cap. xxv) quando Salvador viajou ao Sul, deixando o caminho aberto ao conquistador impenitente do Andaraí. É talvez impossível saber se Machado tinha em mente semelhantes minúcias ao compor as personagens. Parece certo, contudo, e Roberto Schwarz já o demonstrou, que havia a preocupação de revelar verdades históricas estruturais, por assim dizer, na forma de construir as personagens. Tal preocupação incluía a tentativa de descrever e interpretar as mudanças históricas ao longo do tempo — como, aliás, John Gledson já o demonstrou —, e é isso que explica a busca do contraste entre o conselheiro Vale (décadas de 1830 e 40) e Estácio (década de 1850).[4]

Em *Iaiá Garcia*, romance publicado originalmente em 1878, a narrativa se move ostensivamente para os anos que o próprio Machado percebia como decisivos na crise do paternalismo —1866 a 1871 —, sendo então traçado um amplo painel das mudanças históricas do período. No início do romance, temos a exposição do universalismo da lógica de dominação baseada na ideologia da produção de dependentes; em seguida, vemos o momento de explicitação da crise e seu desenrolar, culminando na exploração um tanto retraída, e já outro tanto cética, das alternativas possíveis para um novo ordenamento social. Nesse novo contexto, no qual tensões e antagonismos estão mais evidentes para os sujeitos, os dependentes continuam a mostrar deferência e subordinação aos senhores, enquanto procuram laboriosamente discernir ou interpretar as reais intenções dos adversários. O perigo cintila mais em cada situação, e chistes e ironias tornam-se difíceis, pois talvez a principal novidade do cenário esteja no fato de que os dependentes se confrontam com uma vontade senhorial mais consciente de si, ciente da resistência a seus desígnios e decidida a fazer valer a sua autoridade através da astúcia e mesmo da fraude, não hesitando em violentar os subordinados.

Tudo isso está presente de forma lapidar na conversa entre Luís Garcia e Valéria, logo no capítulo II de *Iaiá Garcia*. Valéria, "viúva de um desembargador honorário", mas mulher "robusta" e ainda "fresca", chamara Luís Garcia à casa com o intuito de convencê-lo a aliar-se a ela na campanha para alistar o filho Jorge como voluntário na Guerra no Paraguai. O assunto é inopinado, e Luís Garcia, homem "céptico", que buscava a independência permanecendo "alheio às cousas estranhas" (*IG*, cap. I), mal consegue disfarçar a surpresa e a incredulidade:

> — Sr. Luís Garcia, disse a viúva; esta guerra do Paraguai é longa e ninguém sabe quando acabará. Vieram notícias hoje?
> — Não me consta.
> — As de ontem não me animaram nada, continuou a viúva depois de um instante. Não creio na paz que o López veio propor. Tenho medo que isto acabe mal.
> — Pode ser, mas não dependendo de nós.
> — Por que não? Eu creio que é chegado o momento de fazerem todas as mães um grande esforço e darem exemplos de valor, que não serão perdidos. Pela minha parte trabalho com o meu Jorge para que vá alistar-se como voluntário; podemos arranjar-lhe um posto de alferes ou tenente; voltará major ou coronel. Ele, entretanto, resiste até hoje; não é falta de coragem nem de patriotismo; sei que tem sentimentos generosos. Contudo, resiste...
> — Que razão dá ele?
> — Diz que não quer separar-se de mim.
> — A razão é boa. (*IG*, cap. II)

Eis um diálogo no qual a representante do poder senhorial não diz o que realmente pensa, e o dependente não acredita naquilo que escuta. Ambos sabem perfeitamente que é isso mesmo que está ocorrendo entre eles. Luís Garcia permanece desconfiado, cauteloso, "com um pé atrás", como se costuma dizer, procurando decifrar as intenções verdadeiras de Valéria por trás das palavras que buscam apenas encobri-las. Suas intervenções são curtas, e ele fica à espreita de uma palavra ou deslize que revele algo mais concreto sobre os desígnios da viúva ("Não me consta", "Pode ser" etc.). Aquele patriotismo ou interesse repentino pela cousa pública é que não havia de ser; a "animação" de Valéria ao tratar do assunto parecia "mais simulada que sincera" (*IG*, cap. II). Mas Luís Garcia não pode se atrever "a formular a suspeita e a dúvida" abertamente, buscando então argumentar que não se devia insistir com o rapaz, se a ele repugnava a ideia de separar-se da mãe. Obrigada a aduzir outras justificativas, Valéria reconhece haver "um pouco de interesse pessoal" na empreitada, só que o motivo referido é a necessidade de fazer do filho um herói, honrando "assim o nome de seu pai" (*IG*, cap. II). O motivo alegado é nobre, mas absolutamente improvável ("algum haveria que ela não quisera ou não pudera revelar"), e Luís Garcia parece admirado com o espetáculo de como alguém podia mentir tanto pondo a razão do seu próprio lado. A dificuldade do discurso sincero afia a retórica da viúva, que prossegue falando em considerações de ordem "superior" e demais dissimulações do gênero.

O duelo entre a senhôra e o aspirante à independência prossegue por mais algumas linhas, num esgrimir constante de argumentos e perícia verbal. Ao acompanhar os movimentos da dama senhoril com "os olhos agudos da suspeita", o desafio do ermitão de Santa Teresa parece ser o de exercitar a arte de resistir e manter assim a sua autonomia, e tal objetivo depende em parte de sua habilidade em não deixar a situação descambar para o conflito aberto. Encurralado à parede, sem desejar aderir à campanha de Valéria para levar o filho à guerra, mas também sem querer "abertamente recusar", e buscando manter "a própria neutralidade", o que "era puramente difícil", Luís Garcia acaba cedendo: "Faço, disse ele frouxamente"(*IG*, cap. II). O recuo é estratégico — ele concorda "frouxamente", o que equivale a concordar discordando —, pois não podendo mais resistir ao assédio da viúva sem melindrar a sua própria posição, o cético busca ganhar tempo para "encaminhar-se a saber qual era a mola secreta da ação daquela senhora", qual seria a "vantagem especialmente sua" que ela perseguia naquele negócio.

No jantar do dia seguinte, Luís Garcia interpela o futuro voluntário e descobre que o amor do mancebo por mulher "de certa espécie" (*IG*, cap. II) estava na origem das desavenças entre mãe e filho. Surpreende-se, porém, ao constatar o alcance da determinação de Valéria no assunto. Ela havia dito a Jorge que era opinião de Luís Garcia que ele devia se alistar para ir ao Paraguai. O cético se reprime e silencia diante da "pia fraude de Valéria". A mentira revela-se de novo no centro do procedimento da viúva quando ela induz Luís Garcia à conclusão de que o amor de Jorge era inaceitável porque se tratava de uma mulher casada ("Suponha... que se trata... de uma senhora casada?"; *IG*, cap. II). Dessa vez, Luís Garcia não pode perceber a fraude, e fica assim com um entendimento necessariamente incompleto de toda a situação. De qualquer forma, o tema da falsificação no cerne das ideologias de sustentação do poder era caro a Machado, nesse e em outros escritos, e todos lembraremos do fraudulento esboço genealógico da família Cubas no terceiro capítulo das *Memórias*. O pai de Brás, que inventara a genealogia, acabara acreditando sinceramente nela — "uma imaginação graduada em consciência", como diria Brás (*BC*, cap. XLIV). Da mesma maneira, Luís Garcia "não duvidava do empenho patriótico de Valéria", mas sabia que a senhôra esperava "alguma vantagem especialmente sua" com o negócio (*IG*, cap. II). O resultado dessas pequenas filigranas nos enredos dos romances — a partir de *Brás Cubas*, tais filigranas *são o enredo* dos romances — é mostrar a relatividade das ideologias de sustentação do poder, sua transitoriedade. Tais ideologias são invenções datadas, surgidas em processos históricos específicos, e portanto passíveis de crítica, e logo de desnaturalização e superação. Submetida à crítica, a ideologia paternalista é como o medo, "um preconceito dos nervos", e "um preconceito desfaz-se; basta a simples reflexão", como disse Helena (*H*, cap. VI).

Em *Iaiá Garcia*, os acontecimentos se desenrolam em momentos políticos decisivos, e seria possível demonstrar a hipótese de que há no romance uma história exposta ou escrita por meio do movimento das personagens, ou das relações que se tecem entre as personagens ao longo do tempo (as ações começam em 1866 e vão até o início dos anos 1870, sendo que a cronologia é cuidadosamente marcada no texto até precisamente setembro de 1871). Mas deixo para desenvolver isso em outra ocasião, se houver, e é claro que se trataria apenas de explorar trilhas cuja existência John Gledson se encarregou de indicar. O que me interessa no momento é observar que em *Iaiá Garcia* o antagonismo entre senhores e dependentes é explícito e claramente percebido pelos sujeitos envolvidos. No caso do diálogo entre Valéria e Luís Garcia, que vimos analisando, isso se evidencia na própria forma de intervenção do narrador da história. Nos diálogos entre Estácio e Helena, no capítulo VI de *Helena*, o narrador não é muito didático, e raramente interfere para explicar ao leitor o significado geral daquilo que está lendo. Os sentidos críticos dos movimentos de Helena parecem-me evidentes, mas sua percepção exige do leitor que decodifique por si mesmo a maior parte dos trejeitos e gracejos que constituem a arte da resistência na rapariga. Ele precisa desconfiar, depois entender, que *a ideologia de Helena não é a mesma de Estácio*, apesar das abundantes aparências em contrário. O antagonismo é inerente à sociedade, porém passa despercebido aos incautos, e a Estácio ainda é possível a autoconfiança que o faz quase inteiramente obtuso ao que ocorre à sua volta. Enfim, se bobear, o leitor entra como "estácio" nessa história — "sujeito tolo, fácil de roubar", segundo o sentido atribuído a essa palavra no curiosíssimo "vocabulário" intitulado "Gíria dos gatunos cariocas", publicado no início do século XX.[5] Em *Iaiá Garcia*, ao contrário, o narrador auxilia constantemente o leitor, descrevendo as estratégias e pensamentos ocultos dos sujeitos enquanto eles desempenham seus papéis diante dos outros atores sociais. É verdade que vemos aqui muito das jogadas e artimanhas de Valéria, e alguma coisa de Jorge, mas o que há de melhor e mais sistemático no romance é mesmo o estudo do ponto de vista dos dependentes, das filigranas que são obrigados a fazer, em momentos de crise e maior explicitação das diferenças, para conseguir seus objetivos e escapar à violência e à humilhação.

BRÁS CUBAS E AS MULHERES

Brás Cubas e Dom Casmurro, herdeiros de senhores e possuidores de terras e escravos, eles mesmos senhores e possuidores de escravos e confortáveis propriedades nos agitos da Corte, são os narradores de suas próprias histórias. Em *Memórias póstumas de Brás Cubas*, o "defunto autor", narrador vivíssimo aliás, aproveita-se de sua condição para contar episódios de sua vida com independência e sinceridade, pois "a franqueza é a primeira virtude de um defunto". Desafrontado do mundo, desdenhoso das opiniões alheias — "não há nada tão incomensurável como o desdém dos finados" (*BC*, cap. XXIV) —, Brás pode agora confessar "lisamente o que foi", "estender" aos outros as revelações que antes só podia fazer à própria consciência. O sentido político dessas características do narrador é potencialmente explosivo: afinal, um legítimo representante da classe senhorial, em vida um herdeiro e continuador de suas prerrogativas, resolve se expor abertamente, dizer a verdade sobre si mesmo e, por conseguinte, sobre aqueles que a ele se assemelham quanto às "tradições de família", "cabedais" e "relações adquiridas". Brás é às vezes tão arrojado que chega a reconhecer, ao menos em tese, o caráter desestabilizador, quase subversivo, de sua conduta: como lhe ensinara Jacó Tavares, "a veracidade absoluta era incompatível com um estado social adiantado, e [...] a paz das cidades só se podia obter à custa de embaçadelas recíprocas" (*BC*, cap. LXXXVII). De qualquer forma, Brás professa combinar franqueza e galhofa, e sendo a verdade, por definição, grave e até sisuda, o leitor das *Memórias* pode sempre perguntar se o que tal narrador confessa sobre si mesmo diz algo de si ou serve antes para embaçar a visão dos outros — "limpa os óculos [...] — que isso às vezes é dos óculos" (*BC*, cap. XXXIV).

Em *Memórias póstumas de Brás Cubas*, Machado de Assis reescreveu *Helena*. A maior parte das ações se desenvolve entre 1840 e 1869, e Machado cifra o significado do romance na trajetória de Brás, que é o Brasil que vivera até 1869, e então agonizara, morrera e fora entregue aos vermes em 1870 e 1871, anos de intensa movimentação política em torno da questão do "elemento servil".[6] Assim como *Helena*, as *Memórias* se reportam a um período de hegemonia praticamente inconteste do paternalismo, da política de dominação assentada na imagem da inviolabilidade da vontade senhorial. Estácio e Brás são irmãos na história, nutridos e ungidos no exercício das prerrogativas de uma classe, flores "dessa terra e desse estrume", para usar a autodescrição jocosa do herdeiro dos Cubas (*BC*, cap. XI). A diferença é que Estácio nos é narrado — muitas vezes através de Helena —, enquanto Brás pretende narrar a si mesmo. Assim, como vimos, é a donzela quem nos expõe a ideologia de Estácio, especialmente no que diz respeito a essa capacidade de ver sempre nas ações dos outros a expansão de sua própria vontade. Vale para Estácio o que Brás observara certa vez a respeito do pai: ao olhar os outros, "Ele não via nada; via-se a si mesmo" (*BC*, cap. XII).

Se "o menino é pai do homem" (*BC*, cap. XI), Brás é filho de Estácio. Ambos compartilham a filosofia da ponta do nariz. Ao ruminar certa vez questões obscuras de filosofia, Brás é levado a questionar uma teoria do dr. Pangloss, segundo a qual "o nariz foi criado para uso dos óculos" (*BC*, cap. XLIX). A explicação verdadeira e definitiva para a existência desse órgão encontra-se na observação do costume do faquir, que gasta "longas horas a olhar para a ponta do nariz, com o fim único de ver a luz celeste". O segredo do faquir está no fato de que, ao fincar os olhos na ponta do nariz, ele perde o "sentimento das cousas externas", desvincula-se da Terra, "dissolve-se, eteriza-se". Brás acha possível constatar que a faculdade de concentrar-se assim tão intensamente na ponta do nariz não pertence ao faquir somente; é "universal", tendo cada homem a "necessidade e poder de contemplar o seu próprio nariz". Para ver a luz celeste, dissolver-se no impalpável, como o faquir? Decerto que não; ao contrário, para Brás a contemplação do nariz concentra poder, pois permite a eliminação das "cousas externas" — isto é, o não reconhecimento de atores e ações políticas que exprimem antagonismo em relação à sua visão de mundo. Para não deixar dúvida sobre a metáfora de dominação política e social contida nessa passagem: o principal efeito da contemplação do nariz "é a subordinação do universo a um nariz somente", e tal efeito "constitui o equilíbrio das sociedades" (*BC*, cap. XLIX). Para Brás a contemplação do nariz não é a "sublimação do ser", como para o faquir, mas o próprio centro de um ser político específico, historicamente constituído e datado, e que podemos apelidar, por comodidade, de classe senhorial, vivendo o período de apogeu de seu poder e prestígio social no Segundo Reinado.

Se Estácio era autoconfiante, "satisfeito consigo mesmo" (*H*, cap. II), Brás não deixa por menos, e compraz-se em explicar repetidamente ao leitor como personagens e acontecimentos da narrativa justificam-se somente levando-se em consideração os seus caprichos ou supostas necessidades. Veja-se, por exemplo, a ideia de arrumar uma casinha, com alcoviteira e tudo, para permitir seus encontros secretos com a amante, mulher casada, irresistível Virgília. Brás acha logo a casinha, "expressamente feita" (*BC*, cap. LXVII), num recanto da Gamboa, jardim na frente, trepadeira nos cantos, mistério. Em seguida, passa a divagar sobre o sentido do esconderijo. À primeira vista, temos apenas os delírios de posse do moço: amante de mulher casada, a casinha da Gamboa lhe dava a "aparência de posse exclusiva", "de domínio absoluto". Mas as divagações evoluem rapidamente para a atribuição de um significado "social", por assim dizer, para a casinha; ao menos, a linguagem e os conceitos utilizados exprimem vigorosamente o mundo sonhado segundo os parâmetros da ideologia paternalista (ou segundo a moda filosófica da contemplação do nariz). Numa mesma frase, há a transição completa do referencial pessoal e doméstico para a afirmação do princípio geral de dominação social:

> A casa resgatava-me tudo; o mundo vulgar terminaria à porta; — dali para dentro era o infinito, um mundo eterno, superior, excepcional, nosso, somente nosso, sem leis, sem instituições, sem baronesas, sem olheiros, sem escutas, — um só mundo, um só casal, uma só vida, uma só vontade, uma só afeição, — *a unidade moral de todas as cousas pela exclusão das que me eram contrárias.* (*BC*, cap. LXVII; grifo meu)

As *Memórias* reescrevem *Helena* não apenas nos comentários gerais, estruturais, sobre dominação social. Há também aqui a atenção para o processo, a preocupação em descrever transformações históricas. Tracei atrás alguns contrastes entre o conselheiro Vale e Estácio, as duas personagens senhoriais predominantes em *Helena*, procurando sugerir que se sucediam no tempo com o intuito de metaforizar sentidos atribuídos à história política e social do país nas décadas de 1840 e 1850. Nessa perspectiva, Brás enfeixa as duas personagens de *Helena*. De novo, o adultério representa um período histórico de turbulência política e de vigência da ilegalidade consentida do tráfico negreiro. O romance do conselheiro Vale com a mãe de Helena começara no final da década de 1830, prosseguindo nos anos seguintes; os amores clandestinos de Brás e Virgília ocorreram durante a década de 1840. Também significativamente, o ano de 1850, no qual ocorreu a aprovação da lei que resultou na extinção definitiva do tráfico africano, aparece como decisivo nos dois romances. O conselheiro Vale morreu em abril de 1850; e "matrona houve, e não só uma, que viu a ir enterrar com ele a melhor página da sua mocidade". Ou seja, conselheiro e matronas retiram-se de cena para dar lugar ao jeito plácido, matemático, quase assexuado (ou sexualmente reprimido), de Estácio. Após o fim do idílio amoroso com Virgília, Brás aparece tentando a regeneração por meio do casamento, em 1850; porém a noiva, Nhã-loló, falece vítima da primeira grande epidemia de febre amarela. A associação temática entre febre amarela e regeneração é significativa: a epidemia de febre amarela de 1850 ajudou a aprovar a lei de abolição do tráfico de africanos no parlamento, pois o "infame comércio" era suspeito de haver introduzido o flagelo no país.[7] Na verdade, mesmo Helena pode ter sido vitimada pela epidemia que começou em 1850, apesar de não haver no romance menção explícita à febre amarela e seu mais terrível sintoma, o "vômito preto" (o que certamente não seria de bom-tom referir); diz-se apenas que "A febre [...] tomara conta enfim da pobre moça" (*H*, cap. XXVIII). Nas *Memórias*, cujos acontecimentos narrados se estendem pela década de 1850, as alusões históricas continuam com uma atenção obsessiva pelo detalhe: durante o Gabinete Paraná, o da conciliação dos partidos, Brás Cubas, já então deputado, sobe à tribuna para proferir seu discurso sobre o tamanho da barretina da Guarda Nacional — que era anti-higiênica, segundo ele (*BC*, cap. CXXXVII). A experiência política da conciliação dos partidos veio a representar a própria pacificação do país e o apogeu do Segundo Reinado, na visão de historiadores do Oitocentos;[8] a alegoria de Machado, todavia, parece apontar para a insipidez da discussão política no período. Em suma, se em *Helena* temos um Estácio virtualmente assexuado assumindo as prerrogativas senhoriais a partir de 1850, nas *Memórias* vemos Brás, à mesma época, discutindo o sexo dos anjos no parlamento.

Enfim, reafirmo que as *Memórias* reescrevem *Helena*. Não é à toa que Brás, o vivíssimo Brás, é muita vez um "estácio" com as mulheres. Ele jamais consegue dobrar o orgulho de Eugênia, "a flor da moita", coxa e bela, assim como Estácio não dobra a sua Eugênia, noiva que lhe arranjaram, "uma das mais brilhantes estrelas entre as menores do céu fluminense" (*H*, cap. V). Estácio não obtém tampouco a submissão de Helena nos momentos decisivos do dramalhão que se desenrola entre os dois, assim como Jorge nunca doma o orgulho "fera" (*IG*, cap. XVII) de Estela. Nas *Memórias*, as mulheres fazem gato e sapato de "um galho da árvore ilustre dos Cubas" (*BC*, cap. XLIV), amante autoconfiante; assim como Helena fizera gato e sapato do donzel do Andaraí, que era "satisfeito consigo mesmo"; assim como a menina Iaiá Garcia pintara e bordara com Jorge, ao mesmo tempo em que fazia o mancebo pensar que ela, Iaiá Garcia, era, imaginem, "sua obra" (*IG*, XIV). Marcela, primeira namoradinha de Brás, devora-lhe os contos da herança paterna, enquanto o guapo cavalheiro pensa ser ele a devorá-la. Virgília trai o marido com Brás, e trai Brás e o marido com outros "peraltas" que se lhe apresentam. Antológico, a esse respeito, é o capítulo LXXVII, intitulado "Entrevista". O capítulo narra uma conversa entre Brás e Virgília; isto é, temos um diálogo entre o homem possessivo e superior e a mulher submissa e cordata, como é de rigor; ou entre o amante ciumento e a mulher oblíqua e dissimulada, como é de praxe. A cena é um arrufo entre namorados. Virgília "valsara duas vezes com o mesmo peralta" no baile da antevéspera. Brás fulminara a amante com o olhar; mostrou-se-lhe indiferente o resto da festa; cometera a desfeita de não comparecer ao chá oferecido por Lobo Neves, o marido de Virgília. Ao entrar na casinha da Gamboa na vez seguinte, Virgília dizia-se zangada com o tratamento recebido. Ao saber do motivo do comportamento de Brás, ficou pasmada. "Boca semiaberta", "sobrancelhas arqueadas", "estupefação visível", Virgília abanou a cabeça, incrédula, e mofou do ciúme do mancebo: "Ora, você!". Tudo terminou em galhofa, e Brás/Estácio, convencido das virtudes da amante, e "satisfeito consigo mesmo", conclui do episódio: "Era claro que me enganara". Frase ambígua, pois mostra Brás seguro de que se enganara ao pensar que Virgília flertara com o peralta; e sugere que Virgília enganara Brás flertando com o peralta.

Talvez a história de d. Plácida, a moradora da casinha da Gamboa, intermediária dos amores de Brás e Virgília, condense, num caso extremo, o argumento que busco apresentar para as *Memórias*: por um lado, o jeito abusado e autoconfiante de Brás, seus caprichos e arbitrariedades — ou sua volubilidade, como prefere Schwarz — registram a interpretação histórica de que a classe senhorial vivia o auge de sua hegemonia política e cultural na primeira metade do Segundo Reinado; por outro lado, a narrativa de Brás deixa passar muito das oposições e resistências cotidianas a seu poder e influência, sem que ele perceba necessariamente o que está ocorrendo. Em suma, d. Plácida é provavelmente a dependente mais humilhada e tripudiada na história contada por Brás; ainda assim, cabe filtrar as ações políticas possíveis à alcoviteira por meio das filigranas narrativas do "defunto autor".

D. Plácida fora costureira e agregada na casa de Virgília, por quem tinha "verdadeira fascinação" (*BC*, cap. LXVII). Mulher esforçada, trabalhadora, aceita o ofício de alcoviteira por necessidade, porém com certo vexame — "tinha nojo de si mesma", conforme o narrador (*BC*, cap. LXX). Brás esforça-se por "angariá-la", procurando obter-lhe a confiança, ao menos a benevolência. Inventa uma história fantástica sobre oposições familiares ao amor entre ele e Virgília quando a moça era ainda solteira, e acredita piamente que a alcoviteira acreditara piamente na história "por necessidade da consciência" (*BC*, cap. LXX). Acaba utilizando os cinco contos de réis que achara embrulhados em Botafogo para fazer um pecúlio à mulher; esta agradece "com lágrimas nos olhos", e passa a rezar por ele todas as noites, "diante de uma imagem da Virgem", tudo segundo crê o escritor defunto. Brás pensa haver-lhe comprado assim os escrúpulos e a discrição.

As páginas de Brás sobre d. Plácida são minucioso discurso de demonstração da filosofia da contemplação do nariz. Ao ruminar uma vez mais questões obscuras de filosofia, Brás enfrenta o desafio de refletir sobre o sentido da vida de d. Plácida. Sua primeira resposta é que a mulher viera ao mundo

> para queimar os dedos nos tachos, os olhos na costura, comer mal, ou não comer, andar de um lado para outro, na faina, adoecendo e sarando, com o fim de tornar a adoecer e sarar outra vez, triste

> agora, logo desesperada, amanhã resignada, mas sempre com as mãos no tacho e os olhos na costura, até acabar um dia na lama ou no hospital; foi para isso que te chamamos, num momento de simpatia. (*BC*, cap. LXXV)

Ou seja, não é possível atribuir qualquer sentido à vida de d. Plácida. Mal resolvida assim a questão, Brás volta a se ocupar dela capítulos depois. D. Plácida acabara de morrer na Misericórdia, para onde Brás a levara após encontrá-la "um molho de ossos, envolto em molambos, estendido sobre um catre velho e nauseabundo":

> Outra vez perguntei a mim mesmo, como no capítulo LXXV, se era para isto que o sacristão da Sé e a doceira trouxeram Dona Plácida à luz, num momento de simpatia específica. Mas adverti logo que, se não fosse D. Plácida, talvez os meus amores com Virgília tivessem sido interrompidos, ou imediatamente quebrados, em plena efervescência; tal foi, portanto, a utilidade da vida de D. Plácida. Utilidade relativa, convenho; mas que diacho há absoluto nesse mundo? (*BC*, cap. CXLIV)

Um massacre, um triunfo total da volubilidade senhorial, tal a impressão que fica da leitura dessas passagens sobre d. Plácida. A conclusão final de Brás é que a pobre mulher viera à existência porque fora necessidade dele, Brás, que ela viesse. As "cousas externas" só estão no mundo quando confirmam a ideologia de Brás e suprem as suas precisões materiais e espirituais. Virgília, num outro exemplo, "é o travesseiro do seu espírito"; bem pesadas as cousas, "não era outra a razão da existência de Virgília" (*BC*, cap. LXII). Em suma, se Brás está olhando agora para determinada árvore, a árvore existe; se ele vira e olha em direção oposta, a tal árvore deixa de estar no mundo. Ao chegar nesse ponto, mudo de rumo ou descubro semelhanças profundas entre ideologia de senhores de escravos e epistemologia relativista pós-moderna.

Definitivamente, mudo de rumo. Aquilo que Brás diz ser d. Plácida não pode dizer tudo sobre d. Plácida. Brás reconhece isso mesmo, às vezes — e ainda que imperfeitamente —, talvez devido à perspicácia e sinceridade adquiridas no estudo da geologia dos campos santos. Apesar de humilhada, tripudiada, reduzida ao estado da mais abjeta dependência, d. Plácida participa do jogo político, enseja movimentos para obter desígnios próprios, para provocar nos senhores ações ou interpretações que interessam a ela, alcoviteira. Claro que Brás e Virgília dependiam visceralmente da discrição e fidelidade da agregada; um pequeno movimento contrário da mulher e lá se iam para o brejo os amores clandestinos dos dois, quiçá com honra de marido traído lavada com sangue, "se o sangue lavasse alguma cousa nesse mundo" (*BC*, cap. XXXIV). Brás achava que comprava a consciência e a fidelidade da agregada; a agregada talvez tivesse aprendido a perseguir objetivos próprios fazendo com que Brás acreditasse precisamente nisso. Já mencionei um pecúlio de cinco contos obtido pela mulher. Noutra ocasião, d. Plácida recusa mais uma vez o convite dos concubinos para que ela se sente com eles à mesa do *luncheon*. Virgília parece ofendida, diz que d. Plácida não lhe tinha mais afeição. A resposta da alcoviteira é segurar as mãos de "Iaiá" e olhá-la "fixamente, fixamente, fixamente, até molharem-se-lhe os olhos, de tão fixo que era". Brás retribui-lhe a demonstração de afeto deixando-lhe "uma pratinha na algibeira do vestido". O leitor das *Memórias* só apreende d. Plácida dispondo-se a ler o "defunto autor" a contrapelo. É claro que a cena é ambígua: ao olhar "fixamente, fixamente, fixamente" para a senhora, a alcoviteira esforçava-se para ter lágrimas nos olhos, provocando assim nos senhores a interpretação que lhe interessava a ela — lágrimas de afeição, pagas com pratinha na algibeira (*BC*, cap. LXXIII).[9] Isso é política de dependentes, exercida à sua moda deles, por dentro da ideologia senhorial, mesmo porque, na maior parte das vezes, não havia alternativa para escapar à humilhação e à violência.

O argumento fica mais claro ao acompanharmos a atuação de d. Plácida nas rusgas entre os amantes. Certa vez, Brás chega com mais de uma hora de atraso a Gamboa. Virgília se fora. D. Plácida, "aflita deveras", anda de um lado para o outro, suspira, abana a cabeça, repreende o amante relapso: "isto não se faz". Outrossim, descreve a reação de Virgília no episódio: "que ela esperara muito, que se irritara, que chorara, que jurara votar-me ao desprezo, e outras cousas mais". Tudo isso a alcoviteira pronuncia em lágrimas. Logo em seguida, assume o papel de intermediária na reconciliação do casal. Ao que parece, tudo se esclarece:

> Três dias depois, estava tudo explicado. Suponho que Virgília ficou um pouco admirada, quando lhe pedi desculpas das lágrimas que derramara naquela triste ocasião. Nem me lembra se interiormente as atribuí a D. Plácida. Com efeito, podia acontecer que D. Plácida chorasse, ao vê-la desapontada, e, por um fenômeno da visão, as lágrimas que tinha nos próprios olhos lhe parecessem cair dos olhos de Virgília. Fosse como fosse, tudo estava explicado... (*BC*, cap. CIII)

Tudo explicado? Não as lágrimas de Virgília, que decerto não chorara, como talvez não tenha se irritado, nem jurado Brás ao desprezo. Quem sabe sequer esperara muito tempo pelo mancebo. A explicação das lágrimas de Virgília estava em d. Plácida, mas não pelo simples motivo dos olhos embaçados, como imagina Brás: a impressão que fica é que a alcoviteira manipulava as situações de crise entre os amantes, tornando-as mais agudas, para em seguida arrogar a si um papel decisivo na reconciliação. Pode-se então imaginar mais pratinhas voando da algibeira de Brás em direção à d. Plácida, e mimos diversos partindo de Virgília. O próprio Brás reconhece que a caseira mentia às vezes, "porque a um e outro referia suspiros e saudades que não presenciara" (*BC*, cap. CIII). Em suma, até a alcoviteira, pobre d. Plácida, tripudiada, humilhada, massacrada, subordinada ao nariz de Brás, tinha o poder "universal" de contemplar o próprio nariz — ou seja, de encetar diálogos políticos com seus algozes e perseguir objetivos próprios no cerne mesmo do exercício da vontade senhorial.

A EXPERIÊNCIA DA DERROTA

Em *Dom Casmurro*, Machado de Assis volta a abordar as transformações históricas que haviam sido centrais à realização de *Iaiá Garcia*. Os riscos potenciais que correm os dependentes nesses diálogos políticos cotidianos é um dos temas a estruturar o romance. No momento em que os detentores das prerrogativas senhoriais começam a desconfiar da autenticidade dos movimentos dos subordinados — passando a atribuir-lhes capacidade de representação, de teatralização —, então ficam prestes a adotar a visão de que esses são sempre e universalmente falsos, enganadores e mentirosos. *Dom Casmurro* é uma alegoria da experiência da derrota de todo um projeto de dominação de classe. O narrador, Dom Casmurro, escrevendo no final da década de 1890, está empenhado em encontrar justificativas para o seu empobrecimento e decadência social. Não as encontra em outro lugar senão no antagonismo impenitente, mas então insuspeitado, que seus subordinados lhe teriam feito ao longo da vida. Na história interessada e teleológica que compõe, Dom

Casmurro reinterpreta diálogos e situações cotidianas, reorganizando o seu entendimento das experiências passadas. Ele, quando ainda era ingênuo, ainda Bento, Bentinho, não pudera perceber a malícia, a perfídia, a falsidade de cada movimento de Capitu e outros dependentes à sua volta. Incapaz de lidar com as dimensões políticas da própria derrota, resta construir para si o lugar de vítima, e se queixar da traição e ingratidão daqueles mesmos a quem teria dispensado benefícios e proteção. Em suma, a percepção de que havia arte de resistência em Capitu sobe à consciência de Bentinho/Dom Casmurro, e lá se configura como falsidade, traição. Estava aí o perigo de cada situação, de cada diálogo político cotidiano. Capitu não pode então escapar de sofrer os ataques e a sanha vingativa do marido, queira Deus traído, de *Dom Casmurro.*[10]

Dom Casmurro, o narrador do romance, é concebido em março de 1871 — logo após a subida ao poder do Gabinete Rio Branco, que aprovaria a Lei do Ventre Livre —, no exato instante em que os olhos de ressaca de Capitu tragam o cadáver de Escobar, provocando a suspeita de adultério no herdeiro dos Santiago (*DC*, cap. CXXIII). Além de Escobar, portanto, é Bentinho quem morre nesse momento. Aqui, mais uma vez, o drama doméstico relatado é metáfora política. Torturado pela derrota política cujo maior símbolo talvez tenha sido a aprovação da lei de 1871, procurando refletir sobre semelhante experiência dentro dos hábitos de pensamento da classe senhorial, Dom Casmurro empunha a pena para demonstrar que fora vitimado pela ingratidão dos dependentes. É como se Estácio tivesse finalmente compreendido que havia "cousas externas", algo para além do comprimento do próprio nariz, e, incapaz de lidar com semelhante evidência, passasse a denunciar a perda de si próprio, nostálgico do mundo que se fora — "Em tudo, se o rosto é igual, a fisionomia é diferente. [...] falto eu mesmo, e esta lacuna é tudo"

(*DC*, cap. II), afirma Dom Casmurro logo ao iniciar a narrativa. Os dependentes haviam causado a sua derrota; estivera inadvertidamente desarmado e indefeso diante deles. Sendo assim, resta a Dom Casmurro construir Bentinho como um Estácio levado ao paroxismo. Para completar o quadro, Capitu é edição revista e ampliada das astúcias de Helena — ou, mais rigorosamente, de Iaiá Garcia, que é versão desabrochada de Helena.

Bastará focalizar o capítulo XVIII de *Dom Casmurro*, intitulado "Um plano", para compreender a metodologia e a política do narrador na construção de Bentinho e Capitu. Bentinho acabara de contar à namorada que José Dias, o agregado, puxara conversa com sua mãe sobre a necessidade de cumprir a promessa de enviar o filho ao seminário. Capitu faz-se "cor de cera", mete os olhos em si, toda parada, "uma figura de pau". Bentinho, por seu turno, rompe em bravatas, jurando "pela hora da morte" que não iria para o seminário por mais que teimassem com ele. Capitu acaba explodindo contra d. Glória, a quem chama "Beata! carola! papa-missas". Tais impropérios são evidentemente chocantes, desferidos assim nas bochechas de um embrião de padre. Em resposta, Bentinho repete os juramentos, promete declarar em casa naquela mesma noite que "por nada neste mundo" iria para o seminário. Melhor beber o diálogo à fonte:

> — Você? Você entra.
>
> — Não entro.
>
> — Você verá se entra ou não.
>
> Calou-se outra vez. Quando tornou a falar, tinha mudado; não era ainda a Capitu do costume, mas quase. Estava séria, sem aflição, falava baixo. Quis saber a conversação da minha casa; eu contei-lha toda, menos a parte que lhe dizia respeito.
>
> — E que interesse tem José Dias em lembrar isto? perguntou-me no fim.

— Acho que nenhum; foi só para fazer mal. É um sujeito muito ruim; mas, deixe estar que me há de pagar. Quando eu for dono da casa, quem vai para a rua é ele; você verá; não me fica um instante. Mamãe é boa demais; dá-lhe atenção demais. Parece até que chorou.

— José Dias?

— Não, mamãe.

— Chorou por quê?

— Não sei; ouvi só dizer que ela não chorasse, que não era cousa de choro... Ele chegou a mostrar-se arrependido, e saiu; eu então, para não ser apanhado, deixei o canto e corri para a varanda. Mas, deixe estar, que ele me paga! (*DC*, cap. XVIII)

Num primeiro momento, Dom Casmurro descreve o estado de insubordinação de Capitu, menina que "não tem vintém", cuja família devia favores e tinha dívidas de gratidão para com os Santiago. O leitor deve ficar impressionado com a audácia, com a capacidade de revolta da dependente: Capitu blasfema, debocha dos "costumes religiosos" de d. Glória; mostra-se ingrata ao proferir "nomes tão feios" contra senhora de família à qual a sua própria devia proteção e favores; finalmente, ridiculariza as promessas de resistência de Bentinho, que sabia submetido à autoridade da mãe e "aos direitos e deveres" da "classe em que nascera" (*H*, cap. II). Não bastasse tanto desrespeito a valores que deviam ser "os seus", há a forma assustadora adotada por Capitu: os "impropérios" chegam aos berros, como quem parece "disposta a dizer tudo a todos"; cerra os dentes, abana a cabeça, não deixa que Bentinho defenda a mãe. Este, coitado, trêmulo e assustado, permanece jurando "pela vida e pela morte" que não entraria no seminário.

Atordoado o leitor, mal acreditando em "tamanha explosão", Dom Casmurro muda repentinamente de enfoque. Passa a descrever e analisar a sofisticação política, a capacidade de atuação estratégica da menina. Agora séria, sem aflição, falando baixo, Capitu pede a Bentinho que lhe conte toda a conversa que ouvira atrás da porta; quer saber "circunstâncias", "as próprias palavras de uns e de outros, e o tom delas". Em seguida, faz perguntas claramente destinadas a descobrir a intenção dos sujeitos, a avaliar a posição e os movimentos das personagens envolvidas. É como se, instaurada a crise, Capitu sentasse à mesa para jogar xadrez, como antes fizera Iaiá Garcia: "Das qualidades necessárias ao xadrez, Iaiá possuía as duas essenciais: vista pronta e paciência beneditina; qualidades preciosas na vida, que também é um xadrez, com seus problemas e partidas, umas ganhas, outras perdidas, outras nulas" (*IG*, cap. XI).

"Vista pronta", capacidade de entender num relance os movimentos possíveis dos adversários. Enquanto Capitu procura reunir elementos para desvendar intenções —"que interesse tem José Dias em lembrar isto?" —, Bentinho procede como um débil mental. Desculpem-me; procede como um estácio. Ele acha que José Dias fez o que fez sem nenhum interesse, "só para fazer mal", "é um sujeito muito ruim"; e tome ameaças, "fechando o punho": quando for o dono da casa, colocará o agregado "para a rua", "que ele me paga!", "deixe estar". "Capitu refletia"; azar dela que os elementos de que dispunha para a reflexão, naquele momento, eram os oriundos do testemunho de Bentinho. Era preciso atravessá-los em busca de significação. D. Glória chorara. Bentinho não sabia a razão do choro da mãe:

> A tenção de Capitu estava agora particularmente nas lágrimas de minha mãe; não acabava de entendê-las. Em meio disto, confessou que certamente não era por mal que minha mãe me queria fazer padre; era a promessa antiga, que ela, temente a Deus, não podia deixar de cumprir. Fiquei tão satisfeito de ver que assim espon-

taneamente reparava as injúrias que lhe saíram do peito, pouco antes, que peguei da mão dela e apertei-a muito. Capitu deixou-se ir, rindo... (*DC*, cap. XVIII)

Dom Casmurro descobre em Capitu uma capacidade que já observamos em Helena, Luís Garcia, mesmo em d. Plácida: ela consegue penetrar a lógica senhorial, desvendá-la, e então interpretar corretamente as motivações e atitudes de seus antagonistas de classe. As pessoas não são boas ou más, como pensa Bentinho, apenas expressam seus preconceitos sociais e culturais. O fervor religioso de d. Glória, viúva temente a Deus e às trovoadas — como tantas outras mulheres do tempo, segundo a lenda —, explica o seu choro: não podia faltar à promessa sagrada de fazer do filho um padre; doía-lhe a separação, então as lágrimas. Capitu entendera uma parte importante do problema; precisava buscar uma solução que livrasse o namorado do ofício de padre sem melindrar a religiosidade de d. Glória. Tinha de perseguir objetivos próprios agindo *por dentro* dos preconceitos religiosos da senhora. E por dentro dos preconceitos do próprio Bentinho, aliás, pois este entende o comentário de Capitu como uma confissão de erro e um pedido de desculpas pelos "impropérios" antes desferidos contra mamãe. "Capitu deixou-se ir, rindo" para Bentinho; rindo de Bentinho.

"Paciência beneditina" é outro requisito para o xadrez político dos dependentes. Enquanto Capitu era agora só reflexão, Bentinho continuava a vociferar infantilmente, fazendo "projetos de resistência franca". Dom Casmurro, narrador matreiro, acusador enrustido, procura unir, na mesma Capitu, a insubordinação e a astúcia. Aos catorze anos, a menina de Mata-Cavalos "tinha já ideias atrevidas", "mas eram só atrevidas em si, na prática faziam-se hábeis, sinuosas, surdas, e alcançavam o fim proposto, não de salto, mas aos saltinhos". Não importa quão grandiosa, quão atrevida a ideia, punha-se a realizá-la "por meios pequenos". Na situação em pauta, ao mesmo tempo em que recusava as bravatas de Bentinho, não surpreende que "fosse antes pelos meios brandos, pela ação do empenho, da palavra, da persuasão lenta e diuturna, e examinasse antes as pessoas com quem podíamos contar". Enfim, dissimulação, estratégia, astúcia, eram os meios disponíveis para enfrentar antagonistas poderosos e sempre prontos a trucidar subordinados insubordinados. Para Dom Casmurro, eram os meios da traição, os ardis que produziriam a sua derrota política; "a fruta dentro da casca" (*DC*, cap. CXLVIII).

Em mais uma manobra que deixa Bentinho embasbacado, Capitu coloca a situação de ponta-cabeça, e conclui que a melhor saída para eles consistia em buscar a intervenção de José Dias, o agregado, aquele mesmo que causara toda a encrenca ao lembrar a promessa de d. Glória. Ao projeto de padre, Capitu parece lembrar a lição de Elifás a Jó: "Não desprezes a correção do Senhor; Ele fere e cura"; ela mesma talvez lembrasse o oráculo pagão, segundo o qual "a lança de Aquiles também curou uma ferida que fez" (*DC*, caps. XVI e XVII). Na passagem em foco, Capitu avalia possíveis aliados no propósito de livrar Bentinho do seminário. Rejeita sucessivamente tio Cosme, prima Justina e padre Cabral. Quanto ao último, não havia de trabalhar contra a Igreja, a menos que Bentinho confessasse que não tinha vocação:

— Posso confessar?

— Pois, sim, mas seria aparecer francamente, e o melhor é outra cousa. José Dias...

— Que tem José Dias?

— Pode ser um bom empenho.

— Mas se foi ele mesmo que falou...

— Não importa, continuou Capitu; dirá agora outra cousa. Ele gosta muito de você. Não lhe fale acanhado. Tudo é que você não tenha medo, mostre que há de vir a ser dono da casa, mostre que quer e que pode. Dê-lhe bem a entender que não é favor. Faça-lhe também elogios; ele gosta muito de ser elogiado. D. Glória presta-lhe atenção; mas o principal não é isso; é que ele, tendo de servir a você, falará com muito mais calor que outra pessoa.

— Não acho, não, Capitu.

— Então vá para o seminário.

— Isso não. (*DC*, cap. XVIII).

O que vemos inicialmente é que Capitu recusa a via do confronto direto; confessar a falta de vocação seria "aparecer francamente". Escolhe a via sinuosa; ou seja, procura induzir nos outros sujeitos movimentos que lhe interessam a ela, Capitu. A menina conhece bem a posição de José Dias. Agregado, dependente, fiel à família — fidelíssimo, diria —, devia preocupar-se com o futuro de sua situação. O futuro era Bentinho. Se o namoradinho perdesse por um minuto a atitude de criançola e fizesse o agregado enxergar nele o "dono da casa", calculava Capitu, seria possível obter a adesão de José Dias à causa. O agregado parecia talhado para a tarefa. Como Capitu, conhecia a arte do diálogo político possível aos dependentes — ou seja, dominava a arte de perseguir objetivos próprios por dentro da ideologia senhorial (só para repetir a ideia pela enésima vez). É nesse contexto que surge no livro a passagem, já comentada, na qual Capitu explica a Bentinho os movimentos sinuosos de José Dias para conseguir realizar a vontade, toda sua, de ir ao teatro. De qualquer forma, Capitu precisa primeiro ensinar Bentinho a desempenhar o seu papel, a exercer e ostentar a sua autoridade. "Mostre que quer e que pode", "Dê-lhe a entender que não é favor"; linhas abaixo, numa síntese primorosa daquilo que devia caracterizar o exercício "natural" da vontade senhorial, Capitu insiste com Bentinho para que fale a José Dias "com boa cara, mas assim como quem pede um copo de água a pessoa que tem obrigação de o trazer". O sentido político das artimanhas narrativas de Dom Casmurro é claro. Em *Brás Cubas*, diz-se que o menino é pai do homem; em *Dom Casmurro*, a menina é mãe da mulher. A traição estava na natureza de Capitu; era a sua terra e o seu estrume. Lendo a metáfora, encontramos a notação senhorial possível para a ideia de antagonismo de classe e para a experiência da derrota política: traição dos dependentes. Sempre que sujeitos da história, os dependentes traem os senhores. Se é esta a única clave possível, podemos respirar aliviados: Capitu traiu Bentinho.

HISTÓRIA E FORMA LITERÁRIA

Penso que é possível sugerir uma homologia entre essa maneira de analisar a atuação política cotidiana dos dependentes e o conceito de arte literária que Machado de Assis veio a praticar, ainda que ele jamais se dispusesse a expor detalhadamente a sua forma de conceber a literatura. Machado foi bastante explícito apenas quanto ao projeto literário que rejeitava. As famosas críticas que dirigiu às obras de Eça de Queirós foram contundentes. Em texto de abril de 1878, explicou o que lhe desagradava em romances como *O crime do padre Amaro* e *O primo Basílio*:

> Não se conhecia no nosso idioma aquela reprodução fotográfica e servil das coisas mínimas e ignóbeis. Pela primeira vez, aparecia um livro em que o escuso e o — digamos o próprio termo, pois tratamos de repelir a doutrina, não o talento, e menos o homem, — em que o escuso e o torpe eram tratados com um carinho minucioso e relacionados com uma exação de inventário. A gente de gosto leu com prazer alguns quadros, excelentemente acabados,

em que o Sr. Eça de Queirós esquecia por minutos as preocupações da escola; e, ainda nos quadros que lhe destoavam, achou mais de um rasgo feliz, mais de uma expressão verdadeira; a maioria, porém, atirou-se ao inventário. Pois que havia de fazer a maioria, senão admirar a fidelidade de um autor, que não esquece nada, e não oculta nada? Porque a nova poética é isto, e só chegará à perfeição no dia que nos disser o número exato dos fios de que se compõe um lenço de cambraia ou um esfregão de cozinha. Quanto à ação em si, e os episódios que a esmaltam, foram um dos atrativos d'*O Crime do Padre Amaro*, e o maior deles; tinham o mérito do pomo defeso. E tudo isso, saindo das mãos de um homem de talento, produziu o sucesso da obra.

[...]

Resta-me concluir, e concluir aconselhando aos jovens talentos de ambas as terras da nossa língua, que não se deixem seduzir por uma doutrina caduca, embora no verdor dos anos. Este messianismo literário não tem a força da universalidade nem da vitalidade; traz consigo a decrepitude. Influi, decerto, em bom sentido e até certo ponto, não para substituir as doutrinas aceitas, mas corrigir o excesso de sua aplicação. Nada mais. Voltemos os olhos para a realidade, mas excluamos o Realismo, assim não sacrificaremos a verdade estética.[11]

"Voltemos os olhos para a realidade, mas excluamos o Realismo..." Ou seja, a literatura busca a realidade, interpreta e enuncia verdades sobre a sociedade, sem que para isso deva ser a transparência ou o espelho da "matéria" social que representa e sobre a qual interfere. A Machado de Assis, como John Gledson já sugeriu, interessava desvendar o sentido do processo histórico referido, buscar as suas causas mais profundas, não necessariamente evidentes na observação da superfície dos acontecimentos. A representação literária desses sentidos mais cruciais da história exigia uma narrativa mais sinuosa, cheia de mediações e nuances; na experiência do leitor, assim como na do dependente, a verdade não se lhe apresentava tal qual, o sentido dos acontecimentos não era evidente — distanciamento crítico e observação perseverante tornavam-se requisitos básicos. O dependente José Dias queria ir ao teatro, de preferência sem pagar o ingresso; trabalhou a situação de maneira a fazer com que fosse vontade da senhora, d. Glória, a realização do desejo que era todo dele, dependente. Para conseguir o que queria, José Dias soube dizer apenas aquilo que os outros — seus senhores — esperavam ouvir. José Dias e Capitu seguiam a mesma metodologia, por assim dizer, em suas relações com os senhores: não importava quão atrevidas as suas metas ou ideias, "eram só atrevidas em si, na prática faziam-se hábeis, sinuosas, surdas, e alcançavam o fim proposto, não de salto, mas aos saltinhos" (*DC*, cap. XVIII). O autor Machado de Assis fez da metodologia de dependentes como Capitu e José Dias um dos princípios de sua arte literária: inventou personagens, diálogos e, a partir de *Memórias póstumas*, narradores que pareciam viver e expressar apenas aquilo que era rigorosamente compatível com as expectativas dos leitores/senhores. Ao fazer isso, o bruxo realizou o objetivo, todo seu, de dizer as verdades que bem quis sobre a sociedade brasileira do século XIX.

3. Ciência e ideologia em *Memórias póstumas de Brás Cubas*

ANEDOTA REQUENTADA E ARGUMENTO

Ao abordar as *Memórias póstumas de Brás Cubas* no capítulo anterior, contei-lhes uma anedota de Brás sobre a utilidade dos narizes. Para relembrar, o narrador refletia sobre a afirmação do dr. Pangloss, o otimista de Voltaire, de que "o nariz foi criado para uso dos óculos" (*MPBC*, cap. XLIX).[1] Brás chega logo à conclusão de que Pangloss errara, pois a explicação sobre o sentido de tal órgão estava na observação do hábito do faquir, que "gasta longas horas a olhar para a ponta do nariz, com o fim único de ver a luz celeste". Ao fincar os olhos na ponta do nariz, o faquir "perde o sentimento das cousas externas, embeleza-se no invisível, apreende o impalpável, desvincula-se da Terra, dissolve-se, eteriza-se". Essa capacidade de sublimação do ser pela ponta do nariz seria faculdade inerente ao homem, qualidade "universal" dele. Em seguida, num súbito desvio de rota que faz da anedota metáfora política abrangente, Brás sugere que a "necessidade e poder" do homem de contemplar o seu próprio nariz são modo de obter "a subordinação do universo a um nariz somente", cousa essencial para garantir "o equilíbrio das sociedades". Interpretei a piada à minha maneira, conferindo-lhe sentido histórico preciso: a contemplação exclusivista do próprio nariz, tão saliente em Estácio e Brás, seria a essência de um ser político específico, historicamente determinado, aqui apelidado "classe senhorial".[2] Disse ainda que o romance buscava representar a classe senhorial no período em que vivera o ápice de seu poder e prestígio social — ou seja, entre os anos 1840 e o aprofundamento da crise política que resultaria na lei de 28 de setembro de 1871. Como sabemos, Machado de Assis entregou o corpinho de Brás aos vermes em 1869.

O que devemos ainda apurar nessa interpretação é a historicidade do narrador das *Memórias*. Afinal, Brás Cubas é defunto vivíssimo. Apesar de se descrever como um "punhado de pó" espalhado "na eternidade do nada" (*MPBC*, cap. VI), ele continua a ter a experiência da história. Na verdade, como é tão frequente em Machado, ao menos quanto ao jeito de lê-lo que me interessa, uma decifração adequada desse livro depende da análise atenta dos modos como o romancista incrusta o seu entendimento da história — do Brasil e do Ocidente — na fixação da perspectiva de Brás enquanto narrador das *Memórias*. Assim, não importa quão indiferente seja a passagem do tempo para aqueles que vivem além-mundo, podemos partir da hipótese de que Brás escreve sua narrativa em 1880, ano em que foi publicada pela primeira vez, sobre eventos ocorridos entre o começo do século XIX e a década de 1860. Entre a morte do "defunto autor", em 1869, e o aparecimento do texto, em 1880, houve os acontecimentos políticos e sociais decisivos da década de 1870, os quais conformam, de fato, o conteúdo e o tom do relato de Brás. A morte do narrador torna-se então um embuste, pois que Brás demonstra percepção aguda das consequências do processo histórico daqueles anos para criaturas que, como o memorialista, desejavam perpetuar-se na condição de senhores de terras e pessoas. Havia vários temas palpitantes nos anos 1870 — emancipação dos escravos, mudanças em políticas públicas, emergência de novas ideias políticas e filosóficas, e assim por diante. Quiçá para respeitar as inclinações manifestadas pelo próprio protagonista das *Memórias*, este capítulo ocupar-se-á apenas das tais novidades políticas e filosóficas. Sujeito com pendor para refletir, à sua moda dele, sobre os dilemas senhoriais, Brás dizia-se habituado a contemplar a "injustiça humana"; de fato, aprendera "a atenuá-la, a explicá-la, a classificá-la por partes, a entendê-la, não segundo um padrão rígido, mas ao sabor das circunstâncias e lugares" (*MPBC*, cap. XI). Acostumara-se a ver o mundo dessa perspectiva desde menino, e como "o menino é pai do homem" (*MPBC*, cap. XI), ficou-lhe sempre o tique de comentar, até glosar, as justificativas e os rituais de poder da classe senhorial. As memórias de Brás tornam-se, por conseguinte, um testemunho histórico importante sobre as transformações nas ideologias de sustentação do poder no período de crise da sociedade escravista. O argumento deste capítulo é que Brás busca articular a política de domínio paternalista, sob fogo cerrado nos anos 1870, com aspectos da onda de ideias cientificistas europeias do tempo — especialmente no que tange ao darwinismo social como forma de explicar a origem e a reprodução das desigualdades sociais.

O capítulo começou com uma anedota sobre a utilidade e o significado dos narizes, e terminará com outra de igual jaez. Narizes como objeto de contemplação e metáfora de poder senhorial darão lugar a fungadores inchados e, logo depois, amputados. Não serão menos alegóricos ainda quando extirpados. Pensador original, Brás ruminou a transição da filosofia do nariz paternalista para a metafísica do nariz científico; ao fazê-lo, amalgamou traços de ambos, legando-nos o seu testemunho sobre a fisionomia ideológica duma classe social que então encarava, muito a contragosto, a necessidade de pensar o mundo sem escravidão.

SOBRE GENEALOGIA E OUTROS ASSUNTOS DE FAMÍLIA

Morto e enterrado, supostamente independente em relação a assuntos mundanos — "Agora... que estou cá do outro lado da vida, posso confessar tudo" (*MPBC*, cap. II), e se o livro, "fino leitor", "te não agradar... pago-te com um piparote" (*MPBC*, "Ao leitor") —, e consciente das mudanças sociais e políticas ocorridas durante a década posterior à sua morte, Brás é agora capaz de observar e expor aspectos da ideologia senhorial a partir de um ponto de vista um tanto crítico, outro quanto cínico. Segundo a fórmula do tempo, "tradições de família", "relações adquiridas" e "cabedais" definiam as "primeiras classes da sociedade" (*H*, cap. I). Vejamos o que diz o narrador sobre cada um desses pilares da dominação paternalista.

É frequente que Brás chegue a perceber feições do mundo no qual fora criado ao relembrar ditos e feitos do próprio pai. Sobre as tradições da família, por exemplo, havia um tantinho de verdade e muito de invenção no modo como o velho Cubas costumava contá-las. O fundador da família havia sido um certo Damião Cubas, que "floresceu" na primeira metade do século XVIII. Fora tanoeiro de ofício, mas tornou-se lavrador, plantou, colheu, ganhou boas e honradas patacas e morreu, "deixando grosso cabedal a um filho" (*MPBC*, cap. III). Esse filho, o licenciado Luís Cubas, dera realmente início à família, ao menos segundo a versão corrente no clã, pois que Damião havia sido um simples tanoeiro, talvez mau tanoeiro. Luís Cubas, em contraste, estudara em Coimbra, participara dos negócios do Estado, fora amigo particular do vice-rei Conde da Cunha. Mas dizer apenas parte da verdade não bastava. Havia o nome "Cubas", que cheirava demais a tanoaria. Cubas pai tentara então entroncar a família na do famoso homônimo do filho, capitão-mor Brás Cubas, fundador da vila de São Vicente no século XVI. Os descendentes do capitão-mor não foram com a burla, logo papai teve de arrumar outra. Inventou que o apelido de Cubas "fora dado a um cavaleiro, herói nas jornadas da África, em prêmio da façanha que praticou, arrebatando trezentas cubas aos mouros". O narrador observa que o pai fora "homem de imaginação", pois escapara à tanoaria "nas asas de um *calembour*" (*MPBC*, cap. III). Afinal, arrumara um ancestral nobre e guerreiro para a família e, de quebra, vinculara a origem de sua linhagem a um feito da guerra contra os infiéis.

O que mais impressionava Brás, contudo, era o fato de o pai ter passado a acreditar piamente na história que fabricara. O logro na tentativa de arranjar o casamento do filho com Virgília, por exemplo, deixara o patriarca deveras abatido. Virgília vinha de família rica, influente na vida política, e o casório logo faria de Brás um membro do parlamento imperial. Noiva e posição política arrebatadas por um rival impetuoso, o velho Cubas exclamava incrédulo: "Um Cubas! Um galho da árvore ilustre dos Cubas!". Em seguida, o memorialista repara que papai "dizia isto com tal convicção, que eu, já então informado da nossa tanoaria, esqueci um instante a volúvel dama, para só contemplar aquele fenômeno, não raro, mas curioso: uma imaginação graduada em consciência" (*MPBC*, cap. XLIV). Brás mostrava-se compreensivo quanto à dificuldade do velho em aceitar a frustração do plano matrimonial. Na realidade, é até provável que o filho visse virtude moral no fato de o progenitor acreditar na lenda que criara; numa passagem do livro, assim filosofa o narrador: "o melhor da obrigação é quando, à força de embaçar os outros, embaça-se um homem a si mesmo, porque em tal caso poupa-se o vexame, que é uma sensação penosa, e a hipocrisia, que é um vício hediondo" (*MPBC*, cap. XXIV). O modo de apresentar a falsa genealogia da família, os comentários sobre a reação do pai ao logro matrimonial e a reflexão sobre a virtude que havia em chegar a acreditar nas próprias mentiras sugerem que o narrador está consciente do fato de que a justificativa para sua posição de poder e privilégio naquela sociedade originava-se em mitos ou ficções. À sua maneira, o defunto autor registra que a falsificação histórica ocupava o centro da ideologia paternalista.

Além de ancorar tradições de família num passado lendário, gente como os Cubas valorizava muito as relações que entretinha com seus iguais. O narrador recordava-se bem da importância que o pai atribuía aos padrinhos que escolhera para o filho. Seriam descendentes de "velhas famílias do Norte", com um passado mitológico próprio. Nesse caso, os fundadores dos clãs haviam lutado contra os holandeses no século XVII, contribuindo assim para a expulsão dos invasores e a preservação do território da futura nação independente — tais famílias "honravam deveras o sangue que lhes corria nas veias" (*MPBC*, cap. X). Brás achava que a recitação dos nomes dos padrinhos fora das primeiras coisas que aprendera a fazer direito na vida, tamanha a frequência com que havia de repeti-la a quantos estranhos adentrassem a casa paterna:

> — Nhonhô, diga a estes senhores como é que se chama seu padrinho.
>
> — Meu padrinho? é o Excelentíssimo Senhor Coronel Paulo Vaz Lobo César de Andrade e Sousa Rodrigues de Matos; minha madrinha é a Excelentíssima Senhora D. Maria Luísa de Macedo Resende e Sousa Rodrigues de Matos.
>
> — É muito esperto o seu menino! exclamavam os ouvintes.

— Muito esperto, concordava meu pai; e os olhos babavam-se-lhe de orgulho...(*MPBC*, cap. x)

Também era importante aparentar proximidade em relação ao mundo do governo. A queda de Napoleão em 1814 provocara euforia entre os nobres portugueses exilados no Rio de Janeiro. Os Cubas não se contentavam "em ter um quinhão anônimo no regozijo público", logo acharam indispensável promover banquete para festejar a derrocada do imperador. Planejaram banquete tal que o rei e seus ministros não poderiam ficar indiferentes ao evento. Chegada a hora, exposta a velha prataria herdada de vovô Luís Cubas, e mais as toalhas de Flandres e as jarras da Índia, e morto o capado, vindas as compotas e as marmeladas, e polidos os castiçais, arandelas e tudo o mais, "achou-se reunida uma sociedade seleta". Havia o juiz de fora, oficiais militares, comerciantes, letrados, altos funcionários, todos acompanhados por mulheres e filhas e "comungando no desejo de atolar a memória de Bonaparte no papo de um peru" (*MPBC*, cap. XII).

Na memória do narrador, todavia, o que ficara verdadeiramente do famoso banquete fora a imagem de satisfação do pai ao congregar tantos visitantes ilustres. Como de hábito, Brás recorre a uma anedota para apresentar a sua visão dos acontecimentos. Ele, menino de oito ou nove anos à época, cobiçava certa sobremesa — um doce de compota dos que faziam a fama das madres do convento da Ajuda —, porém o prazer de degustá-la vinha sendo interminavelmente adiado pelo dr. Vilaça, advogado e exímio glosador, que não parava de improvisar versos fosse qual fosse o tema que a plateia lhe oferecia. Todos distraídos à sua volta, o garoto tentava atrair a atenção do pai para o seu "problema". Em vão, pois que dessa vez o velho Cubas não reparava no filho:

> Meu pai, à cabeceira, saboreava a goles extensos a alegria dos convivas, mirava-se todo nos carões alegres, nos pratos, nas flores, deliciava-se com a familiaridade travada entre os mais distantes espíritos, influxo de um bom jantar. Eu via isso, porque arrastava os olhos da compota para ele e dele para a compota, como a pedir-lhe que ma servisse; mas fazia-o em vão. *Ele não via nada; via-se a si mesmo.* (*MPBC*, cap. XII; grifo meu)

Papai contemplava a ponta do próprio nariz, enlevado pelo poder simbólico que o banquete lhe proporcionava. Na realidade, o narrador mostra-se observador atento das dimensões simbólicas do poder, muito mais consciente dessas do que da intimidação e da violência inerentes ao seu exercício. Por exemplo, e apesar da vantagem do olhar retrospectivo, ele permanece insensível ao sofrimento dos escravos. Ao descrever os preparativos para o banquete, refere-se de passagem ao fato de que "lavaram-se, arearam-se, poliram-se as salas, escadas, castiçais, arandelas, as vastas mangas de vidro, todos os aparelhos do luxo clássico" (*MPBC*, cap. XII). Nenhuma menção sequer ao trabalho dos escravos domésticos, que sem dúvida foram os sujeitos dos verbos lavar, arear e polir na citação acima, assim como depois, na faxina após a comilança, e podemos apenas intuir a movimentação e a ansiedade deles para realizar as tarefas necessárias em efemérides como essa. Em contraste, Brás fora exaustivamente instruído na arte de exercer as prerrogativas da "classe em que nascera" (*H*, cap. II). Uma ocasião para lições de teatro político paternalista ofereceu-se quando o velho Cubas buscava convencer o filho a aceitar o casamento e a carreira política que pensava haver-lhe arranjado por meio de Virgília. O jovem mancebo resistiu inicialmente, mas teve de ceder aos argumentos do pai:

não gastei dinheiro, cuidados, empenhos, para te não ver brilhar, como deves, e te convém, e a todos nós; é preciso continuar o nosso nome, continuá-lo e ilustrá-lo ainda mais. Olha, estou com sessenta anos, mas se fosse necessário começar vida nova, começava, sem hesitar um só minuto. Teme a obscuridade, Brás; foge do que é ínfimo. Olha que os homens valem por diferentes modos, e que o mais seguro de todos é valer pela opinião dos outros homens. Não estragues as vantagens da tua posição, os teus meios... (*MPBC*, cap. XXVIII)

Na sequência, o narrador comenta o sermão do pai com a habitual ironia. Compara o velho a um mágico, a sacudir diante dele, Brás, um chocalho, como costumavam fazer seus familiares quando era pequeno, na expectativa de que aprendesse logo a andar. Como resultado, a flor da hipocondria recolheu-se e desabrochou outra, menos amarela e nada mórbida: "a sede de nomeada", o "amor da glória" (*MPBC*, cap. II). Brás aceita então tudo que o pai lhe propunha. O trecho sugere, de novo, que o narrador consegue distanciar-se sobremaneira dos símbolos e rituais da dominação senhorial. No entanto, ele não demonstra qualquer inclinação para abordar as estruturas de poder que garantiam a reprodução de seus privilégios naquela sociedade. Seu olhar retrospectivo parece capaz de detectar frivolidade e vacuidade em certos cerimoniais da política de domínio paternalista — "Colhi de todas as cousas a fraseologia, a casca, a ornamentação..." (*MPBC*, cap. XXIV)—, mas não os fatos de exploração social e econômica que sustentavam o poder senhorial. Disso tudo, como veremos, Brás concluirá logo que é possível "trocar de roupa sem mudar de pele", como se diz, empenhando-se, por conseguinte, em justificar a "injustiça humana... ao sabor das circunstâncias e lugares" (*MPBC*, cap. XI).

A estreiteza crítica do defunto autor no que concerne às estruturas sociais torna-se mais evidente em seus comentários sobre "cabedais" ou propriedade, o terceiro pilar da hegemonia senhorial. Excluídos os excessos pecuniários durante o período de paixão adolescente pela "linda Marcela", Brás abraçou sempre o conselho paterno de que não estragasse "as vantagens" dos "teus meios". O problema é que toda a família rezava pela mesma cartilha. Os vermes mal haviam começado a roer as frias carnes do cadáver de Cubas pai e os herdeiros já se engalfinhavam em torno da divisão do espólio. Na visão senhorial de mundo, trabalhar era verbo defectivo inconjugável, logo a propriedade herdada afigurava-se essencial à indolência futura — "coube-me a boa fortuna de não comprar o pão com o suor do meu rosto", disse o defunto autor no balanço final de sua vida (*MPBC*, cap. CLX). É verdade que Brás reprovou em Quincas Borba, à época um filósofo maltrapilho a esmolar o almoço, o fato de este se negar a trabalhar. O filósofo fez "um gesto de desdém" quando Brás lhe sugeriu o alvitre, e depois disse "positivamente que não queria trabalhar". O memorialista diz ter ficado "enjoado dessa abjeção tão cômica e triste", preparando-se para seguir caminho (*MPBC*, cap. LIX). Apesar das aparências, o narrador não professa aqui qualquer apreço especial pela ética de trabalho capitalista; ao contrário, apenas reproduz a velha máxima senhorial de que os despossuídos haviam de trabalhar para desfrute dos proprietários. Deviam, na verdade, "servir", inserir-se em relações de favor ou dependência, e Brás chegou a dizer a Quincas que o procurasse, pois que "poderei arranjar-lhe alguma coisa" (*MPBC*, cap. LIX). Penso também que o memorialista desdenharia francamente qualquer sugestão para que se tornasse um empreendedor burguês de qualquer tipo, contagiado pela bossa da acumulação de capital. Nisso a experiência além-túmulo pouco interferiu.

Assim, Brás queria garantir o melhor quinhão da herança paterna, sua irmã Sabina e o cunhado Cotrim não o queriam menos, logo vieram as rusgas familiares. Como parecia típico às classes proprietárias da Corte no período, os Cubas viviam fundamentalmente da renda obtida por meio do aluguel de escravos e imóveis. Tal informação não aparece de forma direta — talvez fosse algo óbvio demais para os leitores do tempo —, mas vemos os herdeiros a discutir asperamente o preço de casas e cativos, em meio a quizilas outras sobre quem ficaria com a carruagem, a prataria e trastes diversos (*MPBC*, cap. XLVI). Sabemos também que a família Santiago, em *Dom Casmurro*, um clã em tudo similar ao dos Cubas, possuía nove casas e um punhado de escravos, amealhando, só com o aluguel dos imóveis, a considerável soma de 1 conto e 70 mil-réis mensais na década de 1850 (*DC*, cap. XCIV). A situação ficou tão tensa durante a partilha que Brás, num gesto de conciliação, chegou a sugerir que eles dividissem a prata; Cotrim riu azedo e perguntou "a quem caberia o bule e a quem o açucareiro" (*MPBC*, cap. XLVI). Os irmãos chegaram a reconciliar-se depois, mas as relações entre Brás e Cotrim permaneceram um tanto estremecidas.

Talvez nem tanto, pois em certo momento o narrador dedica o seguinte panegírico ao cunhado:

> ele possuía um caráter ferozmente honrado. Eu mesmo fui injusto com ele durante os anos que se seguiram ao inventário de meu pai. Reconheço que era um modelo. Arguiam-no de avareza, e cuido que tinham razão; mas a avareza é apenas a exageração de uma virtude e as virtudes devem ser como os orçamentos: melhor é o saldo que o *deficit*. Como era muito seco de maneiras tinha inimigos, que chegavam a acusá-lo de bárbaro. O único fato alegado neste particular era o de mandar com frequência escravos ao calabouço, donde eles desciam a escorrer sangue; mas, além

> de que ele só mandava os perversos e os fujões, ocorre que, tendo longamente contrabandeado em escravos, habituara-se de certo modo ao trato um pouco mais duro que esse gênero de negócio requeria, e não se pode honestamente atribuir à índole original de um homem o que é puro efeito das relações sociais. (*MPBC*, cap. CXXIII)

A passagem revela bastante sobre as opiniões sociais e políticas de Brás e sugere que estas talvez não tenham mudado muito — no sentido de que permaneceram rigorosamente conservadoras — entre, digamos, 1850 e 1880. O comentário sobre o cunhado aparece na narrativa no momento em que Brás rumava para o casamento com Eulália, uma sobrinha de Cotrim, e sabemos que a noiva morreu em 1850, mais uma vítima da primeira grande epidemia de febre amarela a atingir a Corte imperial. Assim, a referência ao fato de Cotrim ter "contrabandeado em escravos" e a imputação de que era "bárbaro" remetem ao contexto das lutas em torno do fim do tráfico africano de escravos para o Brasil. Ilegal desde 1831, e intensificado como contrabando na década de 1840 até que nova lei fosse eficaz para detê-lo no início dos anos 1850, o "infame comércio" não era atividade tal que pudesse ser vista com tanta leniência no início da década de 1880, em plena vigência da primeira grande vaga do movimento abolicionista no Brasil.[3] O narrador chega a desculpar o cunhado por enviar escravos a sessões de tortura no calabouço, pois tal prática parecia inerente àquele tipo de negócio, logo "não se pode honestamente atribuir à índole original de um homem o que é puro efeito das relações sociais". O argumento é curioso, digamos, do ponto de vista histórico. Ao conceber a cena, é provável que Machado de Assis tivesse em mente a doutrina presente no famoso discurso de Eusébio de Queiroz, então ministro da Justiça, proferido na Câmara em 1852, no qual procurara justificar tantos anos de conivência de políticos e autoridades com o tráfico ilegal — o próprio Eusébio de Queiroz fora chefe de polícia da Corte durante a vigência do contrabando de africanos. Segundo o ministro, o tráfico africano prosseguira após a lei de 1831 porque "prendia-se a interesses [...] dos nossos agricultores", tendo por isso apoio "natural" da "opinião pública". Assim, continuá-lo fora uma "necessidade" reconhecida por "todos os partidos políticos", não podendo tal conduta ser considerada "um crime", ou até mesmo "um erro". Ao menos no início dos anos 1880, a especiosidade desse tipo de argumento não escapava a gente como Joaquim Nabuco, que estranhava a "moralidade da doutrina" de que um crime — no caso, o desrespeito à lei de cessação do tráfico de 1831 — deixava de sê-lo se cometido pela "nação inteira".[4] De qualquer modo, o trecho de Brás sobre Cotrim, além doutro exemplo conspícuo de sua disposição em explicar "a injustiça humana" ao sabor "das circunstâncias", testemunha o lugar político do memorialista ao longo do processo de crise e extinção da escravidão. Não importa quão azedas as desavenças familiares entre Brás e Cotrim, eram aliados políticos: em 1850, sonhavam em prolongar indefinidamente o contrabando de africanos; em 1880, seria difícil que Brás adotasse defesa ideológica da instituição da escravidão, mas haveria vontade de sobra, nele e em seus pares, para defender a propriedade escrava existente contra as incursões dos abolicionistas. Estes, aliás, já vinham promovendo batalhas judiciais incômodas ao recorrer à lei de 1831 para argumentar que tais ou quais cativos — e descendentes — tinham direito à liberdade, uma vez que haviam sido introduzidos no país ao arrepio da legislação vigente.[5]

O que se conclui de tudo isso é que a consciência política do narrador parecia um tanto fraturada. Por um lado, especialmente ao tratar de papai, demonstrava perceber que as ideologias de legitimação do poder senhorial não mais se sustentavam, ou ao menos podiam ser desafiadas e até denunciadas como ilusão ou falsificação. Por outro lado, continuava firmemente apegado a seu poder e privilégios, mostrando-se assim disposto a adequar as ideologias de dominação social ao contexto do processo de emancipação dos escravos e consequentes mudanças nas relações de trabalho nas décadas de 1870 e 1880. Digamos que Brás chegou de algum modo à conclusão de que era possível dissociar os símbolos e rituais do poder senhorial das estruturas que, de fato, o sustentavam. Enfim, as superioridades sociais eram naturais, logo necessárias e justificáveis, ainda que as tais justificativas fossem históricas ou relativas. Não admira que Brás apreciasse tanto, no velho Cubas, a capacidade de escapar ao cinismo acreditando nas próprias imposturas.

SOBRE BORBOLETAS, SUPERSTIÇÃO E SUPERIORIDADE NATURAL

Um belo dia Brás estava em seu quarto quando uma borboleta grande e negra entrou janela adentro, esvoaçou muito ao redor e lhe pousou na testa. O guapo a espantou, o que a fez grudar na vidraça. Escorraçada de novo, aterrissou em cima de um antigo retrato do velho Cubas. O narrador está pois, de novo, às voltas com papai. A borboleta, "negra como a noite", permaneceu sobre o retrato, movendo brandamente as asas "com um certo ar escarninho, que me aborreceu muito" (*MPBC*, cap. XXXI). Brás retirou-se do quarto por alguns minutos e, ao voltar, encontrando o inseto no mesmo lugar, quiçá na mesma atitude desdenhosa, sentiu "um repelão nos nervos", sacou a toalha e lhe desferiu um golpe fatal.

Brás ficou um tanto incomodado com o desfecho e interrogou a si mesmo se o destino da borboleta teria sido diferente caso ela tivesse nascido azul. Em seguida, imaginou o que passara pela cabeça do inseto nos minutos finais de sua existência:

> Imaginei que ela saíra do mato, almoçada e feliz. A manhã era linda. Veio por ali fora, modesta e negra, espairecendo as suas borboletices, sob a vasta cúpula de um céu azul, que é sempre azul, para todas as asas. Passa pela minha janela, entra e dá comigo. Suponho que nunca teria visto um homem; não sabia, portanto, o que era o homem; descreveu infinitas voltas em torno do meu corpo, e viu que me movia, que tinha olhos, braços, pernas, um ar divino, uma estatura colossal. Então disse consigo: "Este é provavelmente o inventor das borboletas". A ideia subjugou-a, aterrou-a; mas o medo, que é também sugestivo, insinuou-lhe que o melhor modo de agradar ao seu criador era beijá-lo na testa, e beijou-me na testa. Quando enxotada por mim, foi pousar na vidraça, viu dali o retrato de meu pai, e não é impossível que descobrisse meia verdade, a saber, que estava ali o pai do inventor das borboletas, e voou a pedir-lhe misericórdia. (*MPBC*, cap. XXXI)

Como se vê, o trecho alegoriza hábitos mentais e visões de mundo senhoriais de modo semelhante àquela anedota inicial sobre narizes. Brás imagina que o que está à sua volta existe porque ele assim o desejou; tudo está subordinado à sua vontade — ele é "divino", "colossal" e "criador", a outra é "modesta e negra". Ele também supõe que os subordinados, como a borboleta, simplesmente reproduzem a sua visão das coisas — em outras palavras, os próprios dependentes achavam que existiam para servi-lo. De uma perspectiva estrutural, atenta ao nexo ideológico possivelmente presente até mesmo em eventos os mais triviais ou anedóticos, tais alegorias reproduzem a política de domínio hegemônica naquela sociedade. Para ir ao centro do problema, todavia, basta pensar na ideologia da alforria vigente na sociedade escravista brasileira. Os senhores de escravos consideravam a sua prerrogativa exclusiva de conceder, ou denegar, liberdades um dos fatores mais decisivos no controle social de trabalhadores escravos. Ressentiam-se de qualquer intervenção do poder público em tais assuntos, sustentando resolutamente a ideia da inviolabilidade da vontade senhorial em tudo que concernia à liberdade de escravos. Borboletas e escravos não tinham vontade própria ou espaço de ação autonômica. Viveriam se os senhores assim o desejassem, ficariam livres se tais algozes quisessem.

Entretanto, a lei de 28 de setembro de 1871 havia mudado as coisas de maneira significativa, pois criara vias institucionais para obter a alforria independentemente do consentimento senhorial. A sua aprovação foi passo decisivo na luta para submeter o poder privado dos senhores ao domínio da lei, abalando assim a ideologia paternalista que — ao lado da violência física direta — garantira o controle social na escravidão por séculos.[6] Por conseguinte, pode haver mais a desvendar no modo de o narrador relatar o seu encontro com a borboleta negra ("Também por que diabo não era azul?"; *MPBC*, cap. XXXI).

Aquela era, na verdade, a segunda borboleta negra que Brás via em poucas horas. No dia anterior, ele visitava d. Eusébia, antiga conhecida da família que se encontrava na vizinhança com Eugênia, sua filha, quando uma borboleta preta aparecera na varanda a voar ao derredor da velha senhora. Esta se assustou, "deu um grito, levantou-se, praguejou umas palavras soltas: — T'sconjuro!... Sai, diabo!... Virgem Nossa Senhora!..." (*MPBC*, cap. XXX). D. Eusébia acreditava talvez que uma borboleta de tal cor significasse mau agouro, ou até que fosse uma bruxa em forma de inseto. De qualquer modo, Brás assenhoreou-se da situação, disse à senhora que nada temesse e enxotou a intrusa: "D. Eusébia sentou-se outra vez, ofegante, um pouco envergonhada; a filha, pode ser que pálida de medo, dissimulava a impressão com muita força de vontade. Apertei-lhes a mão e saí, a rir comigo da superstição das duas mulheres, um rir filosófico, desinteressado, superior" (*MPBC*, cap. XXX).

O episódio exemplifica estratégia utilizada repetidamente pelo narrador para provar a sua suposta superioridade sobre os outros: ele era racional, "filosófico" e científico — "a ciência mo agradecerá", diz ele ao iniciar o relato de seu delírio no capítulo VII; os outros eram supersticiosos, logo inferiores. Noutro momento do livro, o memorialista menciona as superstições de d. Plácida, a alcoviteira de seus amores clandestinos com Virgília. D. Plácida não podia ver um sapato voltado para o ar. "Que tem isso?", perguntava-lhe Brás, para ouvir como resposta, simplesmente: "Faz mal". O narrador observa, em seguida: "Disseram-lhe isso em criança, sem outra explicação, e ela contentava-se com a certeza do mal". De forma similar, d. Plácida tinha certeza de que apontar uma estrela com o dedo dava verruga (*MPBC*, cap. LXXXIV).

No caso de d. Plácida, Brás lidava com mulher de condição social inferior — alguém por quem ele tinha pouco ou nenhum respeito — e, como vimos no capítulo anterior, ele chegou até mesmo à conclusão, tão à moda dele, de que a pobre mulher vivera apenas para facilitar o seu romance com Virgília (*MPBC*, cap. CXLIV). As superstições de d. Plácida, em contraste com a suposta racionalidade de Brás, apenas ilustram a condição "naturalmente" inferior da dependente. Por conseguinte, o narrador aprecia mais ainda as oportunidades de demonstrar superioridade sobre pessoas de situação social semelhante à sua. Deliciou-se muitíssimo num certo episódio com Lobo Neves, o homem que lhe arrebatara Virgília e o parlamento. O narrador não esconde o orgulho por haver se tornado amante da mulher do outro, logrando vingança no terreno mesmo da competição entre predadores sexuais. Além de insinuar publicamente a sua façanha sempre que possível — "Virgília era um belo erro, e é tão fácil confessar um belo erro!" (*MPBC*, cap. LXXXII) —, Brás tenta demonstrar que também superava o rival no domínio da razão. Uma vez sucedeu de Lobo Neves ter sido convidado a exercer a presidência duma província do Norte do país. O homem tinha ambições políticas e ficara exultante. Para os amantes, seria a separação. Virgília manipulou tão astutamente o marido que o coitado teve a ideia de convidar Brás a seguir com ele, no posto de secretário. Brás chegou a aceitar a oferta, mas embeveceu-se de fato ao andar a rua do Ouvidor e adjacências, para "espalhar que talvez fosse para o Norte como secretário de província, a fim de realizar certos desígnios políticos, que me eram pessoais" (*MPBC*, cap. LXXXII). Os conhecidos ligavam de imediato essa notícia à da nomeação de Lobo Neves, e "sorriam maliciosamente, outros batiam-me no ombro".

Quis o destino que os amores clandestinos de Brás e Virgília continuassem sem passo tão arriscado. Lobo Neves voltou atrás e recusou a presidência porque o decreto de nomeação aparecera num dia 13. Brás degustou triunfo completo: além de marido traído, Lobo Neves era supersticioso, alheio às razões científicas, sujeito de intelecto inferior. Segundo Virgília, o esposo havia lhe contado que aquele número era para ele uma "recordação fúnebre" — o "pai morreu num dia 13, treze dias depois de um jantar em que havia treze pessoas. A casa em que morrera a mãe tinha o n. 13. *Et coetera*" (*MPBC*, cap. LXXXIII). Tudo isso soaria ridículo e Lobo Neves bem o sabia, tanto que jamais confessou os seus motivos publicamente. Um tanto filosófico, já outro quanto científico, o defunto autor comenta:

> Não me confessou o marido a causa da recusa; disse-me também que eram negócios particulares, e o rosto sério, convencido, com

que eu o escutei, fez honra à dissimulação humana. Ele é que mal podia encobrir a tristeza profunda que o minava; falava pouco, absorvia-se, metia-se em casa, a ler. Outras vezes recebia, e então conversava e ria muito, com estrépito e afetação. Oprimiam-no duas cousas, — a ambição, que um escrúpulo desasara,[7] e logo depois a dúvida, — e talvez o arrependimento, — mas um arrependimento, que viria outra vez, se se repetisse a hipótese, porque o fundo supersticioso existia. Duvidava da superstição, sem chegar a rejeitá-la. Essa persistência de um sentimento, que repugna ao mesmo indivíduo, era um fenômeno digno de alguma atenção. (*MPBC*, cap. LXXXIV)

Nisso a borboleta preta pousa de novo neste meu capítulo. Havia um contexto mais amplo para o episódio da superstição de d. Eusébia, e talvez de Eugênia, em relação ao inseto. Brás e Eugênia namoricavam, e tudo indica que, pela primeira e única vez na vida, o janota percebeu que arriscava amar uma mulher. Para arredar a ameaça, Brás esforça-se em articular razões que tornariam a jovem uma consorte imprópria para ele. Primeiro, havia a origem social da moça, que o narrador considera inferior e até moralmente duvidosa. D. Eusébia surgira uma primeira vez no relato de Brás quando do célebre banquete para atolar a memória de Napoleão no papo de um peru. O menino, recorda-se o leitor, ficara sem doce de compota porque o dr. Vilaça glosara interminavelmente. Determinado à desforra, o travesso passou a espreitar o glosador por toda parte. Não bastava o rabo de papel ou criancice igual, pois Vilaça era homem sério e medido, 47 anos, casado, pai. Para torná-lo ridículo havia de ser cousa grande. De repente, Brás notou que o doutor se enfiara moita adentro com d. Eusébia, então uma donzelona robusta, que não era feia, nem bonita. Minutos depois, ouviu estalar um beijo, "muito ao de leve", "o mais medroso dos beijos". Bastou para que o capetinha pulasse fora do esconderijo a gritar: "O dr. Vilaça deu um beijo em d. Eusébia!" (*MPBC*, cap. XII). Apesar do escândalo, não se emendaram, e tempos depois d. Eusébia daria à luz uma filha, chamada Eugênia.

Brás rememorava isso tudo enquanto se interessava deveras pela moça. Para lutar contra tal inclinação, concebeu a ideia de que Eugênia, por ser filha ilegítima, não era moralmente digna dele, "um galho da árvore ilustre dos Cubas", como dizia papai. Para depreciá-la ainda mais, o narrador refere-se à filha de d. Eusébia, repetidas vezes, como "a flor da moita". Nem todos esses pensamentos mesquinhos, cruéis, sacados ao repertório de preconceitos da classe senhorial, mostraram-se suficientes para reverter a atração de Brás por Eugênia. O passo seguinte foi então o mais cruel, francamente brutal. Brás descobrira que a moça tinha um defeito físico; era "coxa de nascença" (*MPBC*, cap. XXXII). Reflexivo, como de hábito, disse o narrador:

> O pior é que era coxa. Uns olhos tão lúcidos, uma boca tão fresca, uma compostura tão senhoril; e coxa! Esse contraste faria suspeitar que a natureza é às vezes um imenso escárnio. Por que bonita, se coxa? por que coxa, se bonita? Tal era a pergunta que eu vinha fazendo a mim mesmo ao voltar para casa, de noite, sem atinar com a solução do enigma. O melhor que há, quando se não resolve um enigma, é sacudi-lo pela janela fora; foi o que eu fiz; lancei mão de uma toalha e enxotei essa outra borboleta preta, que me adejava no cérebro. (*MPBC*, cap. XXXIII)

Brás eliminou a borboleta porque ela era negra ("Também por que diabo não era ela azul?"); e considerou Eugênia — cujo nome significa "a bem-nascida" — imprópria para casar porque ela era coxa ("Por que bonita, se coxa? por que coxa, se bonita?"). A negritude da borboleta e o defeito congênito da garota eram características naturais, não atributos sociais. Portanto, ao que parece, Brás escolheu-as para humilhar e extinguir devido à suposta inferioridade natural ou biológica delas, o que as tornava incapazes de enfrentar as lutas necessárias da vida. A passagem final do narrador ao "enxotar" Eugênia — "essa outra borboleta preta" — funde alegações de superioridade biológica, de gênero e de classe:

> Com efeito, foi no domingo esse primeiro beijo de Eugênia, — o primeiro que nenhum outro varão jamais lhe tomara, e não furtado ou arrebatado, mas candidamente entregue, como um devedor honesto paga uma dívida. Pobre Eugênia! Se tu soubesses que ideias me vagavam pela mente fora naquela ocasião! Tu, trêmula de comoção, com os braços nos meus ombros, a contemplar em mim o teu bem-vindo esposo, e eu com os olhos em 1814, na moita, no Vilaça, e a suspeitar que não podias mentir ao teu sangue, à tua origem... (*MPBC*, cap. XXXIII)

O trecho exemplifica a mania do memorialista de achar que todas as mulheres com as quais se relacionara ao longo da vida estiveram aos pés dele. Enganara-se sempre a esse respeito, ainda que por motivos diferentes. Nos casos de Marcela, Virgília e d. Plácida, Brás lidava com mulheres que trabalhavam as situações de modo a provocar nele a impressão de que controlava o andamento das cousas. Não lhes era difícil incrustar tal ilusão no mancebo, e isso lhes dava a possibilidade de dissimular objetivos próprios e lutar para atingi-los sem confrontá-lo diretamente. Em contraste, "o olhar de Eugênia não era coxo, mas direito, perfeitamente são; vinha de uns olhos pretos e tranquilos. Creio que duas ou três vezes baixaram estes, um pouco turvados; mas duas ou três vezes somente; em geral, fitavam-me com franqueza, sem temeridade, nem biocos" (*MPBC*, cap. XXXII). Ou seja, Eugênia não se permitia operar por dentro da lógica senhorial; buscava preservar a sua alteridade a qualquer custo, o que acabou por provocar a reação cruel e destemperada de Brás. Na realidade, o defunto autor tenta iludir-se a respeito da rapariga todo o tempo. Ao narrar o voo da borboleta preta ao redor de d. Eusébia, Brás conta que deixara a casa das vizinhas "a rir comigo da superstição das duas mulheres, um rir filosófico, desinteressado, superior" (*MPBC*, cap. XXX). Todavia, tal afirmativa contradiz comentário anterior, no qual se torna claro que ele não estava seguro sobre a reação de Eugênia: "a filha, *pode ser* que pálida de medo, dissimulava a impressão com muita força de vontade" (*MPBC*, cap. XXX; grifo meu). Noutra passagem, o memorialista diz que "ao pé dessa criatura tão singela, filha espúria e coxa, feita de amor e desprezo, ao pé dela sentia-me bem, e ela *creio* que ainda se sentia melhor ao pé de mim" (*MPBC*, cap. XXXIII; grifo meu). De novo, apesar de seu empenho em depreciar e menosprezar Eugênia, Brás não podia ter certeza de que ela estava sob seu domínio. Quando ele decide deixar a Tijuca para fugir da pequena, aterrado diante do risco de "vir a amar deveras", Eugênia recusa-se a embarcar no engodo de que a separação seria temporária: "Faz bem em fugir ao ridículo de casar comigo" (*MPBC*, cap. XXXV). Num dos últimos capítulos do livro, Brás relata que, muitos anos depois, ao visitar um cortiço para distribuir esmolas, lá encontrara Eugênia. Pareceu-lhe "tão coxa como a deixara, e ainda mais triste". Mas ainda estava disposta a encará-lo sem rebuços: "Ergueu logo a cabeça, e fitou-me com muita dignidade. Compreendi que não receberia esmolas da minha algibeira, e estendi-lhe a mão, como faria à esposa de um capitalista" (*MPBC*, cap. CLVIII).

A assertiva do narrador de que Eugênia não podia "mentir ao teu sangue, à tua origem" é ambivalente. A referência à "origem" alude certamente ao nascimento ilegítimo e à condição social inferior da menina. A menção ao "sangue" de Eugênia, porém, parece mais difícil de interpretar. Por um lado, pode ser outro modo de realçar a condição de inferioridade social, pois Brás é supostamente um varão de descendência ilustre e tradicional — gente como ele gostava de se imaginar aristocrata de sangue azul, e talvez por isso o memorialista fosse apreciador de borboletas azuis. Por outro lado, pode sugerir sentimento de superioridade natural, biológica. Afinal, Eugênia era "coxa de nascença", logo seu sangue parecia adulterado ou degenerado — "filha espúria"—, quiçá tingido de negro semelhante àquele da borboleta preta, que era uma criatura servil, ao contrário de Eugênia, pois que se mostrou disposta a beijar o Criador das borboletas e pedir-lhe misericórdia. Eugênia — "minha Vênus Manca" (*MPBC*, cap. XXXIII) —, borboletas negras, escravos e outros dependentes existiam todos para servir até exaurirem-se, depois bastava descartá-los. É significativo que, ao decidir fugir da moça devido à deformidade física dela, o narrador diga que "enxotei essa outra borboleta preta, que me adejava no cérebro" (*MPBC*, cap. XXXIII). Assim que a borboleta preta expirou, vieram "as próvidas formigas" (*MPBC*, cap. XXI); logo a natureza seguiu o seu curso. Quanto à Eugênia, o defunto autor não sabe dizer se a existência dela fora "muito necessária ao século"; talvez "um comparsa de menos fizesse patear a tragédia humana" (*MPBC*, cap. XXXVI).

De qualquer forma, o fato é que a resistência obstinada de Eugênia ao domínio de Brás faz com que o memorialista articule, retrospectivamente, várias racionalizações para sua suposta superioridade sobre ela. Ao revolver o passado, o narrador busca convencer-se de que houvera motivos legítimos para considerar a menina pessoa imprópria para o matrimônio. Recorre assim tanto às alegações tradicionais pertinentes à ideologia paternalista quanto às novas representações cientificistas de que "vida é luta" (*MPBC*, cap. CXLI), como ensinava Quincas Borba, e luta na qual o mais apto havia de prevalecer. Por conseguinte, parecia indesejável desposar garota coxa, ainda que bela, pois presumia-se a sua inadequação para a reprodução biológica saudável. É preciso considerar, todavia, que o defunto autor escreve o seu relato em 1880, tornando-se então provável que ele reconstruísse os motivos passados, ao menos em parte, segundo a sua interpretação do sentido dos acontecimentos no momento da escrita, não conforme a vivência de cerca de quatro décadas antes. Em consequência, podemos supor que as novas ideias cientificistas derivadas de Darwin estão presentes na estrutura mental do autor d'além-mundo, não na do dândi de meados do século XIX. Há indício de tal distância entre narrador e dândi no próprio episódio da borboleta. Talvez este meu capítulo voe demais nas asas dum inseto, mas penso que o contraste que o narrador busca traçar entre o jovem Brás e d. Eusébia quanto a superstições revela-se improcedente, apesar de todo o seu esforço em firmá-lo. Como vimos, Brás aborreceu-se com o inseto porque julgou que ele "tinha um certo ar escarninho", advindo em seguida o tal "repelão dos nervos" que motivou o golpe fatal (*MPBC*, cap. XXXI). Ora, então não apenas d. Eusébia e o presente autor tendem a conferir sentidos demais às asas da borboleta: Brás vislumbrou certa atitude nos movimentos do inseto e amuou-se com ela, o que demonstra que ele compartilhava de alguma forma as superstições de d. Eusébia a respeito de borboletas pretas. O narrador tenta afastar o dândi de outrora de tais superstições, mas o seu próprio relato, lido a contrapelo — isto é, ao arrepio de suas intenções —, testemunha proximidades entre Brás e d. Eusébia nesse ponto.

De qualquer modo, não importa quais fossem as ideias de Brás na década de 1840, o fato é que em 1880 ele parecia pronto a ponderar, quiçá adotar, o "sistema de filosofia" do amigo Quincas Borba.

Brás e Quincas haviam sido colegas de escola. O reencontro deles ocorreu provavelmente na segunda metade da década de 1840, a julgar por uma ou outra pista presente no texto, e Quincas, após erguer-se de maltrapilho a abastado por efeito duma herança, passa logo a expor ao outro a sua doutrina.

O conceito central do sistema filosófico de Quincas Borba era o Humanitas, princípio determinante ou causa primeira de todos os fenômenos humanos. Assim como Brás, Quincas tinha o costume de desenvolver as suas demonstrações por meio de anedotas ou da observação de acontecimentos os mais corriqueiros, como alguma manifestação do sentimento de inveja, a ocorrência de certa epidemia, uma briga de cães, ou até uma asa de frango servida no almoço. Ele dizia que seu sistema de filosofia seria a ruína de todos os outros, pois que "retifica o espírito humano, suprime a dor, assegura a felicidade, e enche de imensa glória o nosso país" (*MPBC*, cap. XCI). Sobre a inveja, por exemplo, sentimento unanimemente condenado por moralistas gregos ou turcos, cristãos ou muçulmanos, o pensador propunha interpretação que lhe invertia o sentido de modo radical. Ao contrário de seus predecessores, equivocados todos, Quincas fazia o elogio da inveja, essa expansão de Humanitas, a força positiva básica inerente à humanidade:

> Ora bem; abre mão dos velhos preconceitos, esquece as retóricas rafadas, e estuda a inveja, esse sentimento tão subtil e tão nobre. Sendo cada homem uma redução de Humanitas, é claro que nenhum homem é fundamentalmente oposto a outro homem, quaisquer que sejam as aparências contrárias. Assim, por exemplo, o algoz que executa o condenado pode excitar o vão clamor dos poetas; mas substancialmente é Humanitas que corrige em

> Humanitas uma infração da lei de Humanitas. O mesmo direi do indivíduo que estripa a outro; é uma manifestação da força de Humanitas. Nada obsta (e há exemplos) que ele seja igualmente estripado. Se entendeste bem, facilmente compreenderás que a inveja não é senão uma admiração que luta, e sendo a luta a grande função do gênero humano, todos os sentimentos belicosos são os mais adequados à sua felicidade. Daí vem que a inveja é uma virtude. (*MPBC*, cap. CXVII)

Discípulo estupefato, filósofo triunfante, pois Quincas provava que Humanitas era mesmo o princípio determinante das coisas humanas, e que se manifestava por meio do impulso para competir com os semelhantes, superá-los e até mesmo destruí-los. Os mais aptos beneficiavam-se dos recursos disponíveis, arrebatavam-lhes aos outros, exauriam-nos, logo se adaptavam e perduravam. Observe a complexidade da asa de frango que Quincas "chupava filosoficamente":

> Mas eu não quero outro documento da sublimidade do meu sistema, senão este mesmo frango. Nutriu-se de milho, que foi plantado por um africano, suponhamos, importado de Angola. Nasceu esse africano, cresceu, foi vendido; um navio o trouxe, um navio construído de madeira cortada no mato por dez ou doze homens, levado por velas, que oito ou dez homens teceram, sem contar a cordoalha e outras partes do aparelho náutico. Assim, este frango, que eu almocei agora mesmo, é o resultado de uma multidão de esforços e lutas, executados com o único fim de dar mate ao meu apetite. (*MPBC*, cap. CXVII)

Parece haver semelhanças estruturais profundas entre as reflexões de Brás quanto ao significado dos narizes e essa ideia de Quincas Borba sobre a existência de uma concatenação atlântica de esforços apenas para garantir-lhe o frango do almoço. Ao abordar a anedota do narrador sobre o nariz paternalista, argumentei que sua conclusão de que "o equilíbrio das sociedades" requeria "a subordinação do universo a um nariz somente" era metáfora da política de domínio pertinente à classe senhorial escravista brasileira — ou seja, a vigência da imagem da inviolabilidade da vontade senhorial e sua prerrogativa de criar o mundo à sua feição. Na alegoria do frango, as representações sociais originam-se, ao que parece, no polo oposto. Em outras palavras, em vez de uma vontade todo-poderosa a descender sobre a sociedade e regular seu funcionamento, há o postulado de uma causa natural ou biológica primordial que constitui a sociedade "de baixo para cima", por assim dizer, para garantir sobrevivência e desfrute aos supostamente mais preparados para enfrentar as lutas necessárias da vida. Apesar da mudança significativa na linguagem metafórica — e, presume-se, no aparato simbólico e ritualístico do poder —, o que realmente impressiona nas anedotas do nariz e do frango é a parecença entre as duas no que tange à pirâmide social, à continuidade das relações sociais desiguais. Não havia qualquer pendor para conceber rupturas na distribuição dos privilégios sociais — ou, numa outra chave, para expandir e aperfeiçoar direitos de cidadania — nesse processo de transição entre imagens de dominação social — "Que profundas que são as molas da vida!" (*MPBC*, cap. CX), disse o narrador certa vez.

Quincas Borba desfilava um exemplo atrás do outro para demonstrar a noção de que a sobrevivência dos mais aptos era a força propulsora de todos os fenômenos humanos. A guerra, calamidade maior à primeira vista, tornava-se "uma operação conveniente"; a fome, "e ele chupava filosoficamente a asa do frango", aparecia como "uma prova a que Humanitas submete a própria víscera" (*MPBC*, cap. CXVII). O exemplo mais revelador surgiu talvez quando a noiva de Brás, Eulália, acabara de morrer, vítima de febre amarela, em 1850. O narrador relata assim os seus sentimentos sobre o ocorrido e o que então ouvira ao filósofo:

> doeu-me um pouco a cegueira da epidemia que, matando à direita e à esquerda, levou também uma jovem dama, que tinha de ser minha mulher; não cheguei a entender a necessidade da epidemia, menos ainda daquela morte. Creio até que esta me pareceu ainda mais absurda que todas as outras mortes. Quincas Borba, porém, explicou-me que epidemias eram úteis à espécie, embora desastrosas para uma certa porção de indivíduos; fez-me notar que, por mais horrendo que fosse o espetáculo, havia uma vantagem de muito peso: a sobrevivência do maior número. Chegou a perguntar-me se, no meio do luto geral, não sentia eu algum secreto encanto em ter escapado às garras da peste; mas esta pergunta era tão insensata, que ficou sem resposta. (*MPBC*, cap. CXXVI)

A passagem é reveladora não tanto pelo que afirma — afinal, trata-se apenas de outro exemplo de apropriação por Machado, para fins satíricos, do conceito darwinista clássico de seleção natural —, mas pelo que deixa subentendido a respeito do significado da febre amarela no Brasil da segunda metade do século XIX. Ao contrário do cólera e da varíola, a febre amarela fazia número bem maior de vítimas entre a população branca, especialmente imigrantes recém-chegados ao país. Em 1850, quando a doença atingiu proporções epidêmicas no Império pela primeira vez, amedrontou sobremaneira os senhores de escravos, pois havia o temor de que os negros aproveitassem a desorganização momentânea da vida entre seus algozes para organizar revoltas. Em 1880, ano em que Brás escreveu suas memórias, a febre amarela tornara-se obstáculo formidável para fazendeiros e políticos interessados em promover a imigração maciça de trabalhadores europeus como forma de suavizar o impacto econômico do processo de emancipação dos escravos. Além disso, ao lidar com interpretações correntes no inesgotável manancial racista europeu, segundo as quais a miscigenação degenerava os povos, havia políticos e intelectuais brasileiros esperançosos de que o influxo de sangue europeu, "superior", produzisse, ao contrário, o branqueamento gradual da população e, no futuro, a própria regeneração nacional.[8] Por conseguinte, a ideia de Quincas de que aquela epidemia de febre amarela expressara apenas a vigência da seleção natural afigurava-se absurda para Brás. Afinal, a "lógica" da praga amarela era desconcertante: dizimava brancos, seres tidos por superiores, e não causava maiores estragos entre os africanos e seus descendentes. Por isso o narrador nunca chegara "a entender a necessidade da epidemia". Brás não questiona a afirmativa de Quincas de que epidemias beneficiavam a espécie. Se a febre amarela parecia contradizer o esquema, urgia erradicá-la, e não modificar o quadro teórico geral. Assim, na história, coerentemente com a ficção, a febre amarela permaneceu prioridade absoluta das políticas de saúde pública no país até a campanha bem-sucedida para controlá-la no início do século XX. De qualquer modo, o paradigma darwiniano emergente dos anos 1880 é mais decisivo para o narrador do que fora para Brás, o senhor de escravos dos anos 1850, então provavelmente preocupado, como todos os outros, com as possíveis consequências daquela epidemia para o controle social da escravaria — ou seja, o presente reinterpreta o passado e o reconfigura segundo as lutas políticas do momento. Não obstante os motivos, que mudaram ao longo do tempo, o fato é que a febre amarela permaneceu doença infeliz para narrador, dândi e seus pares durante toda a segunda metade do século XIX — doença "absurda", "insensata", o que talvez sugira a existência de outras "úteis à espécie".

Após essa exposição do "sistema" de Quincas Borba, é necessário ponderar as possíveis intenções de Machado ao conceber tal sátira filosófica. À primeira vista, pode-se pensar que o principal alvo do romancista era o positivismo. De fato, Quincas Borba inicia a sua apresentação do Humanitismo a Brás com a lei das três fases de Humanitas: "a *estática*, anterior a toda a criação; a *expansiva*, começo das cousas; a *dispersiva*, aparecimento do homem"; previa uma quarta fase, a *contrativa*, "absorção do homem e das cousas" (*MPBC*, cap. CXVII). Isso lembra Comte deveras, e sua lei dos estádios de evolução da humanidade; além disso, o positivismo tornava-se tão popular entre as elites intelectuais e políticas brasileiras do período que é fácil imaginar o prazer de Machado em zombar de semelhante caceteação. Todavia, acho que John Gledson está correto ao argumentar que Machado suspeitava de todo tipo de monismo, ou seja, de qualquer explicação para os fenômenos da natureza e da sociedade baseada nalgum princípio único ou determinação estrita — por conseguinte, o objeto da sátira generaliza-se, para incluir a biologia darwinista e ideologias sociais daí derivadas, assim como outros acepipes intelectuais de igual sabor.[9] Não é outra a origem da quase-mania de Machado de Assis de aproximar sempre, e das formas mais divertidas, cousas à época já tão dificilmente conciliáveis como ciência e religião.

Acredito, porém, que conceitos derivados do darwinismo constituam, de fato, o centro do Humanitismo. Parece certo que Machado andara bastante interessado em teorias evolucionistas nos anos imediatamente anteriores à redação das *Memórias póstumas*. Jean-Michel Massa, ao compilar o que restou da biblioteca do romancista, perguntava: "Dans l'étrange construction de l'Humanitisme, Spencer, Darwin n'ont-ils pas aussi apporté leur pierre?".[10] De fato, Machado possuía os principais trabalhos de Darwin, Spencer e Alfred Wallace, todos em traduções francesas publicadas na década de 1870.[11] Tanto o Humanitismo quanto a narrativa de Brás — sim, porque o defunto autor adota o "sistema de filosofia" de Quincas — estão impregnados de alusões a ideias darwinistas, como as de seleção natural, sobrevivência do mais apto e outras. Naturalmente, o objetivo do literato é satírico, não qualquer definição rigorosa de darwinismo social, logo trata-se de apropriação "livre" de expressões cada vez mais correntes à época.[12] No entanto, pode haver algo no fato de o darwinismo social, e não o positivismo comtiano, ser o fulcro do Humanitismo. Segundo Mike Hawkins, há diferenças significativas entre positivismo e darwinismo social. Decerto, a biologia é importante em ambos, e Comte acreditava que animais e humanos compartilhavam muitos atributos biológicos. Ele não achava, porém, que a sociologia pudesse ser reduzida à biologia, já que a convivência social entre seres humanos provocava a emergência de propriedades não encontráveis no mundo natural. Comte argumentava que, conforme as sociedades evoluíam, beneficiando-se de conquistas das gerações precedentes, constituía-se um legado cultural decisivo na configuração de mentes e ações humanas subsequentes. Em suma, Comte punha o foco principal na transmissão cultural, não na determinação biológica. Hawkins conclui que não há nada "remotamente análogo ao mecanismo da seleção natural e sobrevivência do mais apto na teoria de Comte". Além disso, o pensador francês opunha-se firmemente à guerra e outras formas de conflito. Na verdade, considerava patológicos o egoísmo extremo, os conflitos de classe, as conquistas coloniais e as guerras modernas, e concebia a sua doutrina como um novo consenso moral capaz de eliminar tais flagelos.[13] Segue-se que a máxima de Quincas Borba, "vida é luta", parece anátema ao positivismo comtiano.

É claro, porém, que tais bossas filosóficas haviam aparecido no cenário intelectual brasileiro havia pouco tempo, quando o defunto autor lavrou suas memórias; por conseguinte, não parece de bom alvitre traçar distinções muito rígidas entre doutrinas tão aparentadas.[14] Quincas Borba era mui provavelmente um eclético, quiçá um reflexo da agonia mental do narrador diante dos desafios do tempo — basta pensar que Brás Cubas escrevia em 1880, ano de recrudescimento das lutas políticas pela emancipação dos escravos. De qualquer modo, penso que, ao escolher o darwinismo social como a base do Humanitismo, Machado de Assis mostrava-se atento ao potencial ideologicamente racista do reducionismo biológico. Veremos, em seguida, que ele tentou enviar a lúgubre mensagem, nas *Memórias póstumas* e em outros escritos, sempre de forma sutil e alegórica, mas sem fazer qualquer concessão a lógicas mentais que considerava mistificadoras.

NARIZES METAFÍSICOS

Narizes abundam nos textos machadianos. Há nariz espirrador, entupido, empinado, metafísico... O tipo metafísico poderia ter aparecido na narrativa do defunto autor, mas o fez noutro texto — o conto intitulado "O segredo do Bonzo", publicado na coletânea *Papéis avulsos*, de 1882.[15] A história ocorre no século XVI, no distante reino de Bungo, onde um sábio chamado Pomada defendia doutrina segundo a qual "se uma cousa pode existir na opinião, sem existir na realidade, e existir na realidade, sem existir na opinião, a conclusão é que das duas existências paralelas a única necessária é a da opinião, não a da realidade, que é apenas conveniente". Discípulos do sábio percorriam o reino a pregar a nova doutrina. Patimau, por exemplo, juntara pequena multidão em torno de si para explicar a origem dos grilos, "os quais procediam do ar e das folhas de coqueiro, na conjunção da lua nova". "Patimau, Patimau, viva Patimau, que descobriu a origem dos grilos", respondia a multidão. O teórico dos grilos agradecia e reafirmava a crença em seu trabalho, "tão certo era que a ciência valia mais do que a vida e seus deleites". Outro discípulo argumentava que o segredo da vida futura estava em certa gota de sangue de vaca, sabe-se lá como, e o narrador não o explica.

Num certo momento, o médico português Diogo Meireles, "ouro da verdade e sol do pensamento", no galanteio de outro bonzo sapientíssimo, resolveu fazer o seu próprio experimento para testar a validade da doutrina. Grassava então na cidade dos bonzos epidemia de uma doença singular, cujo principal sintoma era a deformidade dos narizes, que cresciam tanto e tanto a ponto de tomar metade da cara aos doentes, que tampouco suportavam carregar semelhante peso. Diogo Meireles estudou a moléstia e concluiu pelo alvitre de desnarigar os doentes, "pois tanto valia um nariz disforme e pesado como nenhum". Os pacientes, todavia, não se submetiam à cirurgia indicada pelo esculápio. Achavam que cara sem nariz era cousa ainda pior do que cara com o dito grande e deformado. Na impossibilidade de convencer os infelizes, Meireles resolveu colocar em prática aquilo que ouvira de mestre Pomada, o mais sabido dos bonzos. Reuniu muitos físicos, filósofos, autoridades e povo para comunicar-lhes que descobrira uma maneira de eliminar o órgão afetado sem mutilar o paciente; bastava "substituir o nariz achacado por um nariz são, mas de pura natureza metafísica, isto é, inacessível aos sentidos humanos, e contudo tão verdadeiro ou ainda mais que o cortado; cura esta praticada por ele em várias partes, e muito aceita aos físicos de Malabar". Após alguma controvérsia, os presentes convenceram-se de que valia a tentativa, especialmente porque a epidemia se agravava, levando pessoas ao desespero e até ao suicídio. Além disso, o médico defendera o seu método com tanta energia e firmeza... Ato contínuo, Meireles passou a desnarigar doentes com muitíssima arte, recolhendo em seguida um exemplar de nariz metafísico na caixa que ficava ao lado para aplicar ao rosto do paciente. A maior prova do sucesso da nova técnica estava no fato de que, assim curados, os desnarigados logo voltavam a fazer uso regular de lenços de assoar.

John Gledson argumentou que as histórias reunidas por Machado de Assis em *Papéis avulsos* têm em comum o tema da identidade nacional.[16] De fato, considerando o papel proeminente da face, e logo do nariz que está em seu centro, na decifração do caráter dos povos em muito da história da cultura ocidental, parece apropriado contar uma anedota sobre identidade nacional por meio da aparência de narizes.[17] Assim, o conto torna-se outra alegoria duma nação à procura de sua alma, tão desprovida de identidade verdadeira que pode ser levada a negar o seu jeito de ser; ou seja, pega a mania de imaginar-se diferente, deseja passar por outra que não ela mesma. A nação parece degenerada, triste, quiçá fadada a patinhar sem progredir. Esses temas nos fazem lembrar que, à época, muitos intelectuais e políticos achavam que "o brasileiro" era tipo melancólico;[18] não é por acaso, então, que ao morrer Brás Cubas estivesse empenhado em experimentos para inventar "um medicamento sublime, um emplastro anti-hipocondríaco, destinado a aliviar a nossa melancólica humanidade" (*MPBC*, cap. II). Ao que parece, o problema estava nas características raciais da população, comprometida pela mestiçagem; ademais, o legado da escravidão era um povo indolente, sem disciplina e ética de trabalho apropriadas. Em suma, nação doente mesmo, degenerada.[19] Na história de Machado, a cura imaginária resulta da colaboração entre um médico estrangeiro e um guru local — isto é, ciência importada e conhecimento nativo unem-se para iludir os habitantes do reino.

O fato de esse conto sobre narizes estar situado no século XVI pode ajudar a revelar o seu assunto principal, que é, acho eu, a ciência racial do século XIX — por "ciência racial" entende-se a tentativa de relacionar as características físicas dos povos a seus supostos estádios ou graus de civilização, de modo a fazer com que as tais características sejam determinantes para atribuir maior ou menor civilização a essa ou aquela nação.[20] O século seguinte às viagens de Colombo assistiu à expansão da sífilis na Europa, e era opinião corrente que a epidemia fora importada do Novo Mundo.[21] Narizes deformados ficaram logo associados à doença. A sífilis provocava a infecção do osso e posterior colapso da cartilagem do nariz, tornando o órgão "ausente" no centro do rosto a sua manifestação mais saliente e temida.[22] É curioso que Pangloss, a personagem de Voltaire que inspirou Brás na alegoria do nariz paternalista, tivesse perdido o próprio nariz devido à sífilis. Cândido encontrou o filósofo como um "mendigo coberto de pústulas, olhos mortos, ponta do nariz carcomida, boca repuxada, dentes enegrecidos e de voz cavernosa, atormentado por tosse violenta, e a cuspir, em cada esforço, um dente".[23] Pangloss relatou a transmissão sucessiva do flagelo desde o seu ponto de origem, num "dos companheiros de Cristóvão Colombo", até ele. Contraíra a doença ao ter relações sexuais com a linda criada duma augusta baronesa; os amantes haviam perpetrado o ato atrás de "silvados".[24]

Retornamos assim aos temas do comportamento sexual supostamente desregrado e da degeneração, a d. Eusébia e ao glosador, e a Eugênia, "a flor da moita", coxa e bela. No início dos anos 1880, quando Machado concebeu a sua história sobre narizes, a sífilis e as doenças sexualmente transmissíveis em geral causavam grande apreensão porque a ciência evolucionista havia despido a humanidade de suas origens religiosas, atribuindo-lhe lugar específico no reino da natureza — apenas outra espécie, não importa quão "superior", a lutar pela sobrevivência. Por conseguinte, a reprodução biológica "higiênica" tornava-se crucial para o futuro da espécie humana.[25] Além disso, outros significados haviam aderido aos narizes. Narizes carcomidos de sifilíticos apareciam ao lado de "narizes raciais", por assim dizer. Difundia-se a ideia de que a aparência e o tamanho dos narizes marcavam superioridade ou inferioridade racial — logo, europeus de fungador grande e comprido decidiram que narizes de negros, por exemplo, eram chatos e feios. Na verdade, o anatomista holandês Petrus Camper havia "descoberto" o "índice nasal" e o "ângulo facial" desde o final do século XVIII. Segundo Sander Gilman, "o índice nasal era a linha que ligava a testa ao lábio superior por meio do nariz; [...] o ângulo facial era determinado pela ligação dessa linha com uma horizontal originada na mandíbula". De início, o ângulo facial interligava todas as "raças" da humanidade, pois servia para distingui-las de outros antropoides superiores; depois tornou-se modo de estabelecer hierarquia entre raças humanas. Aos africanos coube a pecha de inferiores e feios porque seus narizes, considerados curtos demais, aparentemente aproximavam a sua fisionomia à dos primatas.[26]

Em suma, cientistas europeus do século XIX, tão meditabundos quanto Brás Cubas a respeito da utilidade do nariz, chegaram à conclusão de que, apesar de todas as aparências em contrário, tal órgão servia para pensar. Podemos imaginar que Machado de Assis inventou o nariz metafísico para participar de passatempo tão conspícuo. Naquele início da década de 1880, de fato, Machado parecia perplexo com o esforço de políticos e intelectuais brasileiros para enraizar em solo pátrio tais derivações racistas do darwinismo social — Brás nascera "dessa terra e desse estrume" (*MPBC*, cap. XI). É intrigante que a personagem do romance concebida para metaforizar as representações difundidas pela ciência racial tenha sido denominada Eugênia — a "bem-nascida". Eugênia concentra tal metáfora porque nela, como vimos, Brás busca relacionar características físicas — o fato de que era coxa — e moralidade — a "flor da moita", que não podia "mentir ao teu sangue, à tua origem" — para concluir que a garota era intelectualmente inferior ("supersticiosa", aos olhos do narrador),[27] degenerada e imprópria para a reprodução "higiênica" da espécie. A ideia de "eugenia" parece ter surgido em 1883, portanto poucos anos após a publicação das *Memórias póstumas*, difundida por Francis Galton, cientista britânico, primo e seguidor de Darwin. De acordo com Hawkins, Galton propunha "a 'ciência' da eugenia na crença de que era objetivamente possível identificar os elementos indesejáveis em certa população e reduzir o seu número por meio de certos controles sociais — eugenia negativa —; ao mesmo tempo, dever-se-ia encorajar a reprodução dos melhores elementos — eugenia positiva".[28] A sugestão de Galton não foi influente de imediato, mas faria carreira portentosa nas primeiras décadas do século XX.[29] Brás Cubas, ainda a observar os acontecimentos deste mundo, e não emancipado de todo de sua mentalidade paternalista, poderia deveras alegar que fora ele o Criador de semelhante cousa.

4. Escravidão e cidadania: a experiência histórica de 1871

MARIANA

O conto "Mariana", de Machado de Assis, foi originalmente publicado no *Jornal das Famílias* em janeiro de 1871.[1] A história é inicialmente narrada por Macedo, que acabara de retornar à Corte após quinze anos de passeio pela Europa. A forma como Macedo se apresenta ao leitor nas primeiras páginas do conto faz lembrar personagens senhoriais semelhantes, prestes a povoar os romances de Machado nos anos seguintes. Prosa, como Brás Cubas, o recém-chegado achava que sobre seus amigos de outrora "pesavam quinze anos de desilusão e cansaço"; ele, ao contrário, "vinha tão moço como fora", e se os seus cabelos começavam a embranquecer, a alma e o coração "estavam em flor". O janota arrematou a peça filosoficamente: "Não há decepções possíveis para um viajante, que apenas vê de passagem o lado belo da natureza humana e não ganha tempo de conhecer-lhe o lado feio" (p. 771).

Pois este narrador, superior em filosofia e formosura, andava pelas ruas da cidade de sua infância e juventude, apreciando e gabando os progressos da Corte, até que esbarrou em Coutinho, uma alma gêmea. Dois outros "companheiros de outro tempo" juntaram-se a eles, formando-se uma roda de ex-rapazes que não sabiam que o eram, a beber, comer e babar mulheres e prazeres. Trocavam-se confidências, e Coutinho tomou a palavra, disposto a narrar um episódio singular de sua juventude, algo que nunca confessara a ninguém. Charutos acesos, nasóculos encaixados, Coutinho declarou que já amara e fora amado muitas vezes, "mas nem depois nem antes, e por nenhuma mulher fui amado jamais como fui...". Pela prima Amélia, com quem quase casara? Não. Fora amado por Mariana, escrava, cria da casa. Diante do espanto geral, Coutinho prosseguiu a narrativa, sacudindo distraidamente as cinzas do charuto e "absorto na recordação que o seu espírito evocava" (p. 773).

Mariana era uma "gentil mulatinha nascida e criada como filha da casa, e recebendo de minha mãe os mesmos afagos que ela dispensava às outras filhas". A diferença estava em que a cativa não sentava à mesa nas refeições e não podia aparecer na sala em ocasião de visitas. No mais, "era como se fosse pessoa livre", e até as irmãs de Coutinho dispensavam-lhe "certa afeição fraternal". A menina, por seu lado, "possuía a inteligência de sua situação", sabendo que "só lhe restava pagar com muito reconhecimento a bondade de sua senhora". Ainda que a sua educação não tivesse sido "tão completa como a de minhas irmãs", Mariana aprendera a ler e a escrever, além dos trabalhos de agulha. Mais tarde, desejou aprender francês, o que fez com o máximo proveito. Chegou a conhecer esse idioma tão bem quanto a irmã de Coutinho que lhe ministrara as lições. Para completar seus "encantos", Mariana tinha "talhe esbelto e elegante, colo voluptuoso, pé pequeno e mãos de senhora", além de "olhos negros e rasgados" dos quais rompia "fogo inquieto e vivaz" (p. 773).

Mariana apaixonou-se perdidamente pelo senhor moço. Passou a sofrer ao descobrir que o rapaz arranjara casamento com a prima Amélia. Coutinho e sua irmã Josefa repararam na tristeza da rapariga e resolveram investigar-lhe as causas. Suspeitaram de algum namoro, mas foi Josefa quem atinou com o verdadeiro motivo, apesar de não conseguir arrancar uma confissão de Mariana. A menina piorou, ficou doente, depois sarou porque Coutinho pediu-lhe que vivesse. Lisonjeado com tanta adoração, o guapo começou a reparar mais na "mulatinha", surgindo em seu "espírito uma ideia que a razão pode condenar, mas que nossos costumes aceitam perfeitamente" (p. 778). Mariana mostrou-se "acima das veleidades" do senhor moço, escapando-lhe ao assédio e desaparecendo de casa dias depois. A mãe de Coutinho ficou triste e indignada com a atitude da moça, doendo-lhe "a ingratidão da escrava". Já o rapaz prometeu envidar esforços para capturá-la, "e uma vez restituída à casa, colocá-la na situação verdadeira do cativeiro" (p. 778). Isso foi o que declarou à mãe; intimamente, gostava de pensar que a moça fugira porque não toleraria vê-lo casado, o que ocorreria em oito dias. Mas logo temeu que o desespero de Mariana pudesse levá-la ao suicídio, e saiu apressadamente à sua procura "impelido pelo remorso".

A narração do drama de Mariana prossegue num ritmo vertiginoso, fazendo lembrar, nesse aspecto e em tantos outros, o drama de Helena, em *Helena*. Coutinho encontrou Mariana e a interrogou sobre a fuga. Senhor da escrava, tentando "desviar do espírito da rapariga qualquer suspeita de que eu soubesse dos seus amores por mim" (p. 779), Coutinho lhe perguntou se alguém a seduzira para fugir. A escrava, indignada que o senhor moço lhe falasse em sedução após as "veleidades" que cometera, desabafou: "Se alguém me seduziu? perguntou ela; não, ninguém; fugi porque eu o amo, e não posso ser amada, eu sou uma infeliz escrava. Aqui está por que eu fugi. Podemos ir;

já disse tudo" (p. 779). Mariana voltou para a casa da senhora, continuou a sofrer, e o interesse que Coutinho mostrava por ela provocou ciúmes obsessivos na prima Amélia, sua noiva. A escrava fugiu novamente, e Coutinho relembra que, de fato, preocupava-o mais o desespero de Mariana do que os ciúmes de Amélia: "não porque eu correspondesse aos seus sentimentos por mim, mas porque eu sentia sérios remorsos de ser causa de um crime. [...] não podia pensar sem algum terror na possibilidade de morrer alguém por mim". Os remorsos do narrador de nada adiantaram. Coutinho ainda uma vez encontrou a escrava fugida, e o conto fecha com a rapariga cometendo suicídio diante do homem amado.

Não estou aqui para avaliar o mérito literário desse dramalhão. O próprio Machado talvez o tenha feito, ao jamais incluir essa história nas várias coletâneas de contos selecionados que organizou durante a vida. Como documento histórico, todavia, o conto é promissor, ainda que difícil de interpretar. Os paralelos com *Helena*, publicado cinco anos mais tarde, são logo aparentes. Há semelhanças estruturais significativas, pois o romance também inicia leve e galhofeiro e acaba com a morte da protagonista, igualmente torturada por um amor que considerava sem esperança.[2] Em ambos os casos, a ideologia paternalista dos senhores e as relações de dependência provocam situações de violência e humilhação. Não há maniqueísmo na forma de tramar as situações; as personagens não são inerentemente boas ou más. Os senhores mostram estima pelos dependentes, mas ao fazê-lo produzem apenas sofrimento e humilhação; os dependentes — escravos e livres, Mariana ou Helena — são sinceramente agradecidos aos senhores, mas sabem que não há perspectivas e que serão sempre lembrados de sua situação de inferioridade social. Os dois enredos nos levam à imbricação entre escravidão e "liberdade" em situação de dependência, mostrando que havia uma e somente uma lógica hegemônica de reprodução das hierarquias e desigualdades sociais. Em "Mariana", o narrador insiste em descrever a situação da escrava em sua casa aproximando-a à condição de liberdade — "era como se fosse pessoa livre" (p. 773), "és tratada aqui como filha da casa" (p. 776), "escrava, é verdade, mas escrava quase senhora" (p. 776). Os fatos desmentem a doçura ideológica a cada passo: ao mostrar desenvoltura e sentimentos próprios, impróprios na visão dos senhores, Mariana torna-se ingrata (p. 778), "insolente" (p. 776), atrevida (p. 777), rebelde (p. 780), "dissimulada" (p. 780), escrava fugida e capturada, e presa potencial da rapacidade sexual do senhor moço e até do tio João Luís, pai de Amélia, sempre interessado em colocar aquela "flor peregrina" sob a sua "proteção" (pp. 773 e 779). Em *Helena*, vimos que a protagonista metaforiza a sua situação de dependência ao dialogar com a égua Moema, que "não maldiz o cativeiro", mas parecia impaciente para correr pela estrada da Tijuca afora, "sentindo-se alguma cousa senhora e livre".[3] A aproximação entre escravidão e liberdade, para enfatizar a precariedade e os limites de qualquer experiência de liberdade numa sociedade paternalista, organizada em torno da reprodução dos laços de dependência pessoal, politiza eficazmente o drama do processo de emancipação dos escravos, então em evidência. Escravidão e paternalismo, cativeiro e dependência pessoal, pareciam duas faces da mesma moeda.

"Mariana" transforma-se então em documento sobre um impasse histórico, visão ou interpretação de uma crise que mobilizava a sociedade inteira. Ainda que não haja no conto uma identificação precisa do tempo da narrativa, há a postulação de duas historicidades tramadas, constituintes da fala de Coutinho. Sabe-se que Macedo, o narrador que diz reproduzir a história de outro narrador (Coutinho), acabara de chegar da Europa após quinze anos de ausência. Como a história foi publicada em janeiro de 1871, e supondo que essa seria a data aproximada da conversa dos ex-rapazes, o episódio relatado por Coutinho estaria situado em meados da década de 1850 — período de conciliação dos partidos políticos, de hegemonia incontestada da classe senhorial-escravista, de apogeu do Império, segundo as representações dominantes no período em que Machado escrevia. Em janeiro de 1871, quando o conto foi publicado, um gabinete havia acabado de subir ao poder, chefiado pelo visconde de São Vicente, autor de estudos iniciais e redator de projetos de leis de emancipação gradual norteados pela ideia do ventre livre. A emancipação era a questão do momento, e praticamente não se trataria de outra coisa no parlamento ao longo de todo o ano de 1871. O conto, portanto, está situado no centro do furacão político. O relato de Coutinho evoca outra época, um tempo de estabilidade no mundo dos escravocratas, e a reinterpreta à luz da crise de 1871. Em certo sentido, a narrativa de Coutinho revela a má consciência de um senhor de escravos que se sente forçado a encarar os sofrimentos e as tragédias que provocava à sua volta. Por isso fala em "remorsos", até "em remorsos de ser causa de um crime".

Em seu desfecho, todavia, a história retorna ao tom de galhofa, ao clima de inconsequência e de leveza moral supostamente inerente à visão de mundo de ex-rapazes abastados. Concluída a narração de Coutinho, os dândis saíram em expedição pela rua do Ouvidor, consciências às nuvens e olhos nos "pés das damas que desciam dos carros, e fazendo a esse respeito mil reflexões mais ou menos engraçadas e oportunas. Duas horas de conversa tinha-nos restituído a mocidade" (p. 783). O crime da escravidão produzira cinco minutos de "remorsos" aos quarentões bem-pensantes que, remoçados, voltam logo ao papel de predadores sociais e sexuais. No contexto das discussões que resultariam na lei de 28 de setembro de 1871, as quais veremos adiante, Machado parece sugerir que não havia saída para o problema da escravidão *por dentro* das relações instituídas entre senhores e escravos. A mensagem inescapável do conto é a necessidade de o poder público submeter o poder privado dos senhores ao domínio da lei. Era preciso intervir nas relações entre senhores e escravos e promover a superação da instituição da escravidão, enfrentando decididamente os interesses sociais e econômicos que ainda a sustentavam.

É um tanto difícil, à distância de quase um século e meio, perceber a profundidade e a abrangência da crise de 1871. Seria mais cômodo recorrer às sempiternas visões evolucionistas e teleológicas de história e acreditar que o problema da escravidão era então assunto resolvido, questão "de forma e oportunidade", como diziam os próprios escravocratas. O fato, todavia, é que houve resistência tenaz à aprovação da lei de 28 de setembro de 1871 e, depois, à sua execução. Todo o processo foi vivido pelos contemporâneos com agudo sentido de indeterminação em relação ao futuro. Machado de Assis certamente apreciou a imagem belíssima utilizada por Joaquim Nabuco, seu amigo e correspondente, ao tentar transmitir "a verdade" sobre aqueles acontecimentos e a ansiedade que haviam causado. Nabuco refere-se ao "fenômeno das grandes cataratas, como a do Niágara", e tudo se passara como se de repente a sociedade, "o rio, mais manso, mais tranquilo, mais descuidoso", sentisse "sob suas águas que deslizavam o espaço vazio", precipitando-se nele "com todo o seu peso". Por um momento, parecia que tudo iria "pulverizar-se no ar".[4] Em passagem anterior, mas ainda no mesmo parágrafo, Nabuco sugere a incerteza e a expectativa ocorridas em torno da aplicação da lei: "A verdade sobre a lei de 28 de setembro é que as reformas dessa natureza não operam matematicamente, conforme as potências, as forças e as quantidades prefixas de cada uma de suas cláusulas; não são soluções *exatas*, *precisas*, que produzem efeitos dantemão calculados: são sempre a decretação do desconhecido; obram pelo imprevisto, pelo espírito que está nelas; são grandes moldes sociais de que saem novos tipos humanos" (grifo do original).[5] Ou seja, em 28 de setembro de 1871 decretou-se o "desconhecido". E, sem dúvida, o que não se sabia, já de início, era se a lei seria cumprida, e em que medida. A história recente do país registrava exemplos conspícuos de leis socialmente decisivas que, em grande parte, "não pegavam", como a lei de proibição ao tráfico negreiro em 1831 e a lei de terras em 1850.[6] É claro que havia exemplos no sentido contrário, como a nova lei de repressão ao tráfico, de 1850, a respeito da qual houvera vontade política para fazer cumprir. Em suma, após a batalha para a aprovação da lei, anunciava-se outra em torno de sua aplicação, batalha esta que seria travada sobretudo a respeito da interpretação de seus vários e complexos dispositivos.

Se Nabuco estava correto ao achar que a lei de 28 de setembro de 1871 produzira "moldes sociais" dos quais emergiram "novos tipos humanos", então meu argumento neste capítulo é de que a experiência histórica de 1871 ajudou a delinear uma nova personagem literária: Machado de Assis. Nos capítulos anteriores tentei mostrar, entre outras coisas, que o processo histórico que resultou na lei de 1871 — assim como suas consequências — esteve no centro da concepção de romances como *Helena*, *Iaiá Garcia*, *Memórias póstumas de Brás Cubas* e *Dom Casmurro*. Tal processo é também o núcleo de sentido no conto "Mariana". Ao escrever esse conto, porém, Machado não podia supor que estaria, poucos anos depois, profundamente envolvido na aplicação cotidiana da lei de 28 de setembro. Em 1873, Machado de Assis tornou-se funcionário do Ministério da Agricultura; a partir de meados de 1876, passou a chefiar a seção desse ministério encarregada de estudar e acompanhar a aplicação da lei de emancipação. O romancista formou-se e transformou-se ao longo dos anos 1870 em diálogo constante com a experiência do funcionário público e do cidadão. De fato, é possível até mesmo investigar as relações entre a experiência do funcionário e a famosa virada narrativa do romancista, ocorrida entre 1878 e 1880, ou entre *Iaiá Garcia* e *Memórias póstumas de Brás Cubas*.

O percurso, porém, é necessariamente longo, quiçá tedioso. Penso que interpretações pertinentes dos sentidos da experiência do funcionário ao acompanhar a aplicação cotidiana da lei dependem da identificação prévia de temas e conflitos que fizeram de 1871 um marco tão decisivo na história política e social do Império brasileiro. É preciso voltar aos momentos em que os "moldes sociais", eles próprios, estavam sendo debatidos, concebidos e conformados. Machado de Assis, funcionário e cidadão, terá de interagir com os "novos tipos humanos" em formação, fazendo-se um romancista específico e original no interior desse processo.

A ARTE DE BORDEJAR

No final de 1865, d. Pedro II solicitou a José Antônio Pimenta Bueno, futuro visconde, depois marquês de São Vicente, que realizasse estudos preliminares e elaborasse propostas de ação legislativa visando à emancipação dos escravos. O trabalho de Pimenta Bueno seria depois discutido em sessões do Conselho de Estado pleno. O objetivo do esforço era dotar o governo de projeto de lei sobre emancipação a ser submetido à discussão e aprovação do Legislativo. Pimenta Bueno concluiu a tarefa em janeiro de 1866. Todavia, as dificuldades na guerra com o Paraguai e a resistência do chefe de gabinete na ocasião, o marquês de

Olinda — escravocrata raivoso e empedernido —, fizeram com que o assunto fosse engavetado por alguns meses. Em meados de 1866, o interesse do imperador em promover o debate sobre o problema da escravidão recebeu novo alento com a correspondência enviada por uma prestigiosa sociedade abolicionista francesa, a Comité pour l'Abolition de l'Esclavage, solicitando-lhe que usasse o seu poder e influência para abolir a escravidão no Brasil. A resposta, assinada pelo ministro dos Negócios Estrangeiros, indicava que o novo gabinete liberal, liderado por Zacarias de Góes e Vasconcellos, estava pronto para promover a causa. A emancipação no Brasil parecia coisa decidida, sendo apenas questão de forma e oportunidade.[7]

A resposta enviada aos abolicionistas franceses surpreendeu políticos e grandes proprietários. Foi, na verdade, a moldura para os debates sobre o trabalho de Pimenta Bueno, então visconde de São Vicente, no Conselho de Estado, em abril de 1867. Os conselheiros estavam numa situação delicada. Confrontados com a determinação do imperador em fazer caminhar o problema da emancipação,[8] ficavam talvez inibidos em opor resistência decidida à iniciativa, por mais que esta fosse de encontro às suas convicções mais íntimas. O resultado dessa tensão entre conveniência política e convicções escravocratas foi a formulação, por parte da maioria dos conselheiros, de argumentos sibilinos destinados a concordar com o imperador em que a emancipação era questão decidida, ao mesmo tempo que sustentavam a opinião de que nada devia ser feito sobre o assunto.

Pimenta Bueno escreveu uma apresentação ao seu trabalho, esclarecedora de motivos que teriam convencido o imperador e alguns políticos a agir na questão da emancipação.[9] Havia os motivos de longa duração, por assim dizer, recitados no país, com maior ou menor assiduidade, ao menos desde o famoso folheto de José Bonifácio de Andrada e Silva à Assembleia Constituinte de 1823.[10] A escravidão era instituição condenada pelo "século atual", caracterizado pela "força irresistível da inteligência" e pelo "clarão crescente das ciências"; ademais, era instituição "fatal", "repugnante", "odiosa" e "bárbara", que reduzia "uma porção da humanidade" à condição de "máquina", "vítima da tirania", condenada à "obediência cega" e ao "arbítrio dos seus absolutos dominadores". A escravidão impedia o progresso do país e prejudicava os "próprios opressores, que ela corrompe por diferentes formas". Também "a voz consciencíosa e santa da religião" vinha penetrando os espíritos e despertando "o remorso".[11] A profusão e o colorido dos adjetivos não fazem de Pimenta Bueno — e do imperador, cuja sombra podia se vislumbrar por trás dessas páginas — nenhum militante abolicionista radical. Pelo contrário, sugere o quanto a retórica oficial sobre a escravidão havia avançado na arte de combinar a condenação retórica da instituição com a defesa dos interesses dos proprietários de escravos. Em meados do século XIX, e ao menos até a crise que resultou na lei de 1871, o Brasil imperial oferecia ao mundo o curioso espetáculo de um país no qual todos condenavam a escravidão, mas quase ninguém queria dar um passo para viver sem ela.

Algo mudara, porém, ao longo dos anos 1860, para dar à retórica habitual outro sentido. O Brasil tornara-se o último baluarte da escravidão no mundo ocidental: "Resta só o Brasil; resta o Brasil só", declamou Pimenta Bueno, após relatar o processo mundial de emancipação dos escravos, desde as colônias britânicas na década de 1830 até as recentes "ondas de sangue" na América do Norte, passando pela libertação dos cativos nas colônias de França, Portugal, Holanda e Dinamarca e pela impressionante libertação de vários milhões de servos na Rússia. Entre as potências coloniais europeias, apenas a Espanha ainda mantinha escravos em suas colônias na América — Cuba e Porto Rico. Mas

Pimenta Bueno registrava que a Espanha já "prepara suas medidas". De fato, um vigoroso movimento abolicionista surgira na Espanha desde 1865, e resultaria, em 1870, na aprovação da Lei Moret, semelhante em muitos aspectos à lei de 1871 no Brasil.[12] O tema dessa competição incômoda com a Espanha — mais especificamente com Cuba, colônia escravista importante —, para ver quem ganhava o carimbo de maior vanguarda do atraso no Oitocentos, surgiu com frequência nos debates sobre emancipação no Conselho de Estado e, depois, no parlamento.

O isolamento internacional do país foi, portanto, fator crucial para o início do debate político sobre a emancipação. Pimenta Bueno evocava o exemplo da Guerra Civil Americana para argumentar que, em semelhante assunto, era preciso agir para controlar o processo. Ele achava que não se devia confiar a questão à "iniciativa individual", dizendo ainda que o "povo brasileiro" aguardava a ação do governo "em palpitante e dolorosa ansiedade", pois nas grandes crises "governo é sinônimo de alta direção, de sábia invenção dos meios *conservadores*" (grifo meu).[13] O adjetivo é crucial, pois a intenção de Pimenta Bueno era mostrar que os projetos de emancipação que propunha não abalariam profundamente o trabalho agrícola, pois não teriam impacto significativo imediato sobre a "geração atual" de escravos. Eles evitariam a emancipação brusca e preveniriam "a desordem e a infelicidade dos próprios libertos", ao mesmo tempo em que abririam canais institucionais para "emancipações parciais e sucessivas, nunca em grandes massas".[14]

A ideia capital do sistema de Pimenta Bueno era já a "libertação do ventre". Os filhos livres de mulher escrava ficavam obrigados a prestar serviços aos senhores das mães até a idade de dezesseis anos, no caso das meninas, e vinte anos, no dos meninos; os senhores tinham "o dever de alimentar, tratar, e educá-los". Havia um elenco de "medidas auxiliares da emancipação", parte delas visando facilitar a obtenção do pecúlio e da alforria por indenização de preço ao senhor, outras interferindo diretamente nas relações cotidianas entre senhores e escravos — proibição de separação dos cônjuges nas vendas de escravos, descanso obrigatório de um dia por semana etc. Pimenta Bueno propunha ainda a realização de um registro geral de escravos (matrícula) e o estabelecimento de um fundo de emancipação, organizado pelo governo, para comprar a liberdade de escravos mediante indenização de preço. Para supervisionar todo o sistema, previa-se o estabelecimento de juntas municipais e centrais de emancipação. Tais juntas deveriam ser "tutoras e curadoras legais dos escravos" para defendê-los nas ações de liberdade contra os senhores; teriam também de velar para que o poder senhorial fosse exercido "dentro dos limites da religião, e das leis, empregando para isso os meios de persuasão e admoestação". A ideia de juntas de emancipação para controlar diretamente as relações entre senhores e escravos foi bastante criticada no Conselho de Estado, considerada perigosa e destinada a quebrar "a força moral" dos senhores, ameaçando a disciplina nos estabelecimentos agrícolas. Caiu também a proposta de Pimenta Bueno de declarar extinta a escravidão no país, indenizando-se os proprietários por escravos ainda existentes, em 31 de dezembro de 1899. Os conselheiros acharam o prazo tão largo que teria como consequência tirar as esperanças de liberdade da "geração atual" de cativos, levando-os ao desespero. As outras ideias centrais de Pimenta Bueno foram adotadas pela maioria dos membros do Conselho de Estado e, depois de revistas em muitos detalhes, permaneceram até a redação final do projeto aprovado em setembro de 1871.[15]

Mas tudo isso é introito, pois os conselheiros, com uma honrosa exceção, pareciam querer deixar o problema da emancipação para as calendas gregas. De fato, apesar de o trabalho de Pimenta

Bueno ter servido de base às manifestações dos conselheiros, as reuniões dos dias 2 e 9 de abril de 1867, realizadas na presença do imperador, de Zacarias de Góes e Vasconcellos — ministro da Fazenda e chefe do gabinete —, e de todos os ministros, abordaram fundamentalmente o problema da *oportunidade* da reforma — ou seja, se era possível deslanchar o processo de imediato e que "cautelas e providências" seriam necessárias para fazê-lo. À exceção do visconde de Jequitinhonha, favorável à ação imediata a qualquer custo, todos os outros conselheiros opuseram-se à ideia de promover de pronto a reforma no Legislativo.

Havia, obviamente, aqueles que se opunham (mais ou menos disfarçadamente) a qualquer iniciativa, em qualquer tempo. Desses, o marquês de Olinda chegava a ser quixotesco. Impossibilitado de comparecer à reunião de 2 de abril, mandou o seu voto por escrito. Seu pronunciamento sintetiza, quase ao ponto da caricatura, os argumentos que seriam repetidos nos anos seguintes pelos opositores da lei. Dizia ser favorável à adoção de meios diretos para abolir a escravidão, descartando portanto, já de início, a via da defesa ideológica da instituição. Mas logo explicava que "meios indiretos [...] não os descubro", a não ser a imposição de pesados impostos sobre a propriedade escrava, o que considerava "sobremaneira injusto, violento, e funesto à agricultura". Quanto aos meios diretos propostos nos projetos de São Vicente — a liberdade do ventre e as medidas para promover alforrias mediante indenização de preço —, considerava-os lentos e perigosos para a manutenção da disciplina nas fazendas. Defendia a abolição do cativeiro "para todos os escravos indistintamente, e para todos ao mesmo tempo". Mas logo perguntava: "E quando será isto possível?". Para responder assim: "quando o número de escravos se achar tão reduzido em consequência das alforrias, e do curso natural das mortes, que se possa executar este ato sem maior abalo na agricultura e sem maior estremecimento nos senhores".[16] Em resumo, o marquês de Olinda jamais aceitaria a pecha de escravocrata; pelo contrário, dir-se-ia defensor da abolição "simultânea", ainda que "diferida" devido às circunstâncias. O seu "plano" era apostar na solução demográfica "natural" — como morriam mais escravos do que nasciam, a morte era aliada da liberdade — e na generosidade dos proprietários, pois os costumes supostamente suaves e benignos dos senhores brasileiros faziam com que concedessem número significativo de alforrias. A conclusão do marquês é de que o Estado imperial não deveria intervir nesse assunto, bastando deixá-lo seguir o seu curso "natural".

Curiosa mistura de retórica favorável ao fim da escravidão e defesa intransigente do *status quo* escravocrata. Ao tentar justificar essas ideias gerais, o marquês de Olinda deixaria claro que a prática do escravocrata apagava inteiramente a retórica "das luzes do século":

> A não se seguir o plano que acabo de indicar, não vejo providência que não ponha o Estado em convulsão. Por emancipações parciais e sucessivas, de qualquer modo que sejam concebidas e executadas, não se fará senão dar esperanças, e excitar desejos de liberdade nos escravos; e então não cause admiração que eles queiram adiantar a época da emancipação, e com este propósito se lancem em insurreições; e tanto mais facilmente serão levados a isso, quando, olhando em roda de si, concebam sendo instigados, a possibilidade de elas vingarem. Não se espere que os que ficarem na escravidão se hão de acomodar com sua triste sorte, aguardando pacificamente que lhe chegue sua vez, e contentando-se com a lisonjeira perspectiva de um futuro de liberdade que se lhes põe diante dos olhos.[17]

O marquês achava que não havia como separar a "esperança" do "gozo do objeto" — ou seja, a perspectiva da liberdade tornava imperativo o desejo de gozá-la. E prosseguia *comme il faut*, interpretando a experiência de países estrangeiros. Na Inglaterra, a emancipação gradual adotada pelo parlamento apenas precipitara a abolição total, confirmando os receios de "mestres da política", como Pitt e Fox. Lembrava ainda que o parlamento inglês discutira recentemente a questão do "excessivo" trabalho infantil nas fábricas, e propôs a diminuição da jornada de trabalho dos meninos. Lord Palmerston argumentara que a iniciativa "acabaria com a prosperidade das fábricas" e derrubara a proposta. "Estes são os exemplos que nos dão os mestres da política", dizia Olinda. O perigo estava na proliferação das "vozes que a imprudência tem feito soar que de um modo ou de outro chegam aos ouvidos dos escravos". Os cativos estavam tranquilos e conformados, e assim permaneceriam se não fossem despertados por "essas ideias de emancipação gradual"; se era verdade que o país estava "em cima de um vulcão", como alguns diziam, "não sejamos nós mesmos" a "promover a explosão". Concordava com São Vicente que o país aguardava as diretrizes do governo sobre a questão da emancipação "em palpitante e dolorosa ansiedade", e achava que a cura para a ansiedade seria uma declaração do mesmo governo, em linguagem "franca e decidida", de que repelia "qualquer ideia de emancipação no estado atual das cousas, exceto com as cautelas que indiquei neste voto". O contrário seria abrir a porta "a milhares de desgraças", pois insurreições pipocariam "a cada canto do império", e seria necessário "numeroso exército só para conter os escravos", coisa impossível de obter durante a guerra com o Paraguai e mesmo depois. Concluía com a observação de que os homens públicos da Europa não conheciam a situação dos países nos quais havia escravidão; "para cá não servem suas ideias".[18] Donde deduzo que, se era escravidão o assunto à baila, os políticos brasileiros tornavam-se os mestres dos "mestres da política".

O pronunciamento de Olinda pode ser lido como uma espécie de puxão de orelhas no imperador. D. Pedro II juntara-se ao coro das "vozes imprudentes" desde a resposta do governo aos abolicionistas franceses; parecia ceder diante da pressão estrangeira. O velho marquês gozava talvez da independência de quem não tinha mais nada a aspirar na vida pública: fora chefe de gabinete por duas vezes nos anos 1860, era conselheiro de Estado, estava nobilitado, vira d. Pedro II passar de menino a imperador. Pouco lhe custava chutar o balde em nome de suas convicções escravocratas. Outros conselheiros trilharam caminhos mais tortuosos para chegar ao mesmo fim. Um caso curioso é o de José Maria da Silva Paranhos, futuro visconde do Rio Branco, quatro anos mais tarde o chefe do gabinete que iria obter a aprovação da Lei do Ventre Livre no parlamento.

Paranhos leu o seu longuíssimo parecer. Apresentou primeiramente uma análise detalhada do processo de emancipação na França, organizando os fatos de modo a argumentar que "Como se vê, a questão [...] foi estudada e discutida pelo governo e pelas câmaras da França desde 1790, e só veio a ser decidida definitivamente em 1848". Fez o mesmo esforço em seguida para o caso inglês, chegando à conclusão de que "Assim, pois, na Inglaterra, esta questão foi agitada e discutida, suscitou vários exames e resoluções do governo e das câmaras desde 1792; só foi, porém, definitivamente decidida em 1838, sendo em todo esse período objeto de aturados estudos e esforços, que a esclareceram e encaminharam para esse desejado desfecho".[19] Ou seja, Paranhos achava prematuro encaminhar a reforma servil no Brasil, já que países mais experientes e civilizados, e para os quais a questão era fundamentalmente concernente às possessões coloniais, haviam levado décadas até chegar à emancipação final. Novamente, o fogo era endereçado ao imperador, sentado impassível diante dos conselheiros. Paranhos prosseguiu no mesmo tema e diapasão, recitando mais resumidamente os esforços emancipacionistas da Dinamarca, Suécia, Holanda, Portugal e Espanha, enfatizando no caso da última que a escravidão ainda não estava abolida em Cuba e Porto Rico — "longe disso" —, como se isso eximisse o governo imperial de conferir caráter de urgência ao assunto. O conselheiro concluiu a sua aula de história comparada da emancipação com o exemplo dos Estados Unidos e sua "guerra civil tremenda", na qual correram "rios de sangue"; tratava-se então de exemplo às avessas, pois lhe parecia "mais favorável ao *statu quo* do que à inovação que atualmente se pretende no Brasil".[20]

Erudito, lustrado, regado a cada passo com autores, obras e fatos, o discurso de Paranhos chegava ao ponto aos saltinhos, à moda de Capitu. Todavia, depois de meia hora ou mais de maciez e crítica velada à Coroa, sobrou franqueza: no "estado atual da sociedade brasileira", diria, "mesmo os espíritos mais afoitos não agitariam semelhante reforma, se o governo imperial (Vossa Majestade Imperial permitir-me-á esta franqueza) não fosse o primeiro em julgar que era chegada ou estava mui próxima a oportunidade de tão profunda mudança no modo de ser de nossos estabelecimentos agrícolas". Todos teriam ficado surpreendidos com o surgimento da questão — partidos políticos, imprensa, Câmaras Legislativas, proprietários rurais, comerciantes. Nem mesmo o governo inglês, notoriamente interessado "no triunfo universal da ideia abolicionista", esperava que "tão cedo se quisesse no Brasil [...] a emancipação dos escravos por uma medida geral, mais ou menos apressada". Além dos problemas econômicos e sociais inerentes à questão, o que fazia Paranhos "recuar com terror" era a situação do país na guerra com o Paraguai.[21]

A última parte do discurso de Paranhos é um bordejar constante, pois chega fazendo que não quer chegar à ideia de que o governo imperial não devia intervir para obter a emancipação dos escravos.[22] Passo à esquerda, reconhecia que a resposta aos abolicionistas franceses e algumas medidas do governo para enfrentar as necessidades da guerra haviam criado pressão irresistível a favor da emancipação. Paranhos referia-se à libertação de escravos da nação e da Coroa e à alforria de escravos particulares, mediante indenização pelo governo imperial, para preencher as fileiras do Exército na campanha contra o Paraguai. Tais medidas teriam "estimulado os espíritos mais sôfregos por essa reforma, como também derramado essa esperança por entre os escravos". Todos podiam "dar testemunho de que estes efeitos se vão sentindo", sendo impossível "cruzar os braços" diante de uma ideia que tinha "por si" a autoridade do governo e os mais "santos impulsos do coração humano".[23]

Cambaleio à direita, lamentava a situação que havia sido criada. Afinal, a lei de abolição do tráfico de escravos de 1850 já havia decretado a extinção da escravatura. Era "lei fatal da escravidão" que as populações escravas "têm em si mesmas o gérmen de sua extinção". A grande desproporção entre os sexos fazia com que houvesse um constante "excesso dos óbitos sobre os nascimentos" entre os cativos; esse "movimento natural" daria cabo da escravidão em três quartos de século, ou no máximo em século e meio. E esse período poderia ser encurtado ainda mais devido às alforrias individuais inspiradas pela generosidade dos senhores brasileiros. Curva à esquerda, admitia que "hoje [...] não haverá quem se anime a opor semelhante plano contra uma medida mais filantrópica, qual a que se apresenta nos projetos elaborados pelo ilustrado Sr. visconde de S. Vicente".[24] Modesto, portanto, Paranhos reconhecia que o seu "plano" de emancipação pela morte natural dos escravos era inferior aos projetos de São Vicente. Tropeço à direita, sugere que seria difícil tomar qualquer iniciativa devido à ausência de dados estatísticos confiáveis sobre a população escrava. Além disso, mostrava-se cético quanto à aplicação de leis de emancipação, pois isso dependeria "da boa vontade e prudência de nossos proprietários rurais, bem como da imparcialidade, tino e moderação das autoridades locais". Tinha "muito medo" de que tais condições não se realizassem. Mantendo-se de pé, presta apoio aos projetos de São Vicente, "reconhecendo a pressão que hoje atua sobre todos nós".[25] E quando seria oportuno tocar a reforma? Trôpego, tomba à direita: seria preciso esperar pelo término da Guerra do Paraguai e, depois disso, pela recuperação das finanças do Estado, da lavoura e do comércio, todos em situação "aflitiva" devido ao esforço de guerra. Mais ainda, o governo teria de esperar pela melhoria da situação "moral" do país; diante dessa última condição, a mais imponderável das imponderáveis, concluiu que seria "impossível assinar [...] um limite matemático" para o início do processo de emancipação.[26] Para as calendas, em suma.

Aos poucos, o debate entre os conselheiros centrou-se na questão de saber se bastava esperar o término da guerra ou se mais dilação ainda seria necessária antes de submeter a reforma ao parlamento. O próprio São Vicente, autor dos projetos em discussão, Souza Franco e Nabuco de Araújo, por exemplo, pronunciaram-se a favor de iniciar a ação legislativa após o término da guerra, sem mencionar outros motivos para postergar, mas também sem dizer com total clareza que o término da guerra era condição suficiente.[27] A arte de bordejar não era prerrogativa de Paranhos; todos a praticavam com requinte, requintadíssima em conselheiros como Eusébio de Queiróz e o visconde de Itaboraí, cujas opiniões são às vezes difíceis de decifrar. De qualquer forma, Eusébio de Queiróz revelou-se por inteiro num dos momentos mais impagáveis dos debates, ao propor que se libertassem os escravos da nação — isto é, pertencentes ao Estado — com a condição de que, passando a alugar os seus serviços como libertos, entregassem parte de seus jornais ao governo para financiar a compra de novas alforrias![28] Pérola aparentemente inspirada pelo interesse em abater os custos da emancipação para os grandes proprietários.

Parece certo, porém, que gente como São Vicente, Souza Franco e Nabuco de Araújo compartilhava mais firmemente a ideia, nas palavras de São Vicente, de que "não é possível cruzar os braços, e na imprevidência querer manter-se no *statu quo* indefinidamente. Cada dia aumentará a gravidade da questão, e dos perigos".[29] Deixavam claro, todavia, que não abriam mão de esperar o término da guerra, pois seria necessário espalhar as guarnições do Exército pelas províncias para garantir a segurança pública antes de tomar qualquer medida. Para provar que a presença do Exército era indispensável, Souza Franco fazia um cálculo macabro: "Temos assim que de 1.800.000 escravos 1.000.000 a 1.100.000 devem ser varões, e destes 1.100.000 pode calcular-se que cerca de 800.000 maiores de 16 anos, estão aptos para pegar em armas contra os brancos em qualquer eventualidade, senão provável pelo menos possível". Não se poderia perder isso de vista "nas providências a tomar" antes da reforma.[30] Só o visconde de Jequitinhonha, um veterano no combate à escravidão, manifestou-se contrário a qualquer adiamento. Em vez de bordejar, o governo deveria "abrir e aceitar a discussão". Os argumentos a favor do adiamento talvez se justificassem caso estivesse em jogo a "abolição imediata e simultânea" da escravidão. Já que o governo propunha "a abolição parcial e progressiva", o visconde achava que a guerra em andamento não embaraçava "a apresentação do projeto e seu debate". Quixotesco à sua moda dele, Olinda às avessas, Jequitinhonha prometia continuar a luta sozinho no Senado na hipótese de "o governo demorar-se muito", pois considerava o assunto "vital e urgente".[31]

No geral, e apesar de toda a condenação retórica à escravidão, é impressionante a resistência que os conselheiros opuseram a qualquer iniciativa pela emancipação em abril de 1867. À primeira vista, as filiações partidárias não foram em nada determinantes nesses debates. Jequitinhonha era liberal e Olinda chefiara recentemente dois gabinetes liberais, mas os dois homens permaneceram irreconciliáveis quanto ao assunto. Nabuco e Souza Franco eram liberais, e São Vicente um conservador, mas os três uniram-se para defender a reforma após a guerra, aparentemente sem mais delongas. De qualquer maneira, num olhar mais apurado, nota-se uma constelação de conselheiros ligados ao partido conservador esgrimindo argumentos mais ou menos tortuosos para obter o adiamento *sine die* de qualquer medida ou mesmo da discussão pública sobre o tema. Como vimos, foi este o caso de Paranhos, mas também o do visconde de Abaeté, e, talvez menos claramente, as intervenções de Eusébio de Queiróz e do visconde de Itaboraí tenham tido esse mesmo sentido.[32] Certa partidarização do assunto ocorria também pela própria existência de um gabinete liberal, chefiado por Zacarias de Góes e Vasconcellos, e tido como disposto a promover a reforma servil.

O resultado prático dos debates de abril de 1867 foi a indicação de uma comissão do Conselho de Estado, presidida por Nabuco de Araújo, para revisar os projetos de São Vicente segundo as opiniões apoiadas pela maioria dos conselheiros.[33] Além de excluir alguns dispositivos, como a constituição de juntas de emancipação e a fixação de uma data futura para a abolição, a comissão buscaria simplificar o sistema original, transformando os cinco projetos de São Vicente em apenas um. A comissão não havia sequer iniciado o trabalho, e os conselheiros, por esmagadora maioria, como vimos, haviam se pronunciado contrários a abrir discussão pública sobre a emancipação no parlamento, quando d. Pedro II surpreendeu de novo: em seu pronunciamento anual ao Legislativo, a Fala do Trono de 1867, propôs aos parlamentares que incluíssem a questão da emancipação em sua pauta de trabalho.[34] Paralelamente, Nabuco de Araújo arregaçou as mangas e pôs-se a redigir uma proposta de projeto único, apresentada à apreciação dos companheiros de comissão em 20 de agosto de 1867. Os outros membros da comissão, Torres Homem e o visconde de Sapucaí — havia ainda o visconde de São Vicente, presente aos trabalhos como membro adjunto —, fizeram as suas emendas, e os conselheiros chegaram a uma redação final provavelmente no segundo semestre do mesmo ano.[35]

O fato é que, em abril de 1868, o projeto da comissão chegava ao Conselho de Estado pleno, para ser discutido item por item até a elaboração da versão definitiva a ser enviada ao Legislativo.[36] Há muitos detalhes reveladores no trabalho da comissão e nos novos debates no Conselho de Estado, e talvez mencione alguns deles adiante. Por ora, basta saber que o tom dos novos debates entre os conselheiros não mudou muito em relação ao ano anterior. Os barões de Muritiba e Olinda lançaram-se furiosamente contra a proposta. Em apreciação o primeiro artigo, sobre a liberdade do ventre, Olinda ignorou a ordem dos trabalhos e começou uma algaravia dos diabos sobre a questão da "oportunidade", pois queria esclarecer o sentido da expressão "depois da guerra", utilizada por tantos de seus pares. O ponto era importante porque a comissão havia dado como decidida a questão da "oportunidade", ficando vitoriosa a posição dos que defendiam o início da ação legislativa após o término da guerra. Mas Olinda recapitulou o argumento, também de outros conselheiros, de que "será necessário conservar nas províncias uma força superior à que fora necessária para manter a ordem, e esta força deverá ser muito maior ainda depois que se apresentar o projeto de lei nas Câmaras, e pior será depois que passar a lei". Para juntar essas tropas, prosseguia, seria preciso aumentar impostos e continuar o recrutamento mesmo após a guerra; e como fazer isso, com o país endividado e exaurido? E alguém poderia perguntar: "para que tanta tropa", se a "guerra já não existe"? "A isto se responderá: é para conter os pretos. E para que tantos impostos? São não só para pagar a dívida, como para sustentar a tropa, aliás necessária para reprimir os pretos. Pois bem, replicar-se-á, não sabíeis disto, quando empreendestes esta grande obra da emancipação, a qual ocasiona tão pesados sacrifícios? E se sabíeis, como devíeis saber, como..." Nesse momento foi interrompido pelo imperador. Olinda deveria voltar ao ponto em pauta, a liberdade do ventre, e deixar a questão da oportunidade, que não estava em discussão.[37] Foi a única manifestação do imperador em todos esses debates sobre emancipação no Conselho de Estado.

Mas a intervenção de d. Pedro II teve efeito simbólico importante; em 1871, durante os debates parlamentares sobre emancipação, a rusga com Olinda foi lembrada, pelos opositores da lei, como evidência a mais de que a Coroa havia extrapolado as suas prerrogativas e imposto ao país a reforma servil.[38] Em abril de 1868, fazia suspeitar que d. Pedro II estava disposto a prosseguir, ainda que os conselheiros não retirassem a recomendação de que o assunto deveria chegar ao Legislativo somente "depois da guerra". Na verdade, São Vicente, expressando talvez um pequeno recuo dos conselheiros mais afinados com o imperador, teve a palavra pouco depois do incidente com Olinda e disse que considerava "extemporânea" a questão da oportunidade. Devia-se primeiramente aprontar o trabalho, para só depois cuidar da melhor ocasião de enviá-lo aos legisladores.[39] Seja como for, o imperador incluiu nova referência à emancipação na Fala do Trono de maio de 1868, anunciando que o governo havia estudado a questão, a ser submetida ao parlamento oportunamente.[40]

A linguagem cautelosa de d. Pedro II talvez indicasse a disposição em esperar pelo fim da guerra. E talvez sugira, quanto aos eventos que se seguiram, impaciência em dar fim àquela guerra. Para todos os efeitos, porém, Sua Majestade Imperial aderiu à arte de bordejar, ou coisa pior, em meados de 1868: com Zacarias, o chefe do gabinete, e o duque de Caxias, comandante das Forças Armadas no Paraguai, em franca rota de colisão, o imperador ficou com Caxias, aceitando a renúncia do liberal Zacarias e convidando conservadores para formar o novo gabinete. A decisão era arbitrária, ainda que legal, pois os liberais tinham maioria na Câmara. Além disso, trocava-se um gabinete favorável à reforma servil por outro, chefiado pelo visconde de Itaboraí — e tendo Paranhos como um dos ministros —, que lhe era francamente hostil. A Câmara acabou dissolvida, e as eleições, como de praxe no sistema político imperial, consagraram o partido que as havia organizado.[41] O país ficou então com um gabinete conservador e uma Câmara unanimemente conservadora, ambos contrários à discussão da questão do "elemento servil". Para os liberais e outros simpatizantes da causa da emancipação, d. Pedro II dera marcha a ré, cedendo finalmente à resistência que políticos e fazendeiros opuseram desde o início ao projeto de emancipação. Aos derrotados do momento, restava o protesto.[42]

LUCINDA, DE JOAQUIM MANOEL DE MACEDO

Nabuco de Araújo liderou a resistência ao novo gabinete conservador no Senado, afirmando que o ato do imperador ao arredar os liberais do poder havia sido "legal", mas não "legítimo", assim como as leis do país garantiam a legalidade da escravidão, instituição cuja legitimidade estava condenada pela lei divina e pelas luzes da civilização. O arrojo de Nabuco foi acompanhado pela revivescência do ideal de reformas liberais e democráticas em vários setores da sociedade, que clamavam não só pela emancipação dos escravos como por mudanças no sistema eleitoral e pela abolição da Guarda Nacional. Estudantes, escritores, jornalistas e profissionais liberais urbanos pegaram da pena e registraram a sua insatisfação com a guinada política de 1868.[43]

Joaquim Manoel de Macedo, político liberal, romancista famoso, concebeu peças literárias como análise social e intervenção nos rumos da política emancipacionista do período.[44] Já em *Memórias do sobrinho do meu tio*, sátira política publicada originalmente em 1867-68, Macedo colocara em cena um narrador desabusado — nisso talvez um precursor de Brás Cubas —, o "sobrinho do tio", que alegava esconder-se no anonimato para dizer toda a verdade sobre si mesmo e seus pares, todos políticos conservadores e portadores da mesma "barriga física e moral".[45] Havia também o alter ego de Macedo, o compadre Paciência, um liberal histórico inconformado com o cinismo e a total falta de escrúpulos do sobrinho do tio e sua turma. Em certo momento, o compadre Paciência debatia propostas gerais de governo com um ex-ministro pertencente ao grupo político do sobrinho do tio. Veio à baila a questão do "elemento servil". Tanto Paciência quanto seus contendores pareciam concordar com a ideia de que a emancipação dos escravos "é inevitável", "o raio é certo" etc. O compadre acrescentava que o poder público deveria "ir tomando medidas para que a solução do problema implacável" ocorresse "sem precipitação, moderada e cautelosamente, e mantido o respeito ao direito de propriedade, salvo o direito da compensação pelo Estado". O ex-ministro e seus pares, por outro lado, opunham-se a qualquer intervenção do governo no problema; temiam "provocar o ressentimento dos agricultores, ocupando-nos de semelhante matéria", "seria impolítico".[46] O debate, portanto, consistia em saber se o poder público deveria ou não intervir no domínio privado dos senhores sobre seus escravos. A posição de Paciência — assim como a de Macedo — era a de que o Estado tinha de submeter o poder privado dos senhores ao domínio da lei; não havia alternativa para obter a emancipação dos escravos.

Macedo voltaria ao tema em 1869, em *As vítimas-algozes. Quadros da escravidão*, sem dúvida uma resposta aos eventos políticos de 1868.[47] O objetivo político das três histórias que compõem o livro está claro desde a nota inicial aos leitores. Professando narrar apenas "histórias verdadeiras", queria firmar, na "consciência" do público, "as verdades que vamos dizer". Obra de convencimento, portanto, *As vítimas-algozes* era tentativa de obrigar os leitores a "encarar de face, a medir, a sondar em toda sua profundeza um mal enorme que afeia, infecciona, avilta, deturpa e corrói a nossa sociedade, e a que nossa sociedade ainda se apega semelhante a desgraçada mulher que, tomando o hábito da prostituição, a ela se abandona com indecente desvario".[48] A retórica é semelhante àquela dos conselheiros de Estado em 1867, e Macedo recita as estrofes do isolamento internacional do país, do exemplo da Guerra Civil Americana, do processo de emancipação em Cuba, e do caráter "implacável" da reforma, "exigência [...] da civilização e do século".[49] Afirma que a escravidão é "cancro social", que não se "estirpa [...] sem dor"; mas o "adiamento teimoso do problema" agravaria o mal, pois o país poderia ter de enfrentar a "emancipação imediata e absoluta dos escravos", colocando "em convulsão o país, em desordem descomunal e em soçobro a riqueza particular e pública, em miséria o povo, em bancarrota o Estado".[50] Macedo apoiava então a emancipação gradual, iniciada pela liberdade do ventre e completada por outras medidas para facilitar as alforrias. Compreendia que os senhores se ressentissem da intervenção do Estado, pois achava "natural a repugnância que aparece no campo invadido ao princípio que invade: é a dor que faz gemer na extração do cancro".[51]

O cenário apocalíptico que Macedo antevê como decorrência de uma possível emancipação imediata dos escravos revela já de início o éthos de seu livro, a forma como faz desfilar uma galeria medonha de escravos astuciosos, trapaceiros e devassos, sempre dispostos a ludibriar os senhores e ameaçar os valores e o bem-estar da família senhorial. Preocupado em não deixar nada por explicar, Macedo esclarece que havia dois caminhos a seguir para mostrar aos leitores "a reprovação profunda que deve inspirar a escravidão". O primeiro consistiria em narrar as misérias e os sofrimentos dos escravos, suas vidas "de amarguras sem termo", o "inferno perpétuo no mundo negro da escravidão". Seria o quadro do mal que o senhor faz ao escravo, "ainda sem querer". O segundo caminho, aquele escolhido por Macedo, mostraria "os vícios ignóbeis, a perversão, os ódios, os ferozes instintos dos escravos, inimigo natural e rancoroso do seu senhor". Seria o quadro do mal que o escravo faz ao senhor, "de assentado propósito ou às vezes involuntária e irrefletidamente".[52] Os dois caminhos, apesar de levarem ambos à conclusão de que o Estado deveria enfrentar a resistência senhorial e promover a emancipação, resultam de perspectivas políticas bastante diferentes em relação à escravidão e, especialmente, trazem em seu bojo visões divergentes sobre o que esperar dos libertos uma vez obtida a emancipação.

Já vimos Machado de Assis esculpir Mariana, pois então será útil ver Macedo construir Lucinda, na expectativa de que a comparação possa esclarecer estratégias distintas de representar a escravidão, ainda que no propósito comum de combatê-la. "Lucinda — A mucama" é o terceiro e último romance em *As vítimas-algozes*. Conta a história de Cândida, filha de honrado negociante e agricultor do interior da província do Rio de Janeiro. Em seu aniversário de onze anos, a menina recebera de presente do padrinho, Plácido Rodrigues — "o mais opulento fazendeiro e capitalista do lugar" —, uma escrava crioula chamada Lucinda, de doze anos, que havia sido enviada à Corte para aprender a servir de mucama.[53] A mucama logo conquistou a senhorinha ao dizer que sabia fazer bonecas e penteá-las. O padrinho empenhara-se em conseguir uma escrava que pudesse agradar a afilhada porque sabia que a menina andava triste devido à recente partida de Joana, "uma boa senhora, mulher pobre, mas livre e de sãos costumes, que fora sua ama-de-leite e a idolatrava como seus pais". Joana, que enviuvara ainda moça, encontrara segundo noivo num "laborioso e honrado lavrador", deixando por isso a sua adorada Cândida "com o maior pesar".[54]

Macedo oferece uma primeira ilustração de sua tese no romance ao contrastar a virtuosíssima Joana com a mucama Lucinda. Joana é descrita como uma "segunda mãe", "criada amiga", "companheira do seu quarto de dormir", mulher "simples, boa e religiosa".[55] Cândida perdera "a companhia da mulher que era nobre, porque era livre" e que servia com o "coração cheio de amor generoso", algo só possível "quando a liberdade exclui toda imposição de deveres forçados por vontade absoluta de senhor". Em substituição, a menina recebera a crioula quase de sua idade, "a mulher escrava, uma filha da mãe fera, uma vítima da opressão social, uma onda envenenada desse oceano de vícios obrigados, de perversão lógica, de imoralidade congênita, de influência corruptora e falaz, desse monstro desumanizador de criaturas humanas, que se chama escravidão".[56] Diante desse quadro teórico, digamos, os acontecimentos desenrolam-se naturalmente; o maior desafio é entender o porquê de Macedo ter achado necessário escrever quase quatrocentas páginas para contar essa história. A mucama tem uma influência nefasta sobre a donzela, de quem se torna a única confidente nos anos seguintes. Ensina-lhe o que ocorre quando a menina vira moça, desperta-lhe a curiosidade pelos rapazes, ministra-lhe lições de flerte e namoro, mostra-lhe ser mais divertido namorar vários rapazes ao mesmo tempo, e assim por diante, num desfilar constante de ideias destinadas a "excitar os sentidos" da donzela cândida e pura. As lições de amor da mucama eram inspiradas "pelo sensualismo brutal, em que se resume todo o amor nos escravos"; portanto, "a mucama escrava ao pé da menina e da donzela é o charco posto em comunicação com a fonte límpida".[57]

A esta altura, apiedo-me do leitor, e resolvo dar logo cabo dessa história. Com a mucama escrava infiltrada no quarto da donzela, foi possível a um conquistador barato chamado Souvanel, um francês estroina e ladrão ainda por cima, insinuar-se aos amores de Cândida, conquistá-la efetivamente e tirar-lhe o maior símbolo da honestidade feminina. Lucinda, criatura ruim como nunca se viu mesmo em folhetins televisivos hodiernos de horário nobre, tornara-se ela mesma amante de Souvanel, tramara tudo com ele, e até abrira o quarto da virgem para a consumação do delito. A ideia dos biltres era forçar o casamento de Souvanel com Cândida; dado o golpe do baú, Lucinda ganharia a liberdade e ficaria teúda e manteúda do francês. No final, Frederico, criatura virtuosa como nunca se viu mesmo em folhetins televisivos hodiernos de horário nobre, filho do padrinho de Cândida, apaixonado por ela desde menino, perdoa o erro da amada e casa com ela. Descobrira-se que Souvanel era na verdade Dermany, criminoso procurado na França. O vilão é preso e deportado. Lucinda e o pajem do pai de Cândida, também envolvido na trama para aproximar Souvanel da donzela, fogem dos senhores, são capturados, mas acabam abandonados ao poder público pela família. Frederico, o anjo, fecha o romance e o nosso tormento com um discurso abolicionista que aqui transcrevo, para martirizar o leitor, ou ao menos para dividir com ele o meu sofrimento. O discurso aparece nas páginas trezentos e oitenta e oito e trezentos e oitenta e nove do segundo volume de

As vítimas-algozes (o primeiro volume, com outras duas histórias que não vou sequer comentar, custou às florestas aproximadamente o mesmo número de árvores). Referindo-se a Lucinda e ao pajem, "esses dous traidores e perversos", Frederico diz:

> Árvore [*sic*] da escravidão deram seus frutos. Quem pede ao charco água pura, saúde à peste, vida ao veneno que mata, moralidade à depravação, é louco. Dizeis que com os escravos, e pelo seu trabalho vos enriqueceis: que seja assim; mas em primeiro lugar donde tirais o direito da opressão?... em face de que Deus vos direis senhores de homens, que são homens como vós, e de que vos intitulais donos, senhores, árbitros absolutos?... e depois com esses escravos ao pé de vós, em torno de vós, com esses miseráveis degradados pela condição violentada, engolfados nos vícios mais torpes, materializados, corruptos, apodrecidos na escravidão, pestíferos pelo viver no pantanal ["patanal", no original] da peste e tão vis tão perigosos postos em contato convosco, com vossas esposas, com vossas filhas, que podereis esperar desses escravos, do seu contato obrigado, da sua influência fatal?... Oh! bani a escravidão!... a escravidão é um crime da sociedade escravagista, e a escravidão se vinga desmoralizando, envenenando ["evenenando", no original], desonrando, empestando, assassinando seus opressores. Oh!... bani a escravidão! bani a escravidão! bani a escravidão!...

Preciso de mais um parágrafo para banir *As vítimas-algozes* do resto deste meu texto, antes que o leitor o faça, banindo-me. É interessante contrastar a Lucinda de Macedo com a Mariana de Machado. Ainda que Macedo atribua os defeitos morais de Lucinda e seus pares à instituição da escravidão, a sua descrição dos cativos é tão impiedosamente desfavorável que se torna difícil pensar na possibilidade de que essas pessoas, uma vez libertas, possam usufruir de direitos de cidadania e participar da vida política.[58] De fato, uma característica intrigante de vários pronunciamentos favoráveis à lei de 1871 era a descrição dos escravos como seres quase destituídos de humanidade, pois a violência da instituição os desprovia de cultura, de regras de comportamento; por conseguinte, não desenvolviam laços de família, relacionavam-se sexualmente como animais, atacavam os senhores como bestas-feras — enfim, pareciam condenados a uma espécie de coisificação moral, resultado direto de sua condição de propriedade, de sua representação como coisa no direito positivo.[59] Já Machado escolheu enfatizar não a ameaça que os escravos representavam para os senhores, mas o sofrimento que os senhores causavam aos escravos. Assim, Mariana emerge como personagem sofrida, dilacerada, porém portadora de cultura, capaz de atos de dignidade e autonomia, algo dramatizado com o suicídio no final. Por um lado, a visão de Machado parece convergir em parte com argumentos dos opositores da lei de reforma servil: a experiência da escravidão não produzia a desumanização radical dos cativos, como argumentavam alguns emancipacionistas. Por outro lado, isso não significava que a escravidão no Brasil era "doce", no argumento hilário de vários deputados contrários ao projeto. Machado enfatizava o sofrimento real que a escravidão causava aos escravos, ao mesmo tempo em que reconhecia os fortes interesses sociais a ela associados; significativamente, a má consciência de Coutinho não basta para provocar qualquer mudança em sua visão da sociedade. O mal-estar do mancebo passa rápido, embalado pelos primeiros pezinhos de dama que cruzam o seu caminho. A visão de Machado é talvez mais pessimista do que a de Macedo quanto à possibilidade de atuar sobre a mentalidade dos senhores: o segundo parecia engajado na batalha pela consciência dos escravocratas, ou ao menos queria aterrorizá-los a ponto de convencê-los a agir para acabar com a escravidão; o conto de Machado termina com uma nota de cinismo em relação à possibilidade de ganhar a consciência dos senhores. A pressão para a mudança teria de vir de fora — no caso, por meio da intervenção do Estado.

Nesse ponto, porém, os textos talvez expressem as diferentes conjunturas políticas nas quais foram escritos. O texto de Macedo, publicado em 1869, é um longo, longuíssimo, grito de protesto, exprimindo a disposição de lutar contra aquilo que se percebia como o abandono dos projetos de emancipação que vinham sendo discutidos havia três ou quatro anos. O gabinete conservador no poder era a fina flor da resistência escravocrata, com o visconde de Itaboraí, o barão de Muritiba, Paranhos, José de Alencar. Tal gabinete recusava-se a debater a questão da emancipação; ao invés disso, parecia empenhado em aperfeiçoar a escravidão, em torná-la mais "humana", como se dizia. Alencar, que era o ministro da Justiça, assinou a lei de 15 de setembro de 1869, que proibiu o espetáculo constrangedor das "vendas de escravos debaixo de pregão e em exposição pública". Além disso, essa lei estabeleceu medidas para proteger a família escrava, vedando aos senhores a possibilidade de separar "o marido da mulher, o filho do pai ou mãe, salvo sendo os filhos maiores de quinze anos" na venda de cativos.[60] A maré começou a mudar novamente em março de 1870, com o fim da Guerra do Paraguai. Em maio, a Câmara dos Deputados nomeou comissão para elaborar parecer e projeto sobre a questão do elemento servil; o estudo estava concluído em agosto, e concordava em linhas gerais com as propostas de emancipação elaboradas anteriormente no Conselho de Estado.[61] Todavia, não parecia possível dobrar a resistência do gabinete Itaboraí. Pior que isso, a Lei Moret acabara de ser aprovada pelo Legislativo espanhol, libertando o ventre das escravas e concedendo alforria a escravos idosos em Cuba e Porto Rico. "Resta só o Brasil; resta o Brasil só" — as palavras de Pimenta Bueno, na apresentação a seus projetos de 1866, voltaram provavelmente à mente de um imperador ruborizado diante do mundo dito civilizado. Removido o obstáculo da guerra e auxiliado pela oposição firme e constante ao gabinete Itaboraí, liderada por Nabuco de Araújo no Senado, d. Pedro II livrou-se do gabinete escravocrata e convidou exatamente Pimenta Bueno, agora visconde de São Vicente, para formar ministério e conduzir o problema da emancipação no parlamento. Era setembro de 1870. Ao publicar "Mariana", em janeiro do ano seguinte, Machado de Assis vivia, como todo o país, a expectativa da breve abertura dos trabalhos legislativos. Era certo que o governo imperial movia-se novamente para a emancipação gradual, ainda que contra os interesses dos barões do café e dos políticos que os representavam.[62]

A ÁRVORE DA ESCRAVIDÃO

Nova mudança de gabinete ocorreria antes do início dos trabalhos parlamentares de 1871. Em março, o visconde de São Vicente cedeu a vez a ninguém menos do que Paranhos, então visconde do Rio Branco, o ás do bordejo nos debates do Conselho de Estado em 1867 e um dos ministros do gabinete escravocrata do visconde de Itaboraí. São Vicente tornara-se personagem muito marcada pela defesa da causa da emancipação, e ele próprio aparentemente concluiu que as suas chances de costurar uma maioria favorável à reforma na Câmara dos Deputados seriam pequenas.[63] Rio Branco, ao contrário, tinha uma história de "prudência", digamos, em relação ao assunto, e dizia ter aderido à causa devido às suas recentes experiências diplomáticas no Uruguai e na Argentina. Muito pressionado pelos deputados contrários à emancipação durante os debates de 1871 — não se cansavam de amuá-lo citando trechos de seu pronunciamento no Conselho de Estado em 1867 —, Rio Branco explicou que ele e outros milhares de brasileiros que haviam mantido contato com "os povos dos estados vizinhos" nos anos anteriores tinham compreendido o quanto a permanência da escravidão "nos vexava e nos humilhava ante o estrangeiro". E arrematava: "Cada vez mais me convenci de que uma das principais causas, se não a mais influente, das antipatias, das prevenções, e algumas vezes até do desdém, com que somos vistos nos Estados Sul-Americanos, nascem de uma falsa apreciação sobre o Brasil em consequência do estado servil".[64] Seja qual for a explicação para a mudança de posição de Rio Branco, o fato é que ele se mostrou talhado para o ofício.

O que mais surpreende nas discussões parlamentares sobre a lei de 1871 é a sua polarização. De repente, bordejar não era mais possível, e ao ler os acirradíssimos debates ficamos com a impressão de que apenas os asseclas de Olinda e Jequitinhonha haviam sobrevivido para o duelo final. Após alguns meses de trabalho, a comissão da Câmara dos Deputados encarregada de examinar o projeto encaminhado pelo governo apresentou, na sessão de 30 de junho de 1871, um parecer francamente favorável à sua adoção. Os parlamentares debateram e votaram cada artigo do projeto nos dois meses seguintes.

O parecer da comissão revisita o tema da condenação da instituição da escravidão perante a religião, a filosofia e o direito natural. Ainda que os argumentos não fossem novos, o fato de aparecerem desataviados de outros destinados a procrastinar o processo de emancipação parece alterar o seu peso. A religião ensinava que o homem havia sido criado à imagem de Deus e, ninguém estando disposto a negar a humanidade do escravo, seguia-se que os cativos também haviam sido feitos à imagem do Criador. Jesus Cristo tomara a forma do servo "para morrer humanamente da morte dos servos" e para "anunciar a redenção dos cativos". Também a Igreja católica pregava havia muito "a redenção dos cativos como uma das mais meritórias obras de misericórdia", e a comissão prosseguia para listar "veementes admoestações contra a escravidão" proferidas pelos papas ao longo dos séculos. Mais importante, todavia, era o tema da relação entre escravidão e moral cristã — ou melhor, a noção de que a instituição da escravidão impossibilitava a prática da moral cristã. Num sermão de inspiração religiosa que lembra a pregação laica de Joaquim Manoel de Macedo, os deputados afirmavam que a escravidão era uma "escola de perdição", rodeada pelo "mais asqueroso cortejo de desmoralização". O escravo pagava "ao senhor em ódio o que dele recebe em desprezo":

> Sem educação, nem instrução, embebe-se nos vícios mais próprios do homem não civilizado. Convivendo com a gente de raça superior, inocula nela os seus maus hábitos. Sem jus ao produto do trabalho, busca no roubo os meios de satisfação dos apetites. Sem laços de família, procede como inimigo ou estranho à sociedade, que o repele. Vaga Vênus arroja aos maiores excessos aquele ardente sangue líbico; e o concubinato em larga escala é tolerado, quando não animado, facultando-se assim aos jovens de ambos os sexos, para espetáculo doméstico, o mais torpe dos exemplos. Finalmente, com as degradantes cenas da servidão, não pode a mais ilustrada das sociedades deixar de corromper-se.[65]

Quanto à falta de justificativa para a escravidão no campo da filosofia, bastava atentar para a história do século XIX: "Se é certo que, no volver dos tempos, cabe a cada século um nome, e o deste é *século da liberdade*, como podia essa magnífica aspiração coadunar-se [...] com a escravidão?" (grifo do original). A filosofia afirmava como verdade a autonomia, a dignidade e a liberdade do homem, logo não havia como harmonizar essas ideias com o rebaixamento e o aviltamento de uma grande massa de indivíduos. A humanidade inteira rejeitava a instituição servil, pois esta era "espelho de tirania, antípoda de liberdade, corruptora de opressores e oprimidos, mentira social, gérmen de dissolução, remora do progresso, inimiga de toda a prosperidade e de toda a civilização". Para completar o capítulo de filosofia, a comissão discorria sobre o tema clássico da oposição entre trabalho escravo e livre. O produto do trabalho escravo parecia sempre "arremedo, tosco, brutal, moroso, pouco lucrativo"; já o trabalho livre "é inteligente, é hábil, é ativo, é criador, é lucrativo em décuplo". Sem explicar a equação que resultara no "lucrativo em décuplo" a favor do trabalho dito livre, os deputados previam um futuro risonho para o país uma vez extinta a escravidão. O fim do cativeiro multiplicaria os "braços existentes", pois o escravo seria transformado em cidadão, passando a produzir mais e melhor; ademais, a extinção de semelhante instituição tornaria o país finalmente atraente aos imigrantes europeus.[66]

Ao tratar da questão à luz do "direito natural", a comissão atacava frontalmente o problema dos limites da propriedade escrava. Se a humanidade do escravo era reconhecida por todos, e a liberdade "é direito do homem, natural, congênito, inauferível", então a servidão "é mentira", instituição nascida de "um abuso de força". Por conseguinte, não se podia confundir "a relação entre senhor e escravo com o domínio oriundo da verdadeira propriedade". Ou seja, não se devia exagerar esse direito de propriedade. O domínio que a lei concedia ao senhor permanecia incompleto diante do reconhecimento de que o escravo possuía personalidade e razão inerentes à sua condição humana; a lei não permitia "tratar ao servo como ao cavalo, ao boi, à árvore, ao navio". Verdade que os "denominados *proprietários de escravos*" (grifo do original) tinham interesses respeitáveis, pois o escravo era "capital valioso" e "um instrumento de trabalho". Por um lado, tal propriedade, como qualquer outra, podia ser expropriada "por causa de interesse público", mediante indenização. Por outro, devia-se atentar para as particularidades desse tipo de propriedade ao discutir a indenização justa a ser paga ao senhor. O direito do proprietário de escravo, sendo originário de um ato de força, e não do direito natural, existia apenas por "razão política de ordem pública". Seria necessário buscar o equilíbrio entre o dever de "reivindicar para o servo a natural liberdade" e o compromisso de "respeitar os interesses dos senhores dos atuais cativos".[67]

O argumento de que havia limites aos direitos de propriedade dos senhores de escravos, assim como o tom aparentemente conciliatório do último arrazoado, já eram formas de lidar com a resistência esperada à ideia "capital" do projeto de emancipação do governo — a liberdade do ventre. Em contraste com a discussão no Conselho de Estado em 1867, na qual a ideia da liberdade do ventre encontrou oposição apenas em Olinda e Muritiba, haveria firme combate ao alvitre na Câmara em 1871. Refrega prevista, a comissão caprichou e disse que na liberdade dos nascituros estava toda a "beleza do sistema" de emancipação proposto. O dia da promulgação da lei seria "formoso", pois em seu primeiro artigo estaria escrito em "letras de ouro" que na terra de Santa Cruz "não há um só ente humano que nasça escravo".[68] Esse tipo de retórica — a formosura do "sistema", a "Vaga Vênus" e a devassidão dos escravos etc. — e outras sutilezas de linguagem — como a passagem sobre os assim "denominados" proprietários de escravos — irritaram e apimentaram as chacotas de uma oposição combativa e intransigente.

Além do colorido da escrita, a comissão defendeu o ventre livre com a alegação de que esse era o meio mais seguro de obter a extinção gradual da escravidão. Seria "estancar-lhe a fonte", o que, combinado com a adoção de outras medidas e dadas certas características da instituição, levaria à emancipação geral sem maiores prejuízos à lavoura. Os deputados lembravam que "na raça escrava os nascimentos não compensam os óbitos", o que já levava a um decréscimo contínuo da população escrava; excluídos os nascimentos de novos cativos, a tendência de queda seria bastante acelerada. Mencionava-se também a concessão de alforrias, cujo número crescera dramaticamente desde a Guerra do Paraguai. Qualquer pretexto parecia servir para alforriar "nos últimos tempos" — solenidades religiosas, festas públicas, aniversários. Finalmente, o projeto previa medidas de incentivo às manumissões, como a liberdade por indenização de preço e a criação de um fundo de emancipação administrado pelo governo.[69]

Foi preciso debater também a metáfora da árvore. Ao pensar sobre escravidão, políticos e literatos falavam frequentemente em raízes, flores e frutos para defender visões as mais diversas sobre o assunto. Joaquim Manoel de Macedo, por exemplo, refere-se a Lucinda e ao pajem do pai de Cândida como frutos da "árvore da escravidão", para dizer que não havia outra coisa que não devassidão e perversidade a esperar de semelhante espécie.[70] Os deputados opostos à lei gostavam de comparar as escravas às árvores de suas grandes propriedades; rubiáceas davam café, mangueiras davam mangas, mulheres escravas davam crias, e tudo era propriedade deles, sem ter o que ver. A comissão contestou a validade desse tipo de lógica. O silogismo dos escravocratas era mais ou menos esse: os frutos pertencem ao dono da propriedade; a escrava é propriedade do dono; logo, os frutos das escravas pertencem ao dono da propriedade, "e não é lícito ao Estado dispor do que lhe não pertence". Sofisma, respondia a comissão. O segundo elemento do silogismo originava-se numa "falsidade". Não era correto utilizar o termo "propriedade" para "qualificar as relações entre senhores e escravos". A escravidão não instituía propriedades como as outras. Por um lado, havia todos os limites impostos ao domínio dos senhores: proibição de sevícias e penas cruéis, equiparação dos servos a menores, disposições a favor da liberdade mesmo "contra as regras gerais de direito" etc. Ao "denominado" proprietário de escravos não se reconhecia "jus de pleno domínio, nem hereditariedade de opressão ou direito sobre os nascituros". Por outro lado, repetia-se que o cativeiro era violação ao direito natural; consistia em instituição puramente de direito civil, "criada artificialmente". Logo, era legítimo que o Estado interviesse a qualquer momento para modificá-la. A emancipação não significava a privação do direito de propriedade em escravos, mas "a negação dele". A constituição do Império assegurava a plenitude do direito de propriedade, "mas da real, da verdadeira, da natural, da que recai sobre cousas, pois não é propriedade o que recai sobre pessoas".[71]

Palavras fortes a ecoar no parlamento do último baluarte da escravidão no mundo ocidental. A oposição reagiu à altura, e considerou o parecer da comissão fruto de um movimento de emancipação "fanático", "agitador", "revolucionário"; seus defensores eram "emissários da revolução", "apóstolos da anarquia", acabariam "matando [...] a lavoura". Houve ainda a alegação de que o projeto de lei em discussão era uma espécie de cortina de fumaça, pois "o governo pretende fazer a emancipação já, a mão armada, de chofre", porque assim exigia a sociedade abolicionista francesa. Colhi isso tudo em discurso de José de Alencar, deputado que pulou à frente da vanguarda escravocrata.[72]

Sem dúvida, o clima quase consensual de 1867 no Conselho de Estado, acorde tanto no conteúdo das medidas quanto na recomendação de inércia em executá-las, não se repetiria nos debates parlamentares de 1871. O tom inflamado dessas intervenções iniciais permaneceu ao longo dos meses seguintes, e as atas das sessões registram apartes constantes e pouco amigáveis, gritarias, várias interrupções dos trabalhos para restaurar a ordem, "paredes" de deputados para evitar votações, retirada acintosa de grande grupo de deputados quando certo representante dos adversários começava o seu discurso, tiradas gaiatas para desqualificar os oponentes, e assim vai. Por mais que tenhamos de atribuir parte do clima reinante aos arroubos retóricos típicos do tempo e daquele tipo de gente, era óbvio que, na visão dos parlamentares, o projeto de emancipação em debate era decisivo, envolvia "as raízes da nossa sociedade",[73] só para continuar na metáfora da árvore.

LIBERDADE AOS FRUTOS

O projeto enviado pelo governo e apoiado pela comissão da Câmara dos Deputados determinava que os filhos de mulher escrava nascidos livres em virtude da lei ficariam "em poder e sob a autoridade dos senhores de suas mães". Os senhores teriam a obrigação de "criá-los e tratá-los" até a idade de oito anos completos; atingida essa idade, os proprietários das mães poderiam optar entre entregá-los prontamente ao Estado mediante a indenização de 600 mil-réis em títulos de renda ou utilizar-se dos serviços dos menores até que eles completassem 21 anos.[74] A comissão esclarecia que a indenização em títulos ou serviços referia-se ao ressarcimento devido ao senhor pelas despesas de criação dos menores — ou seja, os proprietários não estavam sendo indenizados pelos frutos ou filhos das escravas, pois, como já visto, contestava-se o direito de propriedade sobre essas crianças.

Tal contestação tornou bastante polêmica a questão dos filhos livres de mulher escrava, a começar pela nomenclatura. O projeto do governo, originário do Conselho de Estado, dizia que os nascituros seriam "considerados de condição livre e havidos por ingênuos". Essa formulação seguia a posição defendida por Nabuco de Araújo e Paranhos desde os debates de 1867, nos quais o assunto já provocara divergências.[75] O que estava em jogo, entre outras coisas, era precisamente o reconhecimento ou não da validade do princípio de que "o parto segue o ventre" — ou seja, a ideia, vigente na escravidão ocidental havia séculos, de que a condição do filho seguia a do ventre da mãe. Assim, filho de ventre livre nascia ingênuo, de ventre escravo nascia escravo. Apelidar o filho livre da mulher escrava de "liberto", como defendiam vários adversários do projeto, significaria reconhecer que a criança, sendo originária de ventre cativo, nascia escrava, para ser imediatamente libertada. Isso também implicaria reconhecer o direito de propriedade do senhor sobre os filhos das escravas, abrindo a possibilidade de discussão do pagamento de indenização aos proprietários pela alforria dessas crianças, e não apenas pelas despesas de criação. Apelidar "ingênuo" ao filho de mãe escrava significava encarar a instituição da escravidão como um universo de ficções ou invenções do direito positivo. Assim, imaginar que seres humanos podem ser proprietários de outros seres humanos é absurdo, contrário ao direito natural, e algo possível apenas no campo da história, da criação dos fatos sociais. Por conseguinte, cria-se, por meio de lei, a ficção de que o corpo da escrava é portador de um ventre livre; segundo essa nova ficção, filho de escrava nasce ingênuo. De quebra, confirma-se, ainda que ironicamente, a validade da máxima de que a condição da criança é determinada pelo ventre da mãe. O alvitre excluía, como é óbvio, qualquer debate sobre indenização por expropriação da propriedade escrava. As crianças ainda por nascer não eram propriedades já realizadas, materializadas, daquelas defendidas pela constituição do Império; libertado o ventre, os nascituros já viriam a ser na condição de livres, pois que "havidos por ingênuos".

Vários deputados que se opunham ao projeto subiram à tribuna para discordar do governo e do parecer da comissão parlamentar na questão do ventre livre e dos filhos livres da mulher escrava. Os dois discursos do barão da Vila da Barra estiveram talvez entre os mais reveladores, pois o mote do barão era imaginar o que pensariam os grandes proprietários de terras e de escravos ao tomar conhecimento de uma lei de emancipação nos moldes propostos. Vila da Barra desejava provar que o projeto excedia-se nas garantias e favores concedidos aos ingênuos, ao mesmo tempo em que afrouxava "os laços da força moral dos senhores" sobre os seus escravos. Num tom conciliatório, ao menos inicialmente, pedia calma na discussão e sugeria que o governo talvez tivesse atropelado os direitos dos senhores sem o saber, por não ponderar devidamente as consequências do projeto de lei. Resumia assim aquilo que o governo parecia dizer aos senhores:

> Vós não tendes direito aos filhos de vossas escravas; sois obrigados a criá-los debaixo do nome de ingênuos; vós não tereis remuneração alguma, senão daqueles que chegarem até a idade de oito anos; não tereis direito à indenização daqueles cujas mães se libertarem antes desta idade; perdereis os direitos aos serviços dos ingênuos por vós maltratados, depois de terdes optado por esses serviços; sereis obrigados, sem indenização, a sustentar os filhos das escravas, pelos serviços dos quais tiverdes optado [...].
>
> Como dizer tudo isto aos senhores, e contar o governo com a boa vontade destes mesmos senhores para levar a efeito o ideal que se figura a respeito desses ingênuos? É na verdade inexplicável semelhante procedimento! Se alguém se encarregasse de tomar uma desforra desmoralizadora dos senhores por parte dos escravos, pouco mais acrescentaria a este complexo de medidas![76]

Como se vê, na visão de Vila da Barra o projeto negava direitos aos senhores e impunha-lhes uma série de obrigações. Na verdade, o primeiro desafio dos senhores era lidar com a própria ideia de que não mais teriam direitos de propriedade sobre os filhos de suas escravas. Os defensores da proposta argumentavam que o direito de propriedade aplicava-se apenas a cousas já existentes ("*in re*"), e não ao que ainda estava "na massa dos possíveis", como os filhos que qualquer determinada escrava pudesse vir a ter, concluindo que tal medida, aplicando-se a seres inexistentes, não produziria "abalo algum" à lavoura. O barão achava a questão metafísica demais, e debochava da pretensão de que a medida não traria prejuízo aos senhores: bastava pensar em Galileu, ao observar que ninguém percebia o movimento da Terra, mas ela se movia — "*E pur si muove!* E todavia produz abalo!".[77]

O "descontentamento" e a "frieza" dos senhores em relação à proposta viravam receio diante do "entusiasmo do governo a respeito dos cuidados de que devia cercar estes ingênuos". Segundo o barão, os senhores achavam que as suas obrigações em relação aos filhos livres das escravas serviriam de pretexto para que a autoridade pública passasse a vigiar e fiscalizar ativamente as propriedades, buscando garantir o cumprimento da legislação. E se os senhores não se submetessem, resistissem? Então o governo, se houvesse vontade política de cumprir a lei, e logo não podendo se desmoralizar, recorreria a multas, a processos, a prisões. Qual seria o limite dessa intromissão do governo no mundo privado das relações entre senhores e escravos? De qualquer forma, o resultado certo seria "abalo no direito de propriedade e quebra da força moral dos senhores". Nesse momento, um deputado, com a cabeça cheia de eventos da história recente da França, observou que "os ingênuos ficam depois convertidos em pupilos da comuna". "Risadas", registrou o escriba das atas.

O barão achava que os senhores estranhariam também a forma de o governo calcular o tanto de indenização que se dispunha a pagar. Aos proprietários cabia a obrigação de "criar e tratar" dos ingênuos até a idade de oito anos completos. Poderiam então optar pela indenização de 600 mil-réis. O problema é que os senhores não teriam direito a indenização alguma pelos menores que morressem antes de completar oito anos, ou mesmo por aqueles cujas mães se alforriassem antes desse prazo. Segundo Vila da Barra, as estatísticas disponíveis indicavam que cerca de metade das crianças escravas morria antes dos oito anos de idade; por conseguinte, na média, o governo estava oferecendo apenas 300 mil-réis de compensação pela criação de cada ingênuo.[78]

Deixemos de lado tais exercícios de sovinice senhorial. Mais interessante é o raciocínio do barão para mostrar que os filhos livres da mulher escrava deveriam ser chamados de "libertos", e não "ingênuos". Sempre com o objetivo de demonstrar que "a obrigação imposta ao senhor de criar o fruto" do ventre livre da escrava comprometia o controle social na escravidão, o barão disse (acho certa graça na passagem, e por isso cito sem parcimônia):

> Lancemos mão do fato, e vamos entrar na sua apreciação.
>
> Um senhor torna livre o ventre de uma escrava e faz um liberto. Exerce um direito que tem, e exerce-o por sua livre vontade.
>
> Pelo fato de o ter exercido voluntariamente encarrega-se da educação deste liberto. O liberto e a mãe respectiva ficam-lhe gratos; e assim fica mantida a força moral do senhor, a harmonia continua na fazenda.
>
> Vamos a ver agora o reverso da medalha: O governo libertando com palavras o ventre de uma escrava, que não é sua, faz um ingênuo (*apoiados da minoria*) que quer dizer que o senhor nunca teve direito a ele, e a prova é que custando ao governo tanto um

> ingênuo como um liberto, o governo prefere dar-lhe o nome de ingênuo, e ainda mais, obriga o senhor a criá-lo e tratá-lo. Corolário — se o governo é quem faz o ingênuo, nem ele nem a mãe desse ingênuo devem gratidão ao senhor: o ingênuo dirá — o governo foi quem me fez livre contra a vossa vontade — se me criais e tratais é porque o governo vos obriga, e para isso vos paga: tanto prova que o governo quis desconsiderar-vos, que podendo dar-me o nome de liberto, que lembraria o direito que sobre mim tivestes, preferiu dar-me o nome de ingênuo e fazer-me vosso igual; é verdade que até certo ponto o governo também me rebaixa, porque me deixa escravo até os 21 anos, e depois, sem me ter preparado, lança-me na sociedade como cidadão livre, com todas as prerrogativas e direitos![79]

A passagem remói a queixa de que o governo agia como filantropo do alheio, pois libertava escravos "com palavras" — ou seja, sem indenização. Passo adiante, o barão desenvolve a ideia de que chamar ingênuos aos filhos livres da mulher escrava comprometia a política de domínio na escravidão. Tal nomenclatura indicava o rompimento da ideia de inviolabilidade da vontade senhorial, da imagem de que os senhores criavam o mundo à sua volta sem peias ou amarras de qualquer ordem. Ao contrário, a lei insistia em definir "obrigações" aos senhores e garantir "direitos" aos filhos livres da mulher escrava. O "sujeito" da escravidão mudava de lugar: o governo fazia ingênuos, à revelia da vontade senhorial; destituído do poder de fazer libertos, o senhor perdia a gratidão da mãe escrava e a força simbólica de seu domínio — era "afrouxar os laços da força moral do senhor". Em suma, para o barão e tantos de seus pares, não havia escravidão possível sem a vigência da noção de inviolabilidade da vontade senhorial, e eles achavam que a lei proposta, em vários de seus dispositivos, destruía esse significado social central ao escravismo no Brasil.

Outro passo adiante, e encontramos o tema candente dos direitos políticos dos filhos livres da mulher escrava. Criativo, Vila da Barra abandona por instantes o mote da visão senhorial da lei e diz encarnar a mente de um ingênuo. Sem abandonar por um instante sequer o mote da visão senhorial da lei (*sic*), o ingênuo do barão aprecia a ideia do governo de "fazer-me vosso igual", mas reclama que o mesmo governo o deixava no cativeiro de fato até os 21 anos. Além disso, prosseguia o ingênuo, "depois [...] lança-me na sociedade como cidadão livre, com todas as prerrogativas e direitos!". Em outras palavras, chamar "libertos" aos filhos livres da mulher escrava era adotar, já de início, restrições aos seus direitos de cidadania, conforme o estabelecido na Constituição de 1824; apelidá-los "ingênuos" era abrir-lhes a possibilidade de cidadania plena. Segundo a Constituição, os libertos podiam votar nas eleições primárias, mas não eram elegíveis, vedando-se-lhes assim o acesso a uma série de cargos públicos eletivos.[80]

Questão difícil, controversa. Já o fora nos debates do Conselho de Estado em 1867 e 1868. O marquês de Olinda, como seria de esperar, defendeu o ponto de vista de que os filhos livres da mulher escrava deviam ser libertos. Mas causa pasmo saber que o visconde de Jequitinhonha, abolicionista-mor do Conselho, concordava com Olinda nesse ponto. O visconde preocupa-se pouco com argumentos sobre direito de propriedade em escravos — seguindo nisso o seu feitio —, e oferece razões cerradamente políticas para restringir os direitos de cidadania dos filhos livres das escravas. Considerá-los ingênuos "seria dar-lhes direitos que a constituição lhes recusa", e prossegue: "Não agravemos, contra o espírito da Constituição do Império, os males que todos reconhecem em nossas eleições políticas, e que são consequência da falta de luzes e de capacidade moral em grande número de votantes".[81] Em outras palavras, os filhos livres das escravas, marcados pela herança do cativeiro, estariam despreparados para exercer plenamente a cidadania numa sociedade livre. O raciocínio de Jequitinhonha parece ser um corolário possível de formas de condenação à escravidão centradas num discurso de coisificação social ou deficiência moral dos cativos e seus descendentes — isto é, na ideia de que a escravidão produzia e legava à posteridade sujeitos "degradados pela condição violentada, engolfados nos vícios mais torpes, materializados, corruptos, apodrecidos...", como dizia Joaquim Manoel de Macedo.[82]

A posição de Jequitinhonha foi combatida por Nabuco de Araújo, Paranhos e São Vicente. Ao invés de bordejar, aqui Paranhos foi direito ao ponto. Os filhos livres das cativas tinham de ser "considerados ingênuos":

> que o contrário não só fora impolítico, mas até inconstitucional. Se eles são livres, segundo a lei, desde o seu nascimento, como podem ficar na condição de libertos, isto é, na condição daqueles que foram escravos antes de serem livres?
>
> A lei não restitui a liberdade aos indivíduos a quem vai beneficiar, estabelece o princípio de que da sua data em diante, ninguém nascerá escravo no território brasileiro. É esse o seu pensamento, e por isso não reconhece nesta parte direito de indenização em favor dos senhores.
>
> O contrário estaria em flagrante contradição com tudo quanto se pode alegar e se alega, em nome da religião, do direito natural e das luzes do século, contra o estado de escravidão. O contrário fora criar entre nós uma nova classe social não menos perigosa, a de cidadãos privados de preciosos direitos em relação à vida pública e política.
>
> Se os libertos até hoje se mostram resignados, é porque neles verificam-se os motivos da incapacidade prevista pela constituição, e não são eles em grande número, ou se acham em situações

> muito diversas de lugar, de ocasião e de idade, visto que as alforrias são individuais, incertas e lentas. Não aconteceria o mesmo com os libertos da nova lei, se ela os declarasse tais; estes nasceriam livres e seriam educados para a liberdade e sob a liberdade; seriam numerosos, e achar-se-iam em número considerável no mesmo lugar e sob outras condições de igualdade. Constituirão uma classe à parte, se a incapacidade legal os distinguisse da massa geral dos cidadãos...[83]

Além de reafirmar o argumento de que a noção de ingênuo excluía a indenização aos senhores das mães escravas de prole livre, Paranhos pensa não haver fundamento para a pretensão de restringir os direitos políticos de tais pessoas. Mais ainda, receia que a discriminação política dessa massa de cidadãos os tornasse "uma classe à parte", talvez hostil à ordem social. Nabuco de Araújo complementa o raciocínio de Paranhos dizendo que o alvitre de criar incapacidade política dessa forma justificava-se nos Estados Unidos, onde havia "antagonismo de raça"; no Brasil, o "perigo" era estabelecer tal antagonismo, supostamente inexistente.[84]

O visconde de São Vicente interveio no debate para expor a doutrina que informara a sua decisão de propor, nos projetos originalmente enviados ao Conselho de Estado, que os filhos livres da mulher escrava fossem considerados simplesmente "de condição livre" — sem defini-los, portanto, "libertos" ou "ingênuos". À primeira vista, voltamos à arte de bordejar. São Vicente concordava que seria "perigoso" considerá-los ingênuos, pela ameaça às instituições políticas já expostas por Jequitinhonha. Tidos por libertos, tais indivíduos ficariam sob a "tutela" do governo, negando-se-lhes "direitos políticos para que não estavam preparados". Todavia, "a nota" de libertos pareceria "humilhante" para centenas de milhares de homens que jamais seriam escravos; "seria acabar com a luta da escravidão para entrar na luta das incapacidades políticas, luta perigosa, que nada justificaria". Se a decisão era difícil naquele momento, melhor postergar com o argumento da prudência política:

> Isso que parece uma lacuna não é uma omissão e sim um pensamento intencional. Não se quis resolver essa questão desde já, por isso que por 20 anos a solução não é precisa, basta por ora que fique declarado que são de condição livre. Teremos, pois, tempo de ver o como as cousas se passam, e de resolver convenientemente.[85]

Em suma, São Vicente dispunha-se a jogar com a indeterminação do futuro, a ver como se dariam "as cousas" durante o processo de execução da lei. Na verdade, esses conselheiros que apoiavam o projeto de emancipação discutiam a forma mais prudente de conduzi-lo: evitar a denominação "libertos" aos filhos das escravas era prevenir indenizações vultosas que inviabilizariam a aplicação da lei; chamar "ingênuos" a essas pessoas era evitar a emergência de ódios políticos e raciais. A solução de compromisso, proposta por São Vicente e vitoriosa ao final, adiava o desfecho, dando a escravocratas e emancipacionistas a esperança de fazer triunfar, *a posteriori*, a sua própria interpretação da lei.

Nabuco de Araújo manteve-se firme na opinião de que os filhos livres das escravas deviam ser "considerados de condição livre e havidos por ingênuos", e assim redigido o projeto do governo chegou à Câmara. A comissão parlamentar de 1871 emendou o primeiro artigo do projeto e adotou o silêncio proposto por São Vicente, riscando a expressão "havidos por ingênuos", mas explicou que o fazia simplesmente para evitar "redundância". Ao se expressar dessa forma, indicava que a condição de ingênuos desses indivíduos lhe parecia incontroversa, e enfatizava que a lei provia um período de tutela aos filhos livres das escravas ao determinar que eles seriam criados pelos senhores, com a contrapartida da prestação de serviços, até completar 21 anos.[86] De fato, ao cortar da lei a expressão "havidos por ingênuos", os deputados favoráveis ao projeto conseguiam talvez aumentar a sua base de apoio, dando outro passo para obter a aprovação da proposta. Os opositores mais empedernidos perdiam um de seus argumentos; já os emancipacionistas reticentes dispunham-se a votar na lei, consolando-se talvez com o jogo do futuro, que poderia quiçá dar marcha a ré à história. De qualquer forma, aqui e alhures nessa lei de 1871, os legisladores incluíam dispositivos que removiam obstáculos imediatos à sua aprovação, ao mesmo tempo em que deixavam para depois — mais precisamente, para as batalhas em torno da execução da lei — a decisão a respeito de alguns de seus significados essenciais.

Coube ao visconde do Rio Branco, porém, estabelecer o ponto de doutrina aquém do qual não seria possível ao governo retroceder sem desistir, de antemão, de lutar pelo cumprimento da lei. Nessa questão de ingênuos ou libertos, como em tantas outras concernentes à emancipação, o que havia de mais recorrente na fala dos escravocratas consistia na queixa de que a intervenção do governo nas relações entre senhores e escravos era ilegítima, pois desrespeitava direitos de propriedade e comprometia a política de domínio sobre os cativos. Sobre cada assunto à baila, Rio Branco e seus aliados estranharam e criticaram o pressuposto de que senhores de escravos gozavam da prerrogativa de um poder privado indevassável aos desígnios da lei. Sobre ventre livre e ingênuos, o visconde recorria a costumes supostamente vigentes no país, e segundo os quais era fato observado que as mães escravas "trabalham e ajuntam as doações que podem obter para a libertação de seus filhos, preferindo a alforria destes à sua própria". E os senhores, cuja "notável humanidade" não se cansavam de apregoar os parlamentares, fosse qual fosse o seu colorido ideológico, não se opunham a essa justa aspiração das mães escravas. Então a que vinha tamanho alarido quando o governo propunha transformar em direito essa justa aspiração das mães escravas? Dizia-se até que as mães escravas ficariam revoltadas ao ver livres os filhos, permanecendo elas no cativeiro, o que, segundo Rio Branco, contrariava tudo o que se observava sobre a experiência cotidiana da escravidão.[87] Reclamava que no Brasil a legislação tendia a ser omissa quanto aos direitos naturais dos escravos, deixando tudo à "humanidade dos senhores", que então concediam aos cativos aquilo que lhes parecia apropriado. O visconde arrematava a obra dizendo que a lei tinha, sim, o objetivo de garantir direitos aos escravos; ela visava tirar o escravo da condição de cousa e "dar-lhe a qualidade de pessoa, mas dentro de limites que o uso já tem consagrado e que ora se trata de estabelecer por direito".[88] A escravidão não era "cousa excepcional", sem "corretivo legal de nenhuma espécie", nem o acesso aos estabelecimentos rurais estava "interdito à autoridade".[89] Não havia forma mais clara de expor o que dividia governo e oposição durante os debates sobre emancipação, ainda que a lei incluísse uma penca de disposições ambíguas que deixavam ao futuro a decisão sobre as fronteiras precisas entre o poder de intervenção do Estado e o exercício da vontade senhorial.

PECÚLIO E ALFORRIA FORÇADA

Os críticos do governo consideravam nefastas as determinações do projeto a respeito do direito dos cativos a constituir pecúlio e utilizá-lo para obter alforria por indenização de preço ao senhor. A comissão parlamentar de 1871 reconhecia ser esse assunto "o que mais clamores tem suscitado".[90] A questão causava polêmica desde os trabalhos no Conselho de Estado, e pode ser útil acompanhar parte das filigranas políticas sobre o tema. Na verdade, basta observar as mudanças na redação dos artigos da lei sobre pecúlio e resgate desde 1867 até o texto final de setembro de 1871.

A comissão do Conselho de Estado, em 1867, redigiu assim o artigo terceiro de seu projeto de lei:

> O escravo, que por meio de seu pecúlio, ou por liberalidade de outrem, ou por contrato de prestação de futuros serviços, obtiver meios para indenização do seu valor, tem direito perfeito à sua alforria, e esta sendo recusada pelo senhor, lhe será outorgada pela autoridade pública.
>
> P. 1º Será mantido o pecúlio do escravo, proveniente de suas economias, doações, legados e heranças que lhe aconteçam, e o governo nos regulamentos para execução desta lei providenciará sobre a colocação, e garantias do mesmo pecúlio.
>
> P. 2º O contrato de prestação de futuros serviços para o escravo obter sua liberdade, só é lícito por sete anos e dependente da aprovação do juiz de órfãos.[91]

O artigo aparecia no contexto geral de medidas destinadas à emancipação gradual das "gerações presentes" de cativos, pois o "sistema" da lei seria incompleto se libertasse apenas as "futuras gerações".[92] Para justificar o direito do escravo à liberdade por indenização de preço independentemente da vontade do senhor, os conselheiros recorriam, como de hábito, ao direito natural: a escravidão era um fato social, condição legal mas não legítima, que devia portanto cessar com a indenização do senhor. As disposições do artigo pareciam desmanchar um dos principais pilares da política de domínio senhorial: tiravam do senhor a prerrogativa exclusiva de *conceder* alforria; ao contrário, garantiam ao escravo o *direito* de obtê-la, conferindo-lhe inclusive meios de constituir e proteger o seu pecúlio recorrendo à autoridade pública. Em suma, como não deixaram de notar os deputados da oposição, o artigo visava consagrar a intervenção do poder público nas relações *domésticas* entre senhores e escravos.

Nos debates parlamentares de 1871, a gritaria provocada pelas disposições sobre pecúlio e alforria forçada foi espetáculo curiosíssimo. Em sua proposta, o governo rearrumou a redação dos conselheiros de Estado e firmou esses direitos, tais quais, no artigo quarto do projeto de lei. Rio Branco queixava-se de que o governo fora chamado de "inimigo da propriedade" e até de "comunista" por sustentar o artigo quarto.[93] Perdigão Malheiro achava o resgate forçado a medida "mais grave de todo o projeto"— só faltava "chamar às armas os escravos!".[94] Dizia claramente que a forma de resgate sugerida pelo governo era inaceitável porque excluía "inteiramente a intervenção dos senhores", prevendo "revoluções" como resultado da adoção da proposta.[95] Esse tipo de reação surpreende ainda mais pelo fato de ocorrer após a apresentação do parecer da comissão parlamentar, que havia sugerido, com a anuência do governo, modificações aparentemente significativas na redação do artigo sobre pecúlio e alforria por indenização de preço.

Vejamos se o exercício de riscar e aduzir palavras, trocando o estilo, muda ou não o espírito da cousa. Quanto ao pecúlio, dizia assim a proposta original do governo: "*O escravo tem direito* ao pecúlio proveniente de seu trabalho, economias, doações, legados e heranças que lhe aconteçam" (grifo meu). A comissão parlamentar emendou assim: "*É permitido ao escravo* a formação de um pecúlio com o que lhe provier de doações, legados e heranças, e com o que, *por consentimento do senhor*, obtiver de seu trabalho e economias" (grifos meus).[96] Na proposta original, o pecúlio é "direito" do escravo; na emendada, torna-se algo permitido, concedido a ele. Mas concedido por iniciativa de quem? A resposta não é simples. O novo texto do artigo buscava instituir dois tipos de pecúlio.[97] Num deles, proveniente de "doações, legados e heranças", o proprietário do escravo continua sem possibilidade de intervir; isto é, não lhe é permitido barrar a chegada de tais cabedais a seus cativos. Esse tipo de pecúlio é, de fato, garantido pelo poder público e independente da vontade senhorial.[98] A outra fonte para a acumulação do pecúlio consiste naquilo que o cativo "obtiver de seu trabalho e economias". A realização dessa possibilidade passava a depender expressamente do "consentimento do senhor". A origem da distinção estava no interesse da comissão e do governo em acalmar receios de que o direito ao pecúlio por "trabalho e economias" poderia desorganizar a produção e comprometer a disciplina nas fazendas. Era importante firmar o princípio de que aos senhores cabia definir as atividades produtivas e controlar as relações de trabalho em suas propriedades.

Em grande parte, porém, comissão e governo revolveram mais as palavras do que o conteúdo das medidas. O escravo continuava com "direito" ao pecúlio que lhe chegasse por doações, legados ou heranças, ou o governo "permitia" ao escravo receber tais recursos — o que dava no mesmo, pois em ambas as fórmulas à prerrogativa senhorial substituía-se a garantia do poder público. Quanto à exigência do consentimento do senhor para que o escravo acumulasse pecúlio através de seu próprio trabalho, a solução dos legisladores é ambígua. Novamente, os emancipacionistas de meia-pataca devem ter cedido à promessa de que o futuro permanecia indeterminado, quiçá fosse ainda do tronco e do azorrague. Quanto aos opositores mais convictos, o alvitre de pouco valeu, e Rio Branco talvez tenha apenas aumentado a irritação dessa turma ao dizer que o governo concordara com a sugestão de incluir a expressão "por consentimento do senhor" no referido artigo porque isso não faria a mínima diferença. Tal consentimento já estaria implícito na proposta. Segundo ele, o pecúlio obtido pelo escravo por meio de seu trabalho estava enraizado nos costumes do país; nesse ponto e em tantos outros do projeto, Rio Branco achava que o governo apenas transformava em lei o que já era prática social. Filigranas no texto da lei não mudariam a realidade das coisas. Na verdade, dizia, "a vantagem deste projeto está em que nada inova".[99]

Talvez mais importante para mostrar que as mudanças introduzidas pela comissão parlamentar não interferiram no "espírito da lei" seja o fato de que, uma vez obtido o pecúlio, fosse como fosse, o escravo continuava sempre com "direito à alforria", expressão constante em todas as versões de projeto cotejadas — isto é, a da comissão do Conselho de Estado, a original do governo, a da comissão parlamentar, e o próprio texto final da lei.[100] Isso bastava para caracterizar o fato de que os escravos passavam a ter meios institucionais de obter a alforria à revelia da vontade senhorial. Que isso comprometia a política de domínio na escravidão parece óbvio, por tudo que eu mesmo já disse, aqui e alhures.[101] Ainda assim, é preciso cravar mais fundo a faca do raciocínio para entender todo o alcance das representações políticas sobre a derrota da classe senhorial em 1871.

Perdigão Malheiro teve desempenho destacado entre os deputados contrários ao projeto, o que talvez seja de admirar pelo fato de ter sido ele o autor do livro mais importante sobre escravidão e emancipação no Brasil imperial. Para fustigá-lo, os parlamentares favoráveis à proposta do governo diziam que nada faziam além de defender as ideias que Perdigão Malheiro havia tão brilhantemente exposto, poucos anos antes, em *A escravidão no Brasil*. Os motivos do deputado para opor-se tão radicalmente ao projeto são difíceis de avaliar, por mais que ele se esforçasse em argumentar que não havia contradição entre o que expusera no livro de 1867 e o que sustentava nos debates de 1871. Achava o projeto do governo inoportuno, precipitado, capaz de provocar a emancipação final em poucos anos. Outrossim, houve, durante os debates parlamentares, alusões a uma suposta ambição frustrada de Perdigão Malheiro em participar do gabinete conservador que promovia o projeto de emancipação no parlamento. Falava-se em veto do imperador a seu nome. Seja como for, o fato é que ele era adversário formidável, capaz de entender o alcance do tema da emancipação e discorrer sobre o assunto com erudição e criatividade.[102]

Ao tratar do resgate forçado, Perdigão Malheiro buscou vincular a questão da política de domínio na escravidão ao tema mais geral da perpetuação de determinado tipo de dominação de classe e de todo um modo de vida a ele associado. Recorreu ao direito romano para identificar as fontes do direito dos senhores sobre seus escravos: o *dominium* e o *potestas*. Quanto ao *dominium*, o escravo era coisa, propriedade, sujeito às leis que a regulavam; com o tempo, todavia, devido ao reconhecimento do fato de que a escravidão era uma instituição que contrariava o direito natural, introduziram-se modificações nas leis para consignar a humanidade inerente ao cativo. Quanto ao *potestas*, significava que o senhor tinha poder sobre o escravo, assim como o marido tinha direito sobre a mulher, o pai sobre o filho. Essa prerrogativa senhorial, o *potestas*, garantido na lei, constituía a força moral do senhor sobre seus subordinados — escravos, mulher e filhos, mas também parentela e agregados. Perguntava o deputado: "Tirai ao pai este direito sobre o filho, tirai ao marido este direito sobre a mulher, proclamai a emancipação da mulher e dos filhos, onde irão parar as relações de família, a ordem social, e todas as suas consequências?".[103] Por analogia, Perdigão Malheiro achava que a proposta do governo, ao instituir a alforria forçada, destruía a força moral do senhor sobre o escravo. A detenção do poder exclusivo de alforriar nas mãos dos senhores parecia essencial para garantir a subordinação dos escravos e a gratidão dos libertos, pois os negros deveriam transitar da escravidão para a liberdade em situação de dependência. Dizia ainda que o resgate forçado consistia em ameaça não só à ordem econômica, mas também "à paz das famílias"; para completar, temia a manipulação da lei por vizinhos inimigos, tornando-se até mesmo "arma eleitoral". Nesse ponto, Perdigão Malheiro via perigo no fato de a lei permitir que o escravo recebesse doações e legados para constituir pecúlio; segundo ele, fazendeiros poderiam promover a alforria dos melhores braços de seus desafetos, e até utilizar tais doações destinadas à alforria para arregimentar homens livres pobres dependentes, cabalar votos e aliciar capangas nos períodos eleitorais.

Em poucas penadas, Perdigão Malheiro enlaçou todos os fios num só argumento: o que estava em jogo, inteira, era uma lógica de dominação de classe, um modo de produzir subordinação social — de escravos, mulheres, filhos, dependentes. A ficção da inviolabilidade da vontade senhorial estava no cerne dessa forma de reproduzir desigualdades, e o "rompimento brusco e violento" de tal representação, consubstanciada, segundo ele, na instituição da alforria forçada, "produzirá estilhaços, que não sei onde irão parar".[104] Perdigão Malheiro talvez exagerasse; de fato, promovia o "terror pânico" para tentar levantar "a opinião pública" contra a base parlamentar governista. Ainda que os deputados favoráveis à proposta tenham se retirado acintosamente quando Perdigão Malheiro subiu à tribuna em 9 de agosto de 1871, o deputado por Minas Gerais contava talvez com a publicação de seu discurso, poucos dias depois, no *Jornal do Commercio*, veículo através do qual atingiria o país inteiro. Rio Branco fez remoque da estratégia dos oposicionistas de alardear o terror; respondia que a reforma servil não faria "desabar" o "edifício social", nem o governo estava empenhado em "destruir" os "alicerces" de tal edifício.[105] Para o visconde e seus aliados, ao contrário, a erradicação da escravidão era ponto de partida para a regeneração da sociedade inteira. A interpretação divergente do sentido da cousa mal esconde o fato de que nossas personagens viam a mesma cousa: Perdigão Malheiro e o visconde, deputados oposicionistas e governistas, achavam todos que a questão da escravidão interferia na lógica de dominação vigente na sociedade inteira.

Outros deputados, talvez menos doutos em escravidão do que Perdigão Malheiro, foram por isso mesmo mais direito ao ponto. Sobe à tribuna o deputado Pinto Moreira; reproduzo, de novo sem parcimônia, um trecho de discurso:

> Mas fere-se hoje a escravidão em seu princípio; a lei que antes a protegia, a condena agora como cousa injusta, contrária à religião, à moral e ao direito; torna-se uma instituição caduca, que mal pode sobreviver aos princípios que a sustentavam.
>
> Por outro lado cria-se um estado novo dentro da família do lavrador, novas relações jurídicas aí se estabelecem; o regímen dos estabelecimentos agrícolas afrouxa; a autoridade do senhor e a autoridade pública diariamente se encontram no mesmo estabelecimento; aquela perde o seu anterior prestígio, esta não pode manter mais a imparcialidade; os domésticos, escravos ou libertos se entregam à intriga alimentada por toda sorte de embustes; surge a denúncia, a querela; intermináveis contendas se travam, o espírito de rixa impera. (*Apoiados*) E para que mais se agrave a complicação, aí vem pelo pecúlio *de jure* a família civil dentro da família civil, a propriedade jurídica dentro da propriedade jurídica, e apesar desta. (*Apoiados, muito bem.*) No centro está o lavrador, o pai de família abandonado a suas próprias forças, coberto de ódio pela lei, molestado todos os dias pelas investigações da autoridade,

atormentado pelas maquinações da vizinhança, exposto às conspirações domésticas.[106]

Impossível deixar de reconhecer, nesse tipo de lamento, um bocado do barro histórico do qual se fez um narrador como Dom Casmurro: lá está o pai de família cercado por dependentes intriguistas e embusteiros, "exposto às conspirações domésticas", que acaba traído e abandonado por todos.

Pinto Moreira identifica as bases do edifício social na escravidão, instituição antes protegida pelas leis e acorde com a moral e religião vigentes no país. A lei de emancipação proposta tornaria a instituição "caduca", mal poderia "sobreviver aos princípios que a sustentavam". Ou seja, segundo ele, a lei de fato solaparia os tais princípios que norteavam a escravidão. O parágrafo seguinte esclarece o que o projeto proposto de fato comprometeria: a imagem do poder absoluto do senhor de terras e de pessoas. Ao "afrouxar" a força moral dos senhores sobre os cativos, a reforma servil interferiria em outras esferas da vida. A execução da lei reforçaria a autoridade pública em detrimento da autoridade senhorial; ao fazer isso, quebraria o encanto do poder absoluto do senhor e o deixaria exposto ao antagonismo dos próprios escravos, libertos, dependentes, quiçá de esposa e filhos cotidianamente tolhidos por tais guapos. Em suma, o drama do "pai de família abandonado" metaforiza a suposta *débâcle* de um projeto específico de dominação de classe — de gênero masculino, linguagem paternalista, mantido à base da palmatória e do bacalhau, invasor de terras, predador da *res* pública, amante da libra esterlina e embasbacado diante de qualquer badulaque intelectual francês.

Os deputados opostos à lei de emancipação defendiam determinada história, certa interpretação do *sentido do tempo*, magistralmente descrito por Ilmar Mattos como o "tempo saquarema".[107] Em 1871, porém, os saquaremas pareciam prestes a quebrar os remos. O racha do partido conservador, essencial à aprovação do projeto no parlamento, comprometeu a liderança de velhos cardeais do partido, a começar pelo visconde de Itaboraí, que teve de ser sacado do poder para permitir a tramitação da proposta. Paulino José Soares de Souza, ex-ministro no Gabinete 16 de Julho (Itaboraí), cujo pai, homônimo, havia sido ministro importante no período de consolidação do projeto saquarema (início da década de 1850), foi um dos líderes da oposição derrotada na Câmara dos Deputados. Ele e seus correligionários questionavam a legitimidade do visconde do Rio Branco para conduzir a reforma servil em nome do partido conservador. Lançou-se à tribuna quando a derrota era certa; altivo, proferiu ameaças e vinculou o destino do "tempo saquarema" à sobrevivência da própria monarquia. Descreveu longamente o mundo que herdara do pai, e que agora ameaçava ruir:

> A escravidão, senhores, é uma instituição, que se radicou em nossa sociedade, prendeu-se ao modo de ser de nossa vida social, e com ela formou um todo compacto, do qual não é possível arrancá-la violentamente sem que esse mesmo todo se ressinta e se manifestem perturbações na ordem de cousas que sob diferentes aspectos com ela afinal veio a fazer corpo. É assim que a questão sob o aspecto jurídico entende com a propriedade, pondo em sobressalto as fortunas que nessa espécie de haveres se constituíram; na ordem econômica respeita à produção, ameaçando desorganizar o trabalho; na ordem social vem romper muitas relações firmadas em hábitos que se consolidavam no nosso modo de viver. Se o edifício complexo dos costumes nacionais formou-se com o tempo pela ação lenta que essa instituição foi pouco e pouco exercendo, neles infiltrando-se e dando-lhes a face que hoje apresentam, é evidente que só também contando com a ação do tempo e aju-

dando-a pelo concurso poderoso de certas forças morais e materiais, poderemos obter sem grandes perturbações o resultado que é para desejar dessa grande e importante transformação social.

A escravidão, dizia a primeira autoridade nesta matéria, forma como instituição uma peça inteira na sociedade em que está admitida: é um estado de cousas que tem suas condições essenciais; se as destruís, o edifício há de necessariamente desmoronar...[108]

A essa altura, imagino que a leitora dispense uma tradução da passagem acima, pois até a metáfora central já nos é familiar: a escravidão como alicerce do edifício social. Melhor não bulir com a base das coisas, evitar que o poder público intervenha e ponha tudo a perder. Eu mesmo dispensaria a transcrição do trecho, não fosse ele reiteração tão contundente do fato de que o tema da escravidão era o nexo fundamental da sociedade brasileira do século XIX, o liame que permitia costurar temas e problemas, fosse ou não a escravidão o assunto do momento, e não fosse esse fato tão crucial para o meu modo de ler Machado de Assis (e não só ele).

JOSÉ DE ALENCAR E A EXPERIÊNCIA DA DERROTA

José de Alencar, político e literato, viveu intensamente os acontecimentos que resultaram na aprovação da lei de 28 de setembro de 1871. Conforme já mencionado, foi ministro da Justiça no gabinete conservador presidido pelo visconde de Itaboraí, e que subira ao poder, em 16 de julho de 1868, com a determinação de brecar a reforma servil. Permaneceu ministro — ao lado de gente como Paranhos, Paulino de Souza, Muritiba e Cotegipe — até 10 de janeiro de 1870. Deixou de ser ministro devido a desavenças políticas com Cotegipe, que lhe sapecou a alcunha de "pirracento", e com o próprio imperador. Alencar desejava tornar-se senador pelo Ceará e d. Pedro II opunha-se a que um ministro fosse candidato em eleição senatorial. Alencar teimou, ganhou a eleição e figurou em primeiro lugar na lista de seis nomes encaminhada ao imperador; este deveria, no exercício das prerrogativas do poder moderador, escolher dois felizardos para preencher as vagas existentes. Alencar demitiu-se em seguida do ministério e aguardou a decisão sobre a senatoria. O imperador não o escolheu. O resumo da ópera é que Alencar deixou de ser ministro e não foi senador. Restou-lhe um rancor invencível à Coroa e a volta à Câmara dos Deputados.[109] Ao contrário de outros membros do Gabinete Itaboraí, todavia, Alencar deixou o ministério, mas permaneceu fidelíssimo à causa de estorvar a passagem de uma lei de emancipação.

Livre de despachos ministeriais, Alencar voltou às letras com ímpeto renovado. No final do ano de 1870, consumada a guinada política que arredou Itaboraí do poder e abriu caminho a gabinetes favoráveis à emancipação, ele concebeu e redigiu *O tronco do ipê*, publicado em janeiro de 1871[110] — coincidentemente, o mesmo mês e ano em que o conto "Mariana", de Machado de Assis, aparecia no *Jornal das Famílias*. A história desenrola-se na fazenda de Nossa Senhora do Boqueirão, no vale do Paraíba fluminense, durante a década de 1850. O narrador da trama apresenta-se como uma espécie de viajante ou curioso que cismou de desvendar o suposto mistério do Boqueirão. Com efeito, os primeiros parágrafos do romance descrevem o cenário idílico de uma grande propriedade senhorial em 1850: "a situação" era "linda", com "terras fertilíssimas" banhadas pelas "águas majestosas" do Paraíba; lavouras e matas virgens abundavam; a casa-grande, "vasto e custoso" edifício, encimava uma colina donde se via "soberbo horizonte"; lá estavam as fábricas e casas de lavoura, a habitação do administrador da fazenda, as senzalas dos escravos, e mais capela, diversos sítios de recreio, jardim, horta e um pomar com mangueiras, goiabeiras, jabuticabeiras, figueiras e tudo o mais para aguar a boca. Após descrever tal cenário, o narrador interrompe-se bruscamente para dizer que "Tudo isso desapareceu; a fazenda de Nossa Senhora do Boqueirão já não existe". O mote do livro é então explicar o porquê de esse paraíso senhorial haver desaparecido, pois que se falava no abandono de homens seduzidos pelas delícias da Corte, em complicações de família e herança, até em feitiço e intervenção de almas do outro mundo.[111] E desde o início imprime-se no leitor a sensação de nostalgia por um mundo supostamente perdido.

Ato contínuo, desfilam personagens e eventos pertinentes a tal lugar: rapazes garbosos, às vezes chibantes, meninas-moças encantadoras, mucamas alegres e gentis, ainda que uma delas fosse "pernóstica e sacudida", e até pai Benedito, escravo velho, feiticeiro bom; amores impossíveis, urdiduras casamenteiras, traições, segredos, suspense, final feliz — em suma, folhetim para ler com prazer ainda hoje. Alice e Mário são apaixonados, mas o rapaz remói a suspeita de que o pai da moça, o barão da Espera, matara-lhe o pai, José Figueira, e ficara com sua fortuna, reduzindo a ele e à sua mãe à condição de dependentes. Ao fim e ao cabo, ao barão faltara coragem para salvar o pai de Mário do redemoinho das águas do boqueirão; a morte do homem fora uma fatalidade, ainda que a posse da fortuna dele tivesse sido, de fato, um embuste. Embuste que não espanta e carrega pesada dose de verossimilhança, diante do que hoje se sabe sobre o vale-tudo fundiário reinante nos brasis em meados do século XIX: invasões de terras públicas, chicanas jurídicas, conflitos entre posseiros e outras artimanhas eram o modo de constituir a grande propriedade agrícola no período.[112] Muitas filigranas adiante, todavia, o barão endireita a sua história: luta para casar Mário e Alice, e assim pensa proteger o moço de quem surrupiara a fortuna e lhe devolver os cabedais oferecendo-lhe a filha nubente. Para aceitar o alvitre, porém, Mário precisou antes descobrir toda a verdade sobre a morte do pai e mostrar-se superior ao barão, de quem jamais poderia receber a filha como simples *favor*. Mário e Alice decidem partir para a Corte, abandonando a fazenda do Boqueirão e seus segredos, tão dolorosos para Mário e insondáveis para a gente do lugar.

A chave dessa história de barões, cavalheiros e sinhás-moças esteve sempre na cabana de pai Benedito, o escravo feiticeiro, guardião dos segredos do Boqueirão. As linhas do enredo, por mais independentes que pareçam, convergem invariavelmente para o preto velho. O próprio Sênio, narrador suposto da história, atribui o seu interesse em desvendá-la a uma visita fortuita que fizera à cabana do feiticeiro. Passava pelo local e avistara, ao longe, o corpo arqueado do preto velho, parecendo abraçar e beijar o tronco decepado de um ipê. Deteve-se para pedir-lhe água fresca, recebendo então a água, mais limas e laranjas. Buscou inquirir o velho sobre o abandono em que jazia o lugar, e obteve como resposta "Boqueirão!". Pensou que o preto caducava, mas ficou intrigado pelo seu comportamento, a balbuciar palavras que ecoavam desde o boqueirão e emergiam através das brocas profundas do tronco do ipê: conversava com o falecido senhor, o pai de Mário, pedindo-lhe que perdoasse alguma coisa.

Quanto a Mário, o sofrido protagonista da história, suspeita que Benedito guardava o segredo da morte de seu pai, mas lhe ocultava talvez para poupá-lo de uma verdade dolorosa. Acima de tudo, respeita a fidelidade e a gratidão eternas do velho a seu pai, e busca refúgio e consolo junto ao escravo. Benedito zela pelo rapaz, ajuda-o nos lances mais decisivos da história, como quando Mário arranca Alice ao trago do boqueirão, e no fim revela a verdade ao mancebo para evitar desgraça maior. Não há na figura de Benedito, nem na chusma de outros cativos presentes na história, sombra sequer daquela representação do escravo como inimigo doméstico dos senhores, sempre disposto a destruir-lhes a santidade do lar e franquear a alcova das donzelas a um qualquer aventureiro. Não há tampouco traço daquele escravo "demônio familiar", ameaça aos senhores, mas pintado com certa graça pelo próprio Alencar em peça teatral de 1857,[113] e levado ao paroxismo no livro engajado, panfletário mesmo, de Joaquim Manoel de Macedo, *As vítimas-algozes*. Em Macedo, a escravidão impregna a sociedade inteira, corrompendo-a; a emancipação é a regeneração social. Em Alencar, a escravidão é a chave de todo um modo de vida, não necessariamente mau; se "as luzes do século" e circunstâncias políticas específicas exigiam a emancipação, era preciso fazê-la sem comprometer a continuidade do mundo senhorial. De qualquer forma, o tom nostálgico de *O tronco do ipê*, escrito e publicado entre setembro de 1870 e janeiro de 1871, testemunhava a visão de Alencar sobre o momento político: a batalha em torno da lei de emancipação estava para recrudescer no parlamento, e parecia difícil vencer as forças do governo.

Nos meses seguintes à publicação do romance, Alencar juntou-se a Perdigão Malheiro, Paulino de Souza e outras personagens para combater a proposta de lei de emancipação e construir a sua versão sobre o sentido da experiência histórica de 1871. Foi dos primeiros a sair a campo, movido talvez por razões políticas comezinhas, pois que ministro frustrado, candidato malogrado à senatoria. Produziu discursos incisivos, aclamados quase a cada frase pelos parlamentares de oposição, ao mesmo tempo em que provocavam a verve irônica de Rio Branco, que misturava maliciosamente político e literato ao atribuir a força de tais pronunciamentos à "imaginação, algumas vezes romântica, do ilustre deputado pelo Ceará".[114]

Na verdade, a força de Alencar estava na defesa de determinada visão de mundo. O deputado amarrava senhores e escravos num destino comum. Para começar, dizia ser fato reconhecido por todos "a moderação e doçura de que se tem revestido sempre, e ainda mais nos últimos tempos, a instituição da escravidão em nosso país (*Apoiados.*)". A "índole generosa de nossa raça" fazia com que, repetidamente, víssemos "no seio da família, a mãe querida e respeitada, reclinando-se sobre o leito de dor onde jazia o escravo", movida não pelo interesse mesquinho do proprietário, mas pelo "sentimento da caridade, que é o resplendor da senhora brasileira". A lei de emancipação do governo sufocaria "esses sentimentos generosos", criando "o antagonismo entre raças que viveram sempre unidas". Exortava os adversários a meditar sobre o sentido de sua obra: "ides desunir aquilo que Deus criou para viver unido; ides separar as raças, as gerações, as famílias, por um abismo imenso, o que separa a liberdade da escravidão. Semeais o ódio, a inveja, a ingratidão, onde só devia reinar o amor e a ternura".[115]

Dessa última observação intui-se que havia problema em conceder liberdade a escravos na sociedade brasileira. A escravidão mantinha os pretos sob o manto da proteção e caridade dos senhores; libertar escravos através da intervenção do poder público, sem renovar portanto tais laços de dependência, era atirar "hordas selvagens" no "seio de um povo culto". Melhor dar a palavra de vez ao orador, em passagem aclamada pelos pares:

> Os retrógrados sois vós, que pretendeis recuar o progresso do país, ferindo-o no coração, matando a sua primeira indústria, a lavoura. (*Muitos apoiados da oposição.*)
>
> [...]
>
> Vós quereis a emancipação como uma vã ostentação. Sacrificais os interesses máximos da pátria a veleidades de glória. (*Muitos apoiados da oposição.*) Entendei que libertar é unicamente subtrair

ao cativeiro, e não vos lembrais de que a liberdade concedida a essas massas brutas é um dom funesto; é o fogo sagrado entregue ao ímpeto, ao arrojo de um novo e selvagem Prometeu! (*Muitos apoiados da oposição.*)

Nós queremos a redenção de nossos irmãos, como a queria o Cristo. Não basta [...] dizer à criatura, tolhida na inteligência, abatida na sua consciência: Tu és livre; vai; percorre o campo como uma besta-fera!...[116]

Em suma, a continuidade da escravidão garantia a ordem social; a liberdade em massa patrocinada pelo Estado traria "revolução" e "anarquia". Note-se, contudo, que o raciocínio de Alencar sobre os perigos da liberdade vinha acompanhado de um diagnóstico ácido sobre a qualidade dos direitos civis e políticos na sociedade imperial. Noutro trecho muito aclamado de seu discurso, dizia que, em vez de libertar o ventre, devia-se alforriar o voto, "cativo do governo", a justiça, "cativa do arbítrio", a cidadania, cativa da guarda nacional, e o país, "cativo do absolutismo, cativo da prepotência do governo pessoal".[117] O destino do homem livre pobre naquela sociedade consistia em ser capanga político ou criminoso, massa de manobra para os poderosos, que o espremiam por meio do recrutamento e do arbítrio policial e judicial. Nesse contexto, achava que alforriar escravos era engrossar o caldo da incultura política reinante.

O tema do perigo representado pelo homem livre pobre é central em *Til*, romance escrito por Alencar logo após o fim dos trabalhos parlamentares de 1871, e publicado originalmente como folhetim no periódico *A República*, dirigido por Quintino Bocaiúva e órgão de propaganda do regime republicano na Corte. De novo, o cenário é uma grande propriedade agrícola, dessa vez no interior da província de São Paulo, na região de Campinas. Personagens e temas se repetem: rapazes, sinhás-moças, escravos fiéis; mistérios, amores impossíveis, tramas matrimoniais. Há também Zana, preta escrava que enlouquecera ao presenciar o assassinato de sua senhora pelo próprio marido, e que, como o pai Benedito de *O tronco do ipê*, guarda a chave de todo o mistério. Mas há também Jão Fera, o capanga que perambula pelas fazendas da região realizando assassinatos por encomenda. Zana e Jão Fera compartilham o segredo da morte de Besita, senhora e protetora, mãe de Berta, a quem doravante se devotam.[118]

Logo no início do romance, Jão Fera conversa com um homem que lhe encomendara uma morte alegando desavenças políticas: "Se eu guerreei a chapa dele; eu cá sou do governo!...". Dessa vez, todavia, o capanga, ao saber a identidade da vítima, tenta desvencilhar-se do negócio. O problema é que a vítima seria Luís Galvão, de cujo pai Jão fora afilhado, tendo sido criado em sua casa. Chegara mesmo a servir de camarada de Galvão, tornando-se um "perverso" e assassino de encomenda após separar-se deste. O motivo da separação fora Besita, por quem Jão Fera tinha verdadeira adoração e a quem Luís Galvão acaba violentando, introduzindo-se em seu quarto durante uma prolongada ausência de seu marido. Dessa relação nasce Berta. Ao retornar à casa, o marido de Besita vinga a honra ultrajada assassinando a mulher, Zana presencia tudo e enlouquece, Jão Fera sai à caça do uxoricida e toma gosto pelo ofício de matador. Torna-se o capanga mais temido da região, apesar de Alencar rechear o romance com sanguinários que tais, todos dispostos a arrebatar ao Fera a coroa de mais perverso. De fato, ao menos na imaginação do romancista, o campo parecia infestado daquelas "bestas-feras" de que falara o deputado. No final da história, após uma sucessão de eventos que me dispenso de relatar, Jão regenera-se para servir a Berta, que o protege, assim como a Brás, sobrinho "epiléptico" e "idiota" de Luís Galvão, e a Zana, a velha escrava de sua mãe. O resumo da história de Jão Fera é que, como homem "livre", ele só está integrado à sociedade quando firmemente amarrado por laços de dependência: tudo estivera bem enquanto fora "afilhado" do pai de Luís Galvão, ou camarada deste, e tudo fica bem de novo quando passa a servir a Berta. De outro modo, "percorre o campo como uma besta-fera!".

Alencar tentava vincular o processo de emancipação a reformas sociais mais amplas, que redefiniriam o sentido da liberdade naquela sociedade. A dificuldade do exercício era óbvia. Por um lado, ele articulava críticas procedentes à experiência de cidadania no Império, especialmente ao enfatizar a violência política em períodos eleitorais.[119] Por outro lado, a estratégia de entrelaçar tudo desse modo era apostar no imobilismo. Além disso, obrigava-o a criar a representação da "doçura" da escravidão no Brasil, fazendo a apologia da visão senhorial de mundo. A liberdade do cidadão, fundada na razão e na capacidade de discernimento, valorizada na retórica, ficava adiada para um futuro remoto; remotíssimo, presume-se, pois Alencar via no cativeiro a produção de subordinação através da proteção dos senhores e da gratidão dos dependentes — isto é, a escravidão garantia a ordem social, mas nem ele, nem ninguém no parlamento, achava possível formar futuros cidadãos no contexto de tal instituição. Isso ficará evidente mais adiante, quando voltarmos à questão dos direitos políticos dos ingênuos. Por agora, basta ver que deputado e romancista, temerosos ambos das consequências supostamente "funestas" da liberdade, enveredavam pela defesa da escravidão — ou da emancipação "voluntária", fincada no pressuposto da inviolabilidade da vontade senhorial: "o partido conservador sempre esteve convencido da necessidade de deixar que o problema da emancipação se resolvesse por si, por uma transformação lenta e pela revolução social dos costumes".[120] Frase curiosa, visto que reivindica para senhores de escravos a iniciativa de revolucionar o seu próprio mundo. Alencar disputava aos governistas a prerrogativa de definir o sujeito do processo histórico. E como a verdade é a massa da História, dizia assim:

> É preciso dizer a verdade. O que se observava era apenas o progresso contínuo, suave e natural da revolução íntima que desde muito se opera no Brasil, e que tende a realizar a emancipação pelo melhoramento dos costumes, pela generosidade do caráter brasileiro, pela nossa civilização, que pulula com uma força imensa. Era o desenvolvimento dessa regeneração moral, que dentro em pouco extinguiria a escravidão, independente dos esforços do governo e das declamações dos propagandistas.
>
> Eis o que realmente havia no país; era a tendência manifesta para operar esta reforma espontaneamente, sem a necessidade de uma lei, o que seria muito mais glorioso para nós. (*Apoiados.*) Seria a emancipação feita pela nação, levada a efeito por um impulso nobre da sociedade brasileira. (*Apoiados.*)[121]

Ao mesmo tempo em que defendiam a prerrogativa senhorial no processo de emancipação, Alencar e seus aliados combatiam a versão de que a lei proposta resultara da iniciativa dos "representantes da nação" — isto é, dos ministros do gabinete e seus partidários no parlamento, que estariam respondendo aos anseios da "opinião pública". Ao contrário, atribuíam a proposta de lei de emancipação à vontade da Coroa: Alencar afirmava que "é de cima que vem o impulso. (*Apoiados.*) A opinião não exercia pressão alguma sobre o governo. Donde recebeu ele essa pressão? Do alto".[122] Os ministros do gabinete apareciam como títeres do imperador, simples instrumentos de seus desígnios. O país via-se amesquinhado pelo exercício do absolutismo mais desmedido; o projeto trazia na origem o "*quero e não quero! posso e mando!*" do monarca, segundo Perdigão Malheiro.[123]

O argumento é interessante porque apresentava uma dificuldade óbvia. Como vimos, os deputados da oposição viam perigo na proposta do governo exatamente porque achavam que ela desmancharia a ficção do poder absoluto dos senhores sobre seus escravos. Então como saíam a campo para questionar o suposto poder absoluto do imperador? Na verdade, e independentemente das complexas questões constitucionais concernentes à definição e aos limites do poder moderador, os parlamentares pareciam acusar o imperador de haver desrespeitado o costume, de se haver excedido no exercício, em princípio legítimo, da vontade senhorial. Mais ainda, ao patrocinar a intromissão do Estado nas relações privadas entre senhores e escravos, d. Pedro II arriscava a legitimidade de seu domínio sobre os próprios súditos. Se o imperador interpunha o poder público entre senhores e escravos, então não seria o caso de reformular as instituições políticas do país de modo a reforçar a soberania do "povo" — isto é, dos proprietários de terras e de escravos — contra as prerrogativas da vontade imperial? Paulino de Souza foi explícito ao vincular a continuidade da monarquia ao apoio das "classes importantes e influentes da sociedade":

> Todos nós compreendemos a falsa posição em que se acham o Sr. presidente do conselho e seus colegas (*apoiados*); a prudência, porém, já lhes devia ter sugerido algum alvitre para não deixarem que se divorciem da monarquia classes como o comércio e a lavoura que a tem até hoje firmemente apoiado. Se o desgosto ou o desânimo as tornar indiferentes à consolidação da instituição a que se têm mostrado sempre dedicadas, que outro apoio quer o nobre presidente do conselho dar à monarquia para ampará-la de qualquer propaganda que porventura contra a ordem de cousas

estabelecida se levante e ameace avultar no país? (*Apoiados; muito bem.*)

Após brandir a ameaça, Paulino de Souza ainda ironizou os oponentes perguntando se o governo achava que poderia sustentar a monarquia constitucional no Brasil na "classe predileta dos novos ingênuos", sujeitos inventados pela lei e "educados no regímen da escravidão até os 21 anos". Enfim, Paulino de Souza e os pares pareciam dizer que afrouxar o domínio senhorial sobre os escravos resultaria no enfraquecimento do poder do rei sobre os seus súditos — ou até em sua deposição. A "propaganda" à qual se refere o orador e que poderia "avultar no país" era obviamente a republicana. E Quintino Bocaiúva não perdeu tempo, propondo a José de Alencar, talvez o mais aguerrido crítico do imperador naqueles dias, que fizesse de *Til* um folhetim de *A República*. Alencar escreveu ao editor reafirmando a sua opção pelo regime monárquico, ainda que reformado. Mas aceitou de bom grado publicar a história de Berta e Jão Fera no periódico republicano.[124]

Naquele mesmo ano de 1871, Natividade subiria o morro do Castelo para ouvir à cabocla a insinuação de que seus dois filhos gêmeos, de um ano de idade — Pedro, o que seria monarquista, e Paulo, o republicano —, teriam "brigado no ventre de sua mãe". Cousas futuras.[125]

MATRÍCULA

A proposta do governo, com as emendas da comissão parlamentar, recebeu 61 votos de deputados favoráveis, 35 contrários. O gabinete lograra maioria expressiva, mas confrontada por uma minoria também numerosa, e aguerrida. No Senado, causou espécie a oposição tenaz de Zacarias ao projeto — ele que fora o chefe do gabinete liberal alçado ao poder em 3 de agosto de 1866, o primeiro a promover discussões públicas sobre uma lei de emancipação. Zacarias via defeitos na proposta do governo, que teria modificado o esboço original do Conselho de Estado em pontos importantes, e alegava razões partidárias. Outros liberais não o acompanharam, e o Senado votou e aprovou a proposta na sessão de 27 de setembro de 1871. Das galerias caíram flores, "de que fica juncado o recinto", e os espectadores "prorromperam em prolongados e estrepitosos vivas ao Senado brasileiro". A lei recebeu a sanção imperial no dia seguinte.[126]

Entre os vários temas a azedar os debates parlamentares, contudo, aparecera de forma recorrente o da execução da lei. Era comum que oposicionistas recheassem discursos com orações condicionais: "*se* esta proposta, tão cheia de perigos [...] passar aqui, *e o governo conseguir levá-la a efeito*" (grifo meu), desafiava Pinto Moreira, para prosseguir dizendo cousas que já não interessam.[127] Paulino de Souza e Perdigão Malheiro lucubraram longamente sobre o assunto. Paulino achava que a execução da proposta poderia ser "contingente ou opressora". Seria "contingente" se a autoridade pública deixasse ao arbítrio dos senhores o cumprimento de disposições que fossem de encontro a seus interesses particulares. "Opressora" caso se levasse a efeito "a fiscalização rigorosa" exigida para "seu exato cumprimento". Nessa hipótese, as autoridades locais chegariam ao auge de sua prepotência, visto que, sob o pretexto de verificar o tratamento dado aos "novos ingênuos", iriam "devassar a cada momento a casa e a vida íntima do cidadão". Paulino previa que a opção pela aplicação "opressora" da lei resultaria em "grande resistência" dos senhores, ao menos em sua "inércia". A lei acabaria desmoralizada, ou o governo teria de recorrer à violência contra os proprietários.[128]

Em suma, Paulino apostava na adoção "contingente" da legislação. Nesse jeito senhorial de conceber o sentido das leis, elas apareciam como sugestões, a cumprir desde que os proprietários o desejassem; a autoridade pública permanecia submetida à vontade de cada senhor particular. Perdigão Malheiro dava sustentação "empírica" — por assim dizer — a esse tipo de teoria ao recitar exemplos de leis que não haviam vingado no país porque houvera resistência à sua aplicação. Mencionou especialmente um decreto exigindo o registro de nascimentos, casamentos e óbitos, ao qual o governo desistira de dar execução devido à "agitação em certos municípios de Pernambuco e Paraíba". Num outro ato de provocação ao governo, disse que o próprio decreto de criação do Conselho de Estado encontrara "reação armada". Chegou à conclusão de que seria "até certo ponto fundada" a resistência à execução de leis "que ofendiam os interesses que esta reforma vai ofender".[129]

Exprimir tamanho desapego pelo cumprimento das leis do país naquele contexto era arriscado. A contradição ficava óbvia demais para passar sem remoque e provocava radicalização no sentido oposto. Em passagem impagável, Paulino de Souza arengava assim sobre o direito de propriedade em escravos: "uma espécie de propriedade que os atuais possuidores adquiriram legalmente (*apoiados*), que lhes veio às mãos, não por liberalidade régia ou por favor do Estado (*apoiados; muito bem*), mas pela forma por que se obtém e se distribui a riqueza, segundo as leis civis e os princípios econômicos". Aí está o defensor da aplicação "contingente" da lei de emancipação a discursar sobre a necessidade de execução "opressora" de leis que poderiam sustentar a escravidão. Nesse ponto, o deputado Araújo Lima, membro combativo na trincheira do governo, disse em aparte que tal propriedade havia sido adquirida "contra a lei". "Contra a lei?! Isto é uma blasfêmia!", explodiu o deputado Jansen do Paço.

Araújo Lima esclareceu que a propriedade escrava existente no país fora obtida "contra a lei de 1831".[130] Referia-se apenas a algo que todo mundo sabia. Se a lei "para inglês ver" de abolição do tráfico negreiro de novembro de 1831 fosse cumprida em suas disposições relativas à liberdade dos africanos introduzidos no país desde então, restariam pouquíssimas pessoas legalmente escravizadas em 1871. Enfim, os escravos existentes no Império provinham basicamente do contrabando e da escravização ilegal de pessoas livres; bastava aplicar o código penal vigente para acabar com aquela hipocrisia toda sobre direitos de propriedade. Evidente que as últimas duas frases são de minha lavra; não estou parafraseando o deputado Araújo Lima. De qualquer forma, a evocação da lei de 1831 naquele momento era sintomática do clima reinante no parlamento. Seguiram-se "outros apartes". Dias depois, Perdigão Malheiro subia à tribuna para reclamar contra um "movimento pernicioso" que supostamente começava no Norte do país: "Refiro-me, senhores, à execução inquisitorial da lei de 7 de novembro de 1831". Não desenvolvia mais o assunto por temer a "agravação dos males", e lamentava o fato de o parlamento não estar reunido em sessão secreta.[131]

Aí está uma moldura inicial, portanto, para o processo de execução da lei de 28 de setembro de 1871, o qual vamos acompanhar a partir daqui, às vezes coadjuvados pelo funcionário Machado de Assis. O primeiro desafio era realizar a matrícula de todos os escravos existentes no Império, conforme exigido no artigo oitavo. Esse registro geral, contendo o "nome, sexo, estado, aptidão para o trabalho e filiação" de cada escravo, consistia em pré-requisito essencial para a aplicação do fundo de emancipação e outros dispositivos da lei. Desde os debates no Conselho de Estado alegava-se que uma das dificuldades dos legisladores para lidar com o problema da emancipação era a falta de dados confiáveis sobre a população escrava existente no Império. Agora todo o sistema da lei dependia da obtenção desses dados, e é fácil imaginar a dificuldade de organizar semelhante serviço, em todo o país, naquele tempo.

O projeto do Conselho de Estado estabelecia que "o escravo não matriculado presume-se livre quaisquer que sejam as provas em contrário".[132] Na proposta aprovada, a redação é um tanto diferente: "Os escravos que, *por culpa ou omissão dos interessados*, não forem dados à matrícula até um ano depois do encerramento desta, serão por este fato considerados libertos" (grifo meu).[133] O senador Zacarias fez dessa mudança um de seus motivos para combater o projeto. Segundo ele, a fórmula do Conselho de Estado era "dura, mas razoável"; o da proposta, "brando", abrindo a porta "à chicana". A lei deixava de ser recurso seguro para "traçar uma linha divisória entre os que são escravos e os que o não são", pois os senhores poderiam conceber subterfúgios diversos para reverter a falta de matrícula, alegando que não houvera negligência de sua parte.[134] Enfim, este é outro exemplo de filigrana introduzida no texto do projeto para acalmar a oposição ou ao menos facilitar a adesão dos indecisos, deixando-lhes uma brecha para adiar definições e apostar talvez no cumprimento "contingente" da lei.

Em dezembro de 1871, o governo publicou regulamento detalhado para a realização da matrícula, fixando-lhe o prazo de 1º de abril até 30 de setembro de 1872, admitindo-se porém novas matrículas por mais um ano, o que, na realidade, estendeu o período do registro até 30 de setembro de 1873.[135] Em 4 de dezembro de 1873, o Ministério da Agricultura, principal encarregado de zelar pela execução do registro, encaminhou consulta ao Conselho de Estado sobre a situação dos escravos que não haviam sido dados à matrícula dentro do prazo legal por deficiências no serviço. Ou seja, chegavam ao ministério informações a respeito de municípios — da província de Pernambuco, no caso — em que a matrícula não havia sido sequer aberta, outros nos quais começara poucos meses antes de expirar o prazo final. O artigo 19 do regulamento da matrícula reafirmava a determinação da lei de 1871 de que os escravos não registrados dentro do prazo seriam "por este fato considerados libertos". Aos senhores, restava provar que a ausência do registro não ocorrera por sua "culpa" ou "omissão". O regulamento estabelecia ainda o modo de os senhores provarem que não haviam sido negligentes: teriam de mover ação judicial contra os libertos, para trazê-los de volta à escravidão. Na prática, no caso de municípios em que não houvera matrícula, cada proprietário parecia obrigado a entrar na justiça para reescravizar os próprios escravos. O Ministério da Agricultura, no segundo quesito da consulta aos conselheiros de Estado, perguntava então se não seria o caso de "marcar novo prazo para a matrícula, ou em todo e qualquer caso, estão os que não matricularam escravos sujeitos à disposição da última parte do artigo 19 do Regulamento de 1º de Dezembro de 1871".[136]

O problema em deliberar num caso como esse era avaliar as possíveis consequências. Firmado um precedente de reabertura de matrícula, sabe-se lá quantos mais teriam de vir depois, já que em dezembro de 1873 o governo estava longe de possuir dados gerais para avaliar com segurança o cumprimento desse item fundamental da lei.[137] A seção dos "Negócios do Império" do Conselho de Estado, composta pelos viscondes de Souza Franco e de Bom Retiro e pelo marquês de Sapucaí, analisou os papéis provenientes da presidência da província de Pernambuco e lá encontrou a informação de que a matrícula havia sido "fielmente executada na Recebedoria de Rendas e em algumas Coletorias mais próximas da Capital", mas "não o foi em outras do alto Sertão". Houvera problemas devido às grandes distâncias, transportes precários, falta de pessoal para o serviço. Em algumas localidades, os livros necessários à matrícula só teriam chegado quase ao término do prazo marcado pelo governo, ou até "muito tempo depois". Para completar o quadro, alegava-se que "se mesmo na Cidade não se pode dizer que foram matriculados todos os escravos que ali residem, menos o poderia ser no Sertão". O inspetor de Fazenda da província pedia então ao presidente que solicitasse ao governo imperial as medidas "precisas" — isto é, a reabertura da matrícula, presume-se que em vários municípios da província, ou mesmo nela inteira.

Os conselheiros mal escondem a irritação com tudo o que leram. As informações eram vagas, imprecisas. Não se designavam os municípios ou freguesias nos quais a matrícula não fora realizada, ou o fora apenas parcialmente. Tampouco apareciam listados os locais nos quais o prazo fora encurtado, e por quais motivos em cada caso. Mais inexplicável ainda era a história dos livros que haviam chegado tardiamente a seu destino: como alegar isso só agora, após findo o prazo para o serviço, se as autoridades tinham de "rubricar ou fazer rubricar" os tais livros? Concluíam que não houvera "ao que parece o zelo preciso na execução da lei". E recomendavam o envio de uma mensagem clara a senhores e autoridades provinciais que poderiam estar apostando na aplicação "contingente" da matrícula:

> Se uma lei de tão grande alcance social, político e industrial, em cuja promulgação, assim como para sua execução, o Governo Imperial empenhou seus maiores esforços, teve execução tão incompleta qual a descrevem o Presidente e Inspetor de Fazenda da Província de Pernambuco, tão próxima e de fácil comunicação com esta Corte, há a recear que em outras também não fosse executada, e deixa sérios receios sobre a fidelidade da estatística geral dos habitantes do Império, em que o mesmo Governo com tanta razão se esforça.

Fechavam o parecer dizendo que "os escravos não dados à matrícula" haviam adquirido "direitos à sua liberdade", e que aos senhores restava o recurso às ações judiciais previstas no artigo 19 do regulamento de dezembro de 1871. Quanto à solicitação de novo período para registrar escravos: "Que não pode o Governo marcar novo prazo; marcado para Pernambuco ter-se-ia de marcar para todo o Império, e a lei perderia de (*sic*) sua força e eficácia".

Ao contrário do que ocorria frequentemente nessas situações, o governo imperial, ainda sob a batuta de Rio Branco, não transformou em "aviso" ou "circular" — isto é, em orientação para procedimento geral — este parecer da seção Império do Conselho de Estado. Certamente, temeu as consequências de exigir prontamente ações de escravidão a proprietários residentes em locais nos quais sequer houvera matrícula. Ao que parece, resolveu dar tempo ao tempo, aguardar a chegada de dados mais completos sobre o que ocorrera no Império como um todo, para então avaliar o alcance de uma medida como esta. Enquanto as informações pingavam lentamente ao longo de todo o ano de 1874, o Ministério da Agricultura resolveu encaminhar nova consulta ao Conselho de Estado, dessa vez para a seção de Negócios da Justiça, sobre exatamente os mesmos pontos apreciados pela seção Império.[138]

A mirada desses outros conselheiros — Nabuco de Araújo e o visconde de Jaguary — contrasta radicalmente com a dos anteriores. Achavam que os escravos em questão não haviam adquirido direito à liberdade, não lhes sendo aplicável o artigo 19 do regulamento de 1871. Fundamentaram o seu parecer em motivos jurídicos e políticos. Por um lado, alegaram que a necessidade de o senhor mover ação judicial para recuperar escravos não matriculados pressupunha "a existência do registro aonde a matrícula" pudesse ser feita. Não existindo o serviço, o resto tornava-se acessório, pois "ao impossível ninguém é obrigado", "contra o impedido não corre o tempo". Verdade que a lei fora publicada e era de conhecimento geral, porém permanecera "sem ser exequível" para os senhores de escravos residentes em certas localidades. Por outro lado, Nabuco e o visconde de Jaguary argumentaram que os conselheiros da seção Império não haviam levado na devida conta os "graves inconvenientes de ordem pública que podem resultar de obrigar todos os senhores de um lugar a propor ações ordinárias de escravidão contra todos os escravos do mesmo lugar". Achavam até desnecessário "ponderar esses inconvenientes que ocorrem à primeira vista-d'olhos". Recomendavam, por conseguinte, que novo prazo devia "ser marcado para matrícula dos escravos nos lugares em que não houve registro para fazê-la", tornando-se a medida extensiva a todos os pontos do Império nos quais teriam ocorrido situações semelhantes.

Ainda dessa feita, porém, o governo imperial não transformou um parecer do Conselho de Estado sobre o tema em orientação política e administrativa. Se não parecia seguro sujeitar todos os senhores de certos municípios a mover ações judiciais contra seus escravos, tampouco seria alvissareiro recomeçar a matrícula em diversas localidades do Império. Poderia quiçá sugerir que a lei não vinha sendo cumprida, e que isso não produziria maiores consequências, abrindo-se o flanco a manipulações diversas. Novamente, optou-se por dar tempo ao tempo, aguardar informações mais completas. Assim correu todo o ano seguinte, o de 1875. Em relatório de maio desse ano, o ministério informava que haviam sido matriculados 1 410 668 escravos (o número final chegaria a mais de 1 540 000) e que ainda não dispunha de dados para várias dezenas de municípios.[139] Dizia-se também que o governo expedira "reiteradas ordens" para "a remessa das listas de matrícula que faltam, excluídas as de poucas localidades em que, por motivos ponderosos, não pôde efetuar-se este serviço".

De qualquer modo, em dezembro de 1875 o ministério decidira seguir a orientação da seção de Justiça do Conselho de Estado e considerar sem direito à liberdade os escravos que não haviam sido registrados por "deficiência" no serviço da matrícula. Para preparar a abertura de novos prazos, enviava circular aos presidentes de província solicitando informações detalhadas sobre cada município para o qual alegava-se que a matrícula não fora realizada pelo motivo aludido.[140] Nova espera de muitos meses — na verdade, foi-se inteiro o ano de 1876. À primeira vista, o passo de cágado do governo em tocar esses assuntos é de espantar. Faz sentido, todavia, no contexto das reiteradas ameaças de resistência ao cumprimento da lei ouvidas no parlamento durante os debates de 1871. Em relatório de 15 de janeiro de 1877, o ministério informava que, como resultado da circular de dezembro de 1875, soubera que apenas em Pernambuco dera-se o caso de municípios nos quais a matrícula não se realizara, ou ocorrera por período muito reduzido. Aparentemente seguro de que a medida não traria maiores consequências, o ministério arbitrara novo prazo apenas para os locais em que a matrícula jamais fora aberta. Dizia também ter tomado providências para impedir que escravos não matriculados em outros municípios, e portanto já libertos nos termos da lei, fossem agora fraudulentamente transferidos para os locais das novas matrículas e lá registrados.[141]

Os avisos de dezembro de 1876 regulando a reabertura de matrícula em municípios de Pernambuco são originários da segunda seção da Diretoria da Agricultura do Ministério da Agricultura — ou seja, foram redigidos no setor então chefiado pelo funcionário Joaquim Maria Machado de Assis.[142] A preocupação em evitar que a medida originasse chicanices é notória em tais avisos. Num deles, ficava estabelecido que, ao submeter um escravo ao registro em tais municípios, o proprietário tinha de provar que o cativo residia no local desde antes de 30 de setembro de 1873 — o último dia do prazo legal da matrícula especial. Provas aceitáveis nesse contexto seriam uma "justificação julgada por sentença com citação do curador de órfãos", atestado de autoridade civil ou eclesiástica, ou declaração de testemunhas "dignas de fé". Os documentos comprobatórios ficariam anexados às relações de matrícula. Difícil saber até que ponto essa exigência poderia inibir espertalhões individuais. De qualquer maneira, procurou-se acautelar estragos maiores por meio de aviso circular aos presidentes de outras províncias do Império: nele se dizia que o governo imperial reconhecia "efetuada a matrícula especial de escravos" em cada uma delas; em outras palavras, o governo recebera "participação" de que a matrícula fora realizada regularmente em tais províncias, deixando claro que não arbitraria novos prazos para quaisquer de seus municípios.[143] A julgar pelo relatório ministerial consultado, porém, tal aviso circular não foi enviado a várias províncias: Amazonas, Pará, Maranhão, Bahia, Espírito Santo, São Paulo e Minas Gerais — além, é claro, de Pernambuco. Isso talvez indique que, no final de 1876, havia ainda pendências sobre a matrícula em municípios dessas províncias.

Ao menos havia funcionários do Ministério da Agricultura que continuavam a advogar cautela máxima nesse assunto. Em meados de 1877, eram proprietários e autoridades do município de Vila Bela, também em Pernambuco, que insistiam na abertura de nova matrícula. Nesse caso, a matrícula acontecera, mas vigorara por período bem inferior ao estabelecido no regulamento. O chefe da segunda seção narra a história:

> O Promotor Público de Vila Bela participa, no incluso ofício, estarem ali agitados os ânimos, por motivos de escravos que deixaram de ser matriculados no devido tempo. Diz ser iminente o

perigo de grande desordem, motivada pelo desespero de senhores e escravos.

A raiz do mal é esta:

Houve matrícula em Vila Bela, mas só nos últimos três meses do prazo, porque até então não tinha o município nem coletor nem livros.

Os senhores, que deixaram de dar escravos à matrícula, estão agora animados com ver aberto novo prazo no município de Ingazeira. Os escravos, pela sua parte, procuram o promotor, a quem declaram não querer continuar na escravidão, e os senhores também o procuram para se queixarem do Governo.

O Promotor pensa que S. Ex. pode pôr termo ao conflito, ou considerando libertos os escravos não matriculados, ou concedendo novo prazo para que os senhores os matriculem.

A concessão de novo prazo não me parece admissível desde que Vila Bela não se acha no caso de Ingazeira, onde absolutamente não houve matrícula dentro do prazo. Por outro lado, se é lastimoso que só três meses antes de findar o prazo do Reg. de 1871 fosse aberta a matrícula em Vila Bela, quando o Regulamento afiançou a todos os municípios do Império cerca de dous anos, é também certo que as administrações provinciais lutam com dificuldades para o provimento das coletorias.

O caso de Vila Bela afigura-se grave; mas por isso mesmo convém, antes de qualquer solução, ouvir a Presidência da província, a quem o Promotor parece que nada comunicou, devendo aliás fazê-lo e só a ela, que remeteria então o papel a S. Ex. com as informações necessárias.

[...]

(datado) 3-7-77 (assinado) Machado de Assis.[144]

O parecer de Machado ao ministro é interessante, por um lado, porque descreve repercussões possíveis da lei de 1871 entre escravos: cientes de que a lei lhes garantia a liberdade pela falta de matrícula, os cativos procuravam a autoridade pública para garantir esse direito. Voltarei ao tema da atuação de escravos e de seus aliados diante da lei de 1871 mais adiante. Por outro lado, o parecer consignava o perigo inerente a atos de reabertura do registro: os proprietários de Vila Bela estavam "animados" com o novo prazo concedido alhures, pressionando por isso o governo para obter concessão semelhante. Machado argumentou então que um município no qual o serviço vigorara por período limitado não estava no mesmo caso de outro no qual o prazo sequer existira. Preocupava-se, é claro, com a multiplicação de demandas desse tipo. Após receber as informações solicitadas à presidência de Pernambuco, voltou a escrever ao ministro. Os papéis recebidos diziam que "a agitação foi pouco a pouco sufocada pela promessa que o Promotor fez de solicitar do Governo a concessão de novo prazo". Existiam de oitenta a cem escravos não matriculados em Vila Bela. Todavia, uma autoridade fiscal da província mencionava haver "outros municípios nas condições do de Vila Bela, não explicando quais". O mais grave é que a mesma personagem defendia a tese de que "em favor de tais municípios deve haver prazo novo e razoável, ficando assim aplicadas as mesmas vantagens a todos os municípios do Império". Diante disso, Machado reafirmava a sua posição original de que era "diferente o caso do município em que houve matrícula, embora em prazo curto, e o daquele em que absolutamente a não houve conforme expus em minha informação de 3 de julho". Instaurada a polêmica, porém, sugeria que fosse ouvido o Conselho de Estado. O diretor da Diretoria da Agricultura, seu superior imediato, concordou em remeter o assunto aos conselheiros de Estado; observou, contudo, que endossava a opinião da segunda seção: "aos senhores dos escravos não matriculados só cabe o recurso do art. 19 do Reg. de

1º de dezembro de 1871" — ou seja, querelar na Justiça para tentar reaver os seus escravos.

Mas os conselheiros de Estado optaram pelos proprietários e autoridades de Pernambuco, e os escravos de Vila Bela perderam a parada. A segunda seção teve de redigir o aviso de 22 de maio de 1878, que mandava "abrir de novo, pelo prazo de um ano, a matrícula especial de escravos no município de Vila Bela".[145] Esse episódio é apenas um exemplo, entre vários outros debatidos no interior da administração pública, nos quais a segunda seção do Ministério da Agricultura defendeu a aplicação rigorosa de artigos da lei de 28 de setembro de 1871 e seus regulamentos. Perdeu dessa vez, e mais vezes. Ganhou outras. O caso mais significativo, pois parecia assinalar a disposição do governo em ampliar as possibilidades de recurso ao Judiciário para garantir a liberdade de escravos, contou com participação decisiva de Machado de Assis.

O problema se originara no município de Resende, província do Rio de Janeiro. O coletor das rendas gerais do município entrara em dúvida sobre se devia ou não inscrever no livro de matrículas os escravos pertencentes ao cidadão José Pereira da Silva Porto. Os ditos cativos não haviam sido dados à matrícula em tempo hábil; o senhor, porém, obtivera sentença favorável em ação ordinária movida segundo o previsto no artigo 19 do regulamento de 1º de dezembro de 1871. Ou seja, o juiz local aceitara tanto as suas alegações de que não fora "culpado ou omisso" pelo fato de os escravos não haverem sido matriculados, quanto as provas oferecidas de que os cativos permaneciam sob o seu domínio. Em seguida à sentença, o proprietário solicitara o registro na coletoria municipal. O coletor não sabia se devia aceitar a matrícula, "à vista da disposição do art. 7º, parágrafo 2º, da Lei nº 2040 de 28 de Setembro de 1871". Tratava-se do artigo que estabelecia a obrigatoriedade de recurso *ex officio* nas "causas em favor da liberdade", quando "as decisões lhe forem contrárias". Não houvera recurso, voluntário ou *ex officio*, à decisão do juiz de Resende; cumpria então autorizar a matrícula solicitada pelo proprietário?[146]

Outro problema delicado, pois novamente a solução a ser encontrada para o caso fixaria a conduta da administração pública em situações semelhantes. Houve intensa troca de pareceres no interior do Ministério da Agricultura e, posteriormente, em outros setores do governo imperial. Em 11 de agosto de 1875, e novamente em 5 de outubro, Diniz Villas-Boas, oficial da segunda seção da Diretoria da Agricultura, pronunciou-se a favor dos escravos e contra a concessão da matrícula. O estabelecido no artigo 7º da lei de 28 de setembro aplicava-se ao caso do artigo 19 do regulamento de 1º de dezembro. A matrícula só poderia ser autorizada se a sentença obtida pelo senhor fosse confirmada em instância superior. Em 6 de outubro de 1875, Augusto José de Castro e Silva, então diretor da Diretoria da Agricultura, sustentou opinião contrária. Os processos de liberdade aos quais se referiam o artigo 7º eram apenas aqueles para a obtenção de "alforria por indenização do valor ou remissão". Tal artigo não se aplicava aos casos de falta de matrícula e, ademais, "sendo independentes os poderes políticos do Império, ao executivo compete acatar as decisões do poder judiciário e conseguintemente ordenar ao Coletor de Resende que matricule os escravos de José Pereira da Silva Porto". Xavier Pinheiro, oficial da Secretaria, também opinou a favor do interesse senhorial em 24 de maio de 1876.

Como a questão continuava confusa, solicitou-se parecer da Procuradoria da Coroa. Em 10 de julho de 1876, o procurador Sayão Lobato considerou necessário o julgamento em segunda instância para a autorização da matrícula. Em 15 de julho, Gusmão Lobo, novo diretor da Diretoria da Agricultura, declarou não poder concordar com o parecer do procurador, e achou que "conviria" que sobre a matéria se pronunciasse "o atual chefe da 2ª seção". Recomendou, ainda, que o dito funcionário realizasse a tarefa "em prazo curto, como costuma", por se tratar "de negócio pendente há quase um ano". O destinatário do elogio era Machado de Assis, já então chefe interino da segunda seção.

Não entendo bem o porquê de o diretor Gusmão Lobo haver remetido o caso de volta à segunda seção, para conhecer opinião de chefe interino em assunto jurídico sobre o qual já se ouvira até a Procuradoria da Coroa. Ainda bem que o fez. Machado de Assis foi de longe o autor do parecer mais politizado e incisivo da série. Seu discurso lembra os de advogados abolicionistas que encontrei tantas vezes nas ações de liberdade estudadas para a elaboração de *Visões da liberdade*:

> Obedecendo ao despacho da Diretoria, examinei detidamente estes papéis, e, à vista deles e das disposições legais, direi resumidamente o que me parece.
>
> No Art. 7º P 2º da Lei de 28 de setembro de 1871 se diz que das decisões contrárias à liberdade, nas causas em favor desta, haverá apelação *ex-officio*. Pelo Art. 19 do Regulamento do 1º de dezembro do mesmo ano, os escravos que não forem dados à matrícula por culpa ou omissão dos senhores serão considerados libertos, salvo aos mesmos senhores o meio de provar, em ação ordinária, o domínio que têm sobre eles, e não ter havido culpa ou omissão sua na falta da matrícula.
>
> Pergunta-se: — Das sentenças que, na hipótese do art. 19, forem contrárias à liberdade, cabe apelação *ex officio*?
>
> Minha resposta é afirmativa. Para responder de outro modo, fora preciso fazer entre os dous casos uma distinção, que não existe, e que, a meu juízo, repugna ao espírito da lei.

O argumento principal, que acho nestes papéis, favorável à negativa, é que as causas de que trata o art. 19 do regulamento não são a favor da liberdade, isto é, não são propostas pelo escravo, mas pelo senhor, a favor da escravidão, — entenda-se, a favor da propriedade.

Esta diferença não é radical, mas aparente e acessória. As causas do art. 19 é certo que não as propõe o escravo, mas o senhor; não tem por objeto imediato a libertação, mas a prova da propriedade do senhor e da força maior, que deu lugar à falta de matrícula. Mas em que é que tal diversidade de origem pode eliminar o objeto essencial e superior do pleito, isto é, a liberdade do escravo?

Importa pouco ou nada que o recurso à justiça parta do escravo ou do senhor, desde que o resultado do pleito é dar ou retirar a condição livre ao indivíduo, nascido na escravidão. Acresce que, na hipótese do art. 19, a decisão contrária à liberdade, é contrária à liberdade adquirida, anula um efeito da lei, restitui à escravidão o indivíduo já chamado à sociedade livre; neste, como no caso do art. 7º da lei, é a liberdade que perece; em favor dela deve prevalecer a mesma disposição.

Na diferença entre *ação sumária* (art. 7º da lei) e *ação ordinária* (art. 19 do regulamento) não estará, presumo eu, a razão da diferença para a aplicação do recurso, de que se trata. Ser sumário ou ordinário o processo, suponho que apenas lhe diminui ou multiplica os trâmites, circunstância alheia ao ponto litigioso.

Outrossim, convém não esquecer o espírito da lei. Cautelosa, equitativa, correta, em relação à propriedade dos senhores, ela é, não obstante, uma lei de liberdade, cujo interesse ampara em todas as partes e disposições. É ocioso apontar o que está no ânimo de quantos a tem folheado; desde o direito e facilidades da alforria até a disposição máxima, sua alma e fundamento, a Lei de 28 de Setembro quis, primeiro de tudo, proclamar, promover e resguardar o interesse da liberdade. Sendo este o espírito da lei, é para mim manifesto que num caso como o do art. 19 do regulamento, em que, como ficou dito, o objeto superior e essencial é a liberdade do escravo, não podia o legislador consentir que esta perecesse sem aplicar em seu favor a preciosa garantia indicada no art. 7º da lei.

Tal é o meu parecer, que sujeito à esclarecida competência da Diretoria. — Em 21 de Julho de 1876. — Machado de Assis.

O diretor Gusmão Lobo reconheceu no texto do chefe interino razões "das de melhor quilate para favorecer a liberdade"; e parecia ser favorável a uma mudança no regulamento para tornar clara a necessidade do recurso *ex officio* nos casos de tentativa de revogação de alforria obtida por falta de matrícula. Antes de ocorrer tal mudança, porém, achava que a negação do registro solicitado seria um desrespeito ao direito de propriedade. Como a questão era "grave", e "atenta a diversidade de pareceres", Gusmão Lobo considera de melhor alvitre a consulta à "ilustrada Seção dos Negócios da Justiça do Conselho de Estado".

Reunidos em 20 de outubro de 1876, José Thomaz Nabuco de Araújo e os viscondes de Jaguary e de Nictheroy decidiram que o recurso *ex officio* aplicava-se ao caso. Assim como Machado de Assis, os conselheiros adotaram a interpretação de que o que interessava no caso era seguir "o espírito da lei": "quando se acha obscuridade na lei deve ser ela entendida no sentido, que mais se conforma com a intenção do legislador". E mais, tal "espírito" era evidente: na formulação um tanto comedida dos conselheiros, a lei estabelecera a apelação *ex officio* visando à "garantia em favor da liberdade como regra geral, cabida em todas as ações, que tivessem por objeto a causa da liberdade"; na linguagem incisiva do chefe da segunda seção, tratava-se de, "primeiro que tudo, proclamar, promover e resguardar o interesse da liberdade".

Convém observar de novo o parecer de Machado, à cata

de algo que nos leve adiante nesse labirinto de regras e pormenores legais e administrativos. Não há propriamente novidade no arrazoado do funcionário — sequer o seu tom aguerrido surpreende, no contexto politizado do processo de execução da lei de 1871. Todavia, o parecer resume talvez os pontos centrais da "doutrina", por assim dizer, da segunda seção no acompanhamento da aplicação da lei. Primeiro, não havia argumento a favor da escravidão, que era instituição contrária ao direito natural. Subsistiam, é verdade, determinações "a favor da propriedade" dos senhores, sobre a qual a lei fora "cautelosa, equitativa, correta". Essa consideração pelo direito de propriedade, porém, estava subordinada ao respeito pelo verdadeiro "espírito da lei". Segundo, aquela era uma "lei de liberdade, cujo interesse ampara em todas as partes e disposições"; por conseguinte, em caso de dúvida, ou havendo uma brecha, cumpria seguir o "espírito da lei" contra o interesse dos proprietários. Terceiro, e este ponto complementa os dois anteriores, a seção pautava-se pelo objetivo mais geral de submeter o poder privado dos senhores ao domínio da lei. Assim, no parecer em questão, busca-se ampliar a abrangência de um dispositivo da lei, fazendo-o valer para qualquer ação civil na qual a liberdade de um cativo pudesse estar em jogo. Expandem-se as prerrogativas do poder público, aumentam-se as garantias dos cativos; em contraste, os senhores estão cada vez mais obrigados a frequentar o Judiciário para manter o domínio sobre seus escravos.

A rigor, esses pontos gerais de doutrina não eram formulação dos barnabés da segunda seção. Haviam triunfado em 1871, e o próprio Rio Branco, como vimos, expusera-os longamente durante os debates parlamentares. Funcionários como Machado de Assis e José Diniz Villas Boas — primeiro oficial da seção, subordinado diretamente a Machado e, ao que tudo indica, principal encarregado de elaborar as minutas dos pareceres sobre as questões relativas à emancipação — podiam, no máximo, propor interpretações da lei e seus regulamentos de modo a esgarçar o alcance de dispositivos contrários aos proprietários e favoráveis aos pleitos de liberdade dos escravos.[147] Foi este o sentido do posicionamento de Machado contra reaberturas de matrícula e a favor de recurso obrigatório nos resultados contrários aos escravos em ações baseadas no artigo 19 do regulamento da matrícula.

Nesses debates no interior da administração pública, os funcionários da segunda seção podiam às vezes contar com o apoio decidido de Gusmão Lobo, diretor da Diretoria da Agricultura do ministério a partir de meados da década de 1870. Noutro caso importante por suas consequências na aplicação cotidiana da lei de 1871, diretoria e segunda seção defenderam uma interpretação rigorosa de artigos do regulamento da matrícula sobre multas e outras punições a proprietários e funcionários relapsos quanto à sua execução. A consulta, encaminhada às seções reunidas dos Negócios da Fazenda e do Império do Conselho de Estado em 2 de agosto de 1876, era a seguinte: "A multa de que trata o artigo 35 do Regulamento nº 4835 de 1º de dezembro de 1871 deve ser aplicada, quer aos oficiais públicos, quer aos proprietários de escravos, por uma só vez ou tantas vezes, quantos forem os indivíduos sobre que versar a omissão?".[148]

Tentarei esclarecer o imbróglio. Após o término do período inicial da matrícula, em 30 de setembro de 1872, nenhum contrato ou ato oficial envolvendo escravos teria lugar sem a apresentação das "relações das matrículas ou certidão delas". Sem prova de registro, portanto, não se poderia lavrar escritura de compra e venda de escravos, nem penhor, hipoteca ou contrato de aluguel de seus serviços. Nenhum inventário, ou partilha, ou qualquer outro litígio concernente a escravos seria admitido em juízo sem o documento da matrícula. Findo o registro, os proprietários continuavam obrigados a comunicar, e os funcionários a anotar formalmente, as ocorrências relativas a cada cativo: mudança de residência para fora do município, transferência de domínio, falecimento, obtenção de alforria. Enfim, a ideia era manter um acompanhamento detalhado do movimento da população escrava. O tal artigo 35 mencionado na consulta do Ministério da Agricultura ao Conselho de Estado estabelecia multa de 10 a 50 mil-réis para funcionários e proprietários que desrespeitassem essas regras. A dúvida, originária provavelmente da segunda seção, a julgar pelo caminho rotineiro desses papéis no interior da administração, consistia então em saber se a multa devia ser aplicada uma só vez ao funcionário ou proprietário em falta, ou se era o caso de multiplicar o valor pelo número de escravos envolvidos.

O diretor, Gusmão Lobo, começou o seu longo arrazoado dizendo que estava de acordo com a segunda seção (cujo parecer, desgraçadamente, não está transcrito no dossiê): "a multa deve ser aplicada tantas vezes quantos os escravos omitidos na declaração do senhor ou nos atos do oficial público". Dizia que proceder de outra forma seria negar o princípio de que a pena tinha de ser proporcional ao delito. Verdade que o regulamento estabelecia uma gradação nas multas, que poderiam ir de 10 a 50 mil-réis. Essa "flexibilidade" talvez ajudasse a avaliar motivos atenuantes ou agravantes para tais faltas, mas "por si não corresponderia de modo algum à escala em que a omissão pode dar-se". Não conseguia acreditar que a intenção do regulamento fosse punir com a mesma pena o senhor que deixasse de informar a transferência de domínio de um escravo e aquele que o fizesse em relação a cinquenta ou cem. *Philosopho*, o diretor da Agricultura bateu-se com gosto contra adversários, não nomeados, que teimavam em aplicar à situação em pauta "o princípio corrente em jurisprudência" de "não caber mais de uma pena ao agente cujo delito produz diferentes resultados materiais" — por exemplo, um réu não podia ser punido duas ou mais vezes por matar duas ou mais pessoas com um só tiro. Gusmão Lobo, ao contrário, achava que cada falta nesses casos tinha a gravidade de um tiro, pois dizia "de muito perto com interesses da liberdade". Pensava, por conseguinte, que "pode haver um ato se a omissão versa sobre um escravo, porém há muitos atos se ela versa sobre muitos escravos, e tais atos tanto são diferentes que o senhor pode averbar a mudança de uns escravos e não o de outros, dando-se o mesmo com o falecimento e a transferência de domínio". Gusmão Lobo observava, finalmente, que o artigo 33 do regulamento fazia menção explícita à multiplicação das multas. De fato, esse artigo rezava que as pessoas negligentes em "dar à matrícula filhos livres de mulher escrava" estariam sujeitas à multa de 100 a 200 mil-réis, "tantas vezes repetida quantos forem os indivíduos omitidos na matrícula". O artigo 35, que era o objeto da consulta e vinha pouco abaixo, continha "defeito de redação" ao deixar apenas implícita a determinação de aplicar a pena para o caso de cada escravo a respeito do qual houvesse falta ou omissão de funcionário público ou proprietário.

A opinião do diretor da Agricultura, segundo ele mesmo acorde com a segunda seção, foi apreciada no Conselho de Estado, em 7 de agosto de 1876, por personagens conspícuas em partes anteriores deste meu texto: o visconde do Rio Branco — que já não estava chefe de gabinete —, o marquês de São Vicente e Paulino José Soares de Souza, além de Teixeira Júnior e José Pedro Dias de Carvalho. O parecer unânime dos conselheiros foi de "que a multa de que trata o art. 35 do Regulamento [...] deve ser aplicada sem atenção ao número dos indivíduos sobre que versar a omissão". Apesar de elogiar o parecer da Diretoria da Agricultura, discordavam dele porque deixava de interpretar o regulamento da matrícula "literalmente, como parece que deve ser". A tensão inerente à fórmula já revela a dificuldade dos conselheiros. "Parece" que a interpretação devia ser literal — isto é, *eles achavam* conveniente que fosse literal *no caso em pauta*; ao mesmo tempo, reconheciam implicitamente que seria possível encarar o problema de outra forma. Afinal, no que consistia ler "literalmente" disposições francamente ambíguas ou contraditórias, pois se os próprios conselheiros admitiam, já de saída, que os "argumentos" da Diretoria da Agricultura podiam "provar alguma deficiência nas bases da Lei"? A resposta, evidentemente, era política. Como temos visto à exaustão, nossos personagens concebiam a legislação, em grande medida, como uma "obra aberta", a ser apropriada segundo estratégias ou disputas políticas de momento.

Para começar, os conselheiros observaram que havia diferença significativa nos objetivos das matrículas de ingênuos e escravos. No caso dos ingênuos, o registro consistia em meio de garantir a liberdade. Por isso a lei de 28 de setembro determinava a multa de 100 a 200 mil-réis para a falta de matrícula por "negligência" do senhor, repetida tantas vezes quantos fossem os menores não matriculados. A tentativa de "fraude" no registro dos filhos livres das escravas — mentir quanto à idade, por exemplo, para mantê-los cativos — seria enquadrada no código criminal, pois consistia em reduzir pessoa livre à escravidão. Já a matrícula dos escravos era "distinta", tinha "outro fim e outros efeitos", "só" era "essencial para a cobrança da taxa especial e para a emancipação gradual da escravatura". Mais ainda, a falta de matrícula dava ao cativo o direito à liberdade; no caso dos ingênuos, a matrícula atestava a sua condição de livre. O "Legislador" de 1871 fixara em 100 mil-réis o valor máximo das multas que o governo poderia impor em seus regulamentos, à exceção apenas dos valores mais elevados arbitrados para omissões no registro dos filhos livres das escravas. Assim, prosseguiam os conselheiros, tais regulamentos tinham apenas seguido o "espírito da lei" ao reconhecer que havia "diferença de sanção entre os fatos puníveis de uma e outra matrícula". Ademais, o governo não havia sido autorizado a arbitrar multas e penas além de certo limite; ao fazer isto, como desejava a Diretoria da Agricultura, estaria "agravando [...] a repressão legal e transpondo o limite daquela faculdade".

Em suma, o regulamento da matrícula devia ser lido literalmente: "Onde [...] quis a multa repetida declarou-o expressamente". De qualquer forma, os conselheiros reconheciam que os argumentos da Diretoria da Agricultura pareciam "plausíveis", o parecer fora "hábil" etc., donde deduzo que, em outras circunstâncias, poderiam ter prevalecido. Ao final, Rio Branco e Paulino de Souza, adversários implacáveis em 1871, declararam francamente o que os unia poucos anos depois:

> A Lei não autorizou multas tão elevadas, e o Regulamento respeitou os limites legais, e bem interpretou o pensamento do Legislador no cuidado com que este teve muito em vista não agravar as apreensões dos que receberam com muitos receios a Lei de 28 de Setembro de 1871, que de certo operou uma reforma das mais importantes, cuja execução requeria máxima prudência e o espírito mais conciliador.

A lei de 1871 havia redefinido arenas de conflitos sociais, tinha legitimado uma maior intervenção do poder público nas relações entre senhores e escravos. Nesse sentido, como vimos, comprometera as bases tradicionais da instituição da escravidão. O ritmo e o alcance dessas mudanças, todavia, continuavam a ser negociados passo a passo durante o processo de aplicação da lei. No interior da própria administração, havia aqueles dispostos a esgarçar significados e ampliar continuamente as prerrogativas do poder público. Em meados dos anos 1870, acreditavam sinceramente que valia o esforço de lutar pela emancipação dos escravos através de uma aplicação rigorosa e abrangente da lei de 1871. Faltava-lhes talvez "o espírito mais conciliador", ou o apego à arte de bordejar, na qual era tão supimpa o visconde do Rio Branco.[149]

FUNDO DE EMANCIPAÇÃO

O artigo terceiro da lei de 1871 instituiu um fundo destinado a promover anualmente, em cada província, a libertação de tantos escravos quanto possível com os recursos disponíveis. O fundo de emancipação seria constituído pela taxa de escravos, impostos sobre a transmissão da propriedade escrava, multas decorrentes da aplicação da lei, seis loterias anuais, recursos orçamentários e mais "subscrições, doações e legados com esse destino". O regulamento de 13 de novembro de 1872 estabeleceu os critérios para a classificação dos escravos a alforriar. Mandava priorizar famílias a indivíduos, cônjuges que fossem escravos de diferentes senhores, os que tivessem filhos nascidos livres em virtude da lei, e assim por diante.[150] Nesse ponto, como noutros, os adversários da lei, ainda que apreciassem a ideia de libertar mediante indenização, criticavam a prerrogativa do governo em determinar as regras para a emancipação pelo fundo. Achavam que os senhores deviam controlar o processo de escolha dos cativos a libertar com tais recursos.

Enquanto o funcionário Machado de Assis lidava cotidianamente com a execução do fundo de emancipação, o cronista Machado de Assis, sob o pseudônimo de Manassés, fazia pilhéria:

De interesse geral é o fundo de emancipação, pelo qual se acham libertados em alguns municípios 230 escravos. Só em alguns municípios!

Esperemos que o número será grande quando a libertação estiver feita em todo o império.

A lei de 28 de setembro fez agora cinco anos. Deus lhe dê vida e saúde! Esta lei foi um grande passo na nossa vida. Se tivesse vindo uns trinta anos antes, estávamos em outras condições.

Mas há 30 anos, não veio a lei, mas vinham ainda escravos, por contrabando, e vendiam-se às escâncaras no Valongo. Além da venda, havia o calabouço. Um homem do meu conhecimento suspira pelo azorrague.

— Hoje os escravos estão altanados, costuma ele dizer. Se a gente dá uma sova num, há logo quem intervenha e até chame a polícia. Bons tempos os que lá vão! Eu ainda me lembro quando a gente via passar um preto escorrendo sangue, e dizia: 'Anda, diabo, não estás assim pelo que eu fiz!' — Hoje...

E o homem solta um suspiro, tão de dentro, tão do coração... que faz cortar o dito. *Le pauvre homme!*[151]

Melhor começar pelo fim, para notar que o conhecido de Manassés ecoava receios já expressos nos debates de 1871. Segundo ele, a lei de fato interpusera o poder público entre senhores e escravos, comprometendo a legitimidade da dominação senhorial — tanto assim que senhor que torturasse escravo naqueles dias teria quiçá de enfrentar a intervenção de terceiros, os quais poderiam até chamar a polícia. Não é à toa que, nas últimas duas décadas da escravidão na Corte, havia exemplos repetidos de escravos que cometiam crimes — às vezes contra os próprios senhores ou seus prepostos — e corriam *para a polícia*, ao invés de fugir dela.[152] Escravos "altanados" — ou seja, conscientes das possibilidades políticas que lhes haviam sido abertas pela lei de 1871.

É certo que, por meio de Manassés, Machado ironizava essas lamentações de senhores de escravos. Mandava-os suspirar na cama que é lugar mais quente. Chegava mesmo a lembrar-lhes do contrabando "às escâncaras" do qual se originara a sua propriedade. E quanto ao trecho anterior, sobre o fundo de emancipação? À primeira vista, é possível que Manassés falasse sério, enquanto Machado permanecia sempre com aquele movimento misterioso ao canto da boca, cheio de mistérios, inventado por algum grego da decadência. Afinal, a lei de 1871 fizera cinco anos, e o fundo de emancipação só então começara a libertar escravos — 230 ao todo. Ora, a população escrava do Império, segundo a matrícula recentemente concluída, era de aproximadamente 1,5 milhão de pessoas! O número de escravos alforriados desse modo era pífio, ridículo, merecedor de chacota e nada mais.

Verdade. Mas Manassés não pilheriava nessa passagem, nem Machado pensava diferente de Manassés. A leitura da passagem no contexto da crônica sugere uma mudança de tom na narrativa, que parece transitar da habitual ironia ao elogio transparente da lei de 28 de setembro, para retornar à ironia endereçada aos senhores no final. De fato, Manassés destilara fel a outras cousas públicas nos parágrafos imediatamente anteriores. Comparara eleições e espetáculo lírico: na ópera havia a cabaleta, já na eleição a "cabala" era "o primeiro trecho musical". Brincara em seguida com o fato de que a rua das Laranjeiras começava a ser calçada — depois de anos de lamaçal, segundo comentário em texto anterior da mesma série.[153] Só então surge a passagem sobre o fundo de emancipação, na qual o chiste, se existe, não é evidente como nas anteriores, ou como no trecho seguinte, sobre lamúrias senhoriais.

A crônica em questão foi publicada em 1º de outubro de 1876. Machado tornara-se chefe interino da segunda seção havia pouco e andava envolvido em luta ferrenha para melhorar o desempenho do fundo de emancipação criado pela lei de 1871. A segunda seção expediu dezenas de avisos e circulares sobre o assunto durante o segundo semestre de 1876.[154] Na verdade, o governo disponibilizara a primeira quota do fundo desde março de 1875, mas as províncias não conseguiam utilizar os recursos. O serviço de classificação dos escravos matriculados em cada município tornara-se "dificílimo e até inexequível" por vários motivos.[155] As pessoas encarregadas do trabalho não recebiam pagamento para fazê-lo, logo as juntas classificadoras procrastinavam a tarefa ou nem se reuniam, o que originava a aplicação de multas aos oficiais faltosos, gerando por sua vez insatisfação e recursos administrativos... e assim vai. Quando as juntas funcionavam, não conseguiam aplicar os critérios de classificação à totalidade dos escravos de cada município. Como fazê-lo, se o regulamento determinara uma gama variada de critérios cruzados, frequentemente ambíguos? As juntas conseguiam classificar os escravos que mereciam prioridade máxima segundo a legislação, mas logo esbarravam na exigência de classificar *todos* os escravos de cada município, e nunca terminavam o serviço. Ademais, para que classificar todos os escravos de uma só vez — tarefa certamente de endoidecer em locais onde havia milhares deles — se os recursos só eram suficientes para a libertação de pequena parte dessa população a cada ano?

Diante desse panorama, para "facilitar o emprego do fundo destinado à emancipação", o governo determinou mudanças no regulamento da lei em decreto de 20 de setembro de 1876.[156] A classificação para as alforrias passava a compreender apenas aqueles escravos que poderiam ser libertados com a quota disponível em seu município de residência. Adotava-se maior flexibilidade quanto às datas de reuniões das juntas classificadoras e mudavam-se os procedimentos nos casos de litígio quanto ao arbitramento do valor da indenização. Em seu relatório de 15 de janeiro de 1877, o ministro da Agricultura mostrava que essas alterações haviam possibilitado o início da aplicação efetiva do fundo de emancipação.[157] Parece-me, portanto, que em outubro de 1876 o funcionário Machado de Assis nutria a esperança de que o fundo começasse a funcionar como resultado do decreto de 20 de setembro, e comemorava as notícias de alforria que já chegavam à repartição. Nesse caso, Manassés, o narrador fictício da crônica, apenas deixava transparecer o estado de espírito do autor/funcionário sobre a lei de 28 de setembro: "Deus lhe dê vida e saúde!", pois fora "um grande passo na nossa vida"; quanto aos escravocratas, que suspirassem pelos "bons tempos" do azorrague.

Apesar da simplificação dos procedimentos, continuaram os problemas na aplicação do fundo. Autoridades locais e proprietários uniam-se às vezes para fraudar o processo. Há longo parecer de Machado de Assis num caso que resume talvez várias das trapaças levadas ao conhecimento do Ministério da Agricultura. Segundo o regulamento de novembro de 1872, depois de concluídos os trabalhos da junta de classificação os interessados tinham um mês para apresentar recursos ao juiz de órfãos. Eram "competentes" para fazer a reclamação o dono do escravo ou o próprio escravo, este representado por curador. Não ocorrendo reclamações, ou tendo estas sido decididas pelo juiz de órfãos, a classificação estava concluída, seguindo-se o arbitramento da indenização. Tal arbitramento acontecia nos casos em que o valor da indenização não havia sido declarado pelo senhor do escravo ou, se declarado, não fora considerado razoável pela autoridade fiscal.[158] Mapeado o labirinto burocrático, lá vai trecho do parecer de Machado sobre questão suscitada na província do Maranhão, que subiu depois ao Conselho de Estado:

Diretoria da Agricultura —

2ª Seção — Ocorreu um fato grave no município de Codó, por ocasião da libertação de escravos.

José Narciso Mourinho, esgotado o prazo para os recursos, requereu ao Juiz de Órfãos a inclusão, entre os libertandos, de um seu escravo de nome Agostinho, casado e com filho. Foi indeferido. Não desanimou o pretendente; libertou a mulher de Agostinho, e de novo requereu em favor do escravo, que, casado com mulher livre, adquiria direito preferente. O juiz atendeu, e declarou livre Agostinho e sua filha, com prejuízo de outros classificados.

Não se limitou a isso o Juiz de Órfãos; declarou libertos a escrava Joana e três filhas, também em prejuízo de outros, e dessa vez sem reclamações de interessados.

Os senhores de alguns dos escravos prejudicados reclamaram, perante a Presidência, contra o ato do Juiz de Órfãos. A Presidência sustou o pagamento e requisitou as informações necessárias.

As informações confirmaram os fatos acima expostos, a saber:

1º — Não houve dentro do prazo legal nenhuma reclamação; 2º — A primeira reclamação de Mourinho foi feita muito fora do prazo; 3º — Só depois de indeferido o seu requerimento é que Mourinho deu liberdade à mulher do escravo; 4º — O processo de arbitramento estava findo, quando foi deferida a segunda reclamação de Mourinho; 5º — Não houve reclamação em favor de Joana e seus filhos.

A Presidência, vendo que não se tratava da hipótese de recurso extemporâneo, devido a caso de força maior ou justo impedimento, em que cabe arbítrio do juiz, conforme a consulta do Conselho de Estado de 26 de Julho do ano findo, por isso que a decisão não foi dada antes do processo de arbitramento, limitação feita por aquela consulta, e mais porque o fato que deu lugar à reclamação (liberdade da consorte de Agostinho) realizou-se quando a classificação estava finda, e bem assim porque a libertação de Joana e seus filhos foi decretada ex-ofício, a Presidência, digo eu, suspendeu o juiz do exercício de suas funções, sujeitando-o à responsabilidade.

Feito isso, consulta ao Governo se a Tesouraria deve efetuar o pagamento da alforria decretada com inversão da ordem da classificação, e haverem os senhores dos prejudicados pedido providências contra esse ato; e por outro lado não haver disposição no Reg. que determine a que autoridade compete o conhecimento da questão.[159]

Como se vê, até Machado é duro de ler em estilo barnabé. Todavia, a história é novamente rica para recuperar a sua experiência diante do processo de aplicação da lei de 1871. Resumidos os acontecimentos, o chefe da segunda seção prosseguiu para afirmar que o juiz em questão procedera "irregularmente" e que o presidente da província "fez o que devia" ao suspendê-lo e sujeitá-lo a processo. O juiz havia acatado a reclamação de Mourinho, feita com evidente má-fé, depois de terminadas a classificação e o arbitramento; na verdade, aceitara a manobra do proprietário a apenas três dias da audiência para a declaração formal das alforrias. No caso de Joana e suas filhas, o juiz mudara a ordem de classificação dos escravos sem que tivesse havido qualquer reclamação formal sobre o assunto, o que lhe era vedado e constituía abuso de poder maior ainda do que no episódio anterior.

Conluios desse tipo no processo de aplicação do fundo de emancipação não eram novidade para os funcionários do Ministério da Agricultura. De fato, houve muitos outros — um deles, pasmem, no município de Marmelada, província de Minas Gerais![160] Machado opinou que as alforrias de Agostinho e sua filha deviam ser mantidas, apesar do recurso fora do prazo. Quanto aos escravos que ficariam prejudicados com a manutenção dessas alforrias, pois que preteridos na ordem de classificação, o chefe de seção citava caso semelhante, resolvido por aviso de 27 de setembro de 1876, no qual o governo aprovara recursos extras para completar a quota necessária à alforria dos cativos diretamente prejudicados.[161] Achava esse alvitre "de equidade e conveniência pública". Via de regra, o governo não deveria revogar alforrias já concedidas, nem deixar de garantir o direito à liberdade dos cativos classificados para obtê-la segundo a quota disponível. Cumpria, isso sim, punir o juiz que colaborara na falcatrua do proprietário. Quanto ao caso de Joana e filhas, a situação era ainda mais irregular porque não houvera sequer recurso dos interessados. O tal juiz mudara a ordem de classificação *ex officio*, adivinhe-se lá o motivo. Não se sabia sequer a que autoridade cabia a análise da matéria. O chefe de seção recomendava que fosse ouvido o Conselho de Estado, pois a presidência da província parecia correta ao pensar que essas alforrias podiam ser desfeitas. Machado fechou assim o seu parecer:

> Não concluirei sem recordar que por ocasião de começar a classificação de escravos em Codó foi o Governo informado de que o coletor, para obter a alforria de um escravo inválido, o casara com outra escrava, igualmente inválida, de outro senhor. Outros senhores fizeram o mesmo. O Governo ordenou toda a cautela na avaliação. O escândalo da avaliação deu de si as irregularidades das alforrias. Junto os papéis relativos a este fato, e mais a consulta de 26 de julho e os papéis referentes ao Aviso de 27 de setembro do ano passado, citado acima.
> 18-8-77
> (assinado) Machado de Assis.

Antes que os papéis fossem à consideração do Conselho de Estado, o presidente do Maranhão escreveu ao ministério para dizer que houvera erro em informação anterior sobre a situação de Joana e filhas. Na verdade, segundo nova manifestação de Machado sobre o assunto, em 9 de outubro de 1877, essas escravas haviam sido atendidas diante de "reclamação feita pelo senhor" delas, "dentro do prazo legal". Estava tudo nos conformes nesse item; restava "só a parte relativa aos escravos Agostinho e sua filha". A seção de Justiça do Conselho de Estado — composta por Nabuco de Araújo e pelos viscondes de Jaguary e Abaeté —, após transcrever tão longamente as informações da segunda seção sobre o assunto, concordou "que não há que fazer senão a responsabilidade do Juiz culpado, porque a alforria é cousa julgada e sem mais recurso". Os conselheiros observaram ainda que, com efeito, "não poucas vezes convém antes à ordem pública a conservação do ato proibitivo que a sua anulação". Nesse aspecto, portanto, a segunda seção da Diretoria da Agricultura e o Conselho de Estado trabalharam juntos para firmar a doutrina de que, em havendo tramoias no processo de libertação pelo fundo, as alforrias assim obtidas seriam "irretratáveis", cabendo porém investigar e punir as autoridades que haviam degustado o doce de marmelo.

No parecer mais longo citado acima (começo a pegar cacoete de barnabé...), de agosto de 1877, Machado de Assis referiu-se a senhores que manipulavam regras do fundo para obter a alforria de escravos ditos "inválidos". Obviamente, esperavam arrancar do governo indenização superior ao valor que conseguiriam por tais cativos ao negociá-los no mercado — além, obviamente, de livrarem-se da obrigação de sustentar tais pessoas. Cá está outro assunto para ocupar tanto o cronista quanto o funcionário. O cronista, de novo Manassés, tratara do tema pouco antes, em 15 de junho de 1877.[162] O narrador comenta inicialmente a história de um benfeitor anônimo da Santa Casa de Misericórdia. O sujeito doara nada menos do que vinte contos de réis à instituição. Espanto maior causara a sua atitude de permanecer incógnito. Fazer caridade com tamanho desinteresse era deveras santo, pois a conduta normal dos "filhos do Evangelho" consistia em fazê-la nas gazetilhas. Como pudera o benfeitor resistir a uma cartinha nos "a pedidos", a uma ode em folha diária, ou a um poemeto que fosse nalgum hebdomadário — qualquer alvitre servia, desde que arredasse aquele anonimato que não parecia humano. Nisso o narrador lembra que o ato do benfeitor da Santa Casa inspirara num seu amigo "um ato bonito". Vejam só:

> Tinha ele uma escrava de 65 anos, que já lhe havia dado a ganhar, sete ou oito vezes o custo. Fez anos e lembrou-se de libertar a escrava... de graça. De graça! Já isto é gentil. Ora, como só a mão direita soube do caso (a esquerda ignorou-o), travou da pena, molhou-a no tinteiro e escreveu uma notícia singela para os jornais, indicando o fato, o nome da preta, o seu nome, o motivo do benefício, e este único comentário: "Ações desta merecem todo o louvor das almas bem formadas".
>
> Coisas da mão direita!
>
> Vai senão quando, o *Jornal do Comércio* dá notícia do ato anônimo da Santa Casa da Misericórdia, de que foi único confidente o seu ilustre provedor. O meu amigo recuou; não mandou a notícia às gazetas. Somente, a cada conhecido que encontra acha ocasião de dizer que já não tem a Clarimunda.
>
> — Morreu?
>
> — Oh! Não!
>
> — Libertaste-a?
>
> — Falemos de outra coisa, interrompe ele vivamente, vais hoje ao teatro?
>
> Exigir mais seria cruel.

Parece claro que o objeto mais direto da ironia, no contexto da crônica, é a ânsia de dar publicidade a atitudes supostamente generosas e desinteressadas. O ato, nesse feitio, contradiz a caridade cristã e até a "teoria do benefício" na dominação paternalista. Em tese, o benfeitor devia esquecer o favor concedido antes que o beneficiado o fizesse.[163] Na passagem, ao contrário, o amigo de Manassés amarga a impossibilidade de alardear ao mundo que libertara uma escrava — mesmo que escrava idosa, a necessitar amparo na velhice. Nessa aproximação, muito presente na obra de Machado, o benefício aparece sempre subordinado ao cálculo econômico ou à "sede de nomeada", praticado de maneira a acentuar o vácuo deixado pela crise da ideologia paternalista, ou a evidenciar a sua apropriação por outras políticas de domínio.

De qualquer maneira, o exemplo tirado à escravidão na crônica — num comentário que visava, inteiro, o modo de ser da classe senhorial à época — não é fortuito. Exemplos de senhores que buscavam promover a liberdade de escravos "inválidos", idosos ou não, como aqueles do parecer sobre Codó, repetiam-se com tal assiduidade que a segunda seção resolveu encaminhar consulta ao Conselho de Estado sobre o assunto em novembro de 1878.[164] Perguntava às seções reunidas do Império e da Justiça do Conselho se o escravo classificado para ser alforriado pelo fundo, sendo inválido, devia continuar no cativeiro ou ser declarado livre, ainda que sem indenização. Queria saber também "quem deverá incumbir-se do tratamento do escravo inválido, declarado livre?".

O dossiê do Conselho de Estado não transcreve, dessa vez, o parecer de Machado ou de qualquer outro funcionário de sua seção. Ao contrário, reproduz a opinião do chefe da Diretoria da Agricultura, que diz discordar da solução proposta pela segunda seção. Os conselheiros e o chefe da Diretoria da Agricultura, mais o procurador da Coroa, que também opinou no caso, foram todos unânimes em sustentar o direito do escravo inválido à liberdade, chegada a sua vez na classificação pelo fundo, tivesse ou não o senhor alguma indenização pecuniária a receber. Quanto ao sustento do escravo, achavam que "libertado, como não pode deixar de ser o inválido, devidamente classificado, entra ele no regime do direito comum, e será alimentado, como são os outros libertos, ou as pessoas livres, que não podem trabalhar, nem tem meios próprios de sustentar-se". Ou seja, livre pela classificação no fundo ou pela caridade de seu senhor particular, o escravo tornado incapaz para o trabalho passaria à liberdade para viver da caridade pública.[165] Infelizmente, na ausência do parecer da segunda seção sobre o assunto, é impossível saber com segurança o que a diferençava dos outros setores do governo no caso. Estou quase pronto a sugerir, porém, no contexto dos comentários de Machado sobre as tramoias em Codó para libertar, pelo fundo, escravos inválidos, e de sua ironia, por meio de Manassés, a senhores que libertavam escravos idosos, depois de lhes espremer como bagaço, que a segunda seção pressionava, no interior da administração, para que os proprietários de escravos inválidos libertados pelo fundo ficassem responsáveis pela sua "manutenção", como se dizia. De fato, o procurador da Coroa explicou, enfaticamente, que a tais libertos restava apenas o recurso "ao Estado, e às Instituições Pias" porque "a citada lei de 28 de setembro só impõe aos senhores a obrigação de manter os ingênuos filhos de suas escravas, e ainda assim mediante indenização em Apólices, ou nos serviços...". A passagem insinua, sem dúvida, que havia quem defendesse, no interior da administração, o alvitre de cobrar aos senhores o sustento dos escravos inválidos classificados para a alforria pelo fundo. Há aqui, porém, muita lacuna, pouca certeza. Faz parte do ofício nosso, de historiador, arrostar a dúvida quando não é possível suprimi-la.

Seria fácil seguir indefinidamente nesse aranzel burocrático, a recitar os problemas ocorridos na aplicação do fundo de emancipação. As redes de poder, parentesco e favor nas localidades continuaram a interferir nos processos de classificação e arbitramento.[166] Difícil acreditar que o funcionário Machado de Assis tenha continuado a achar alvissareiro esse aspecto da lei de 28 de setembro. Mais provável que tenha acompanhado o "temperamento" dos governos, já claramente desiludidos com o fundo no final da década de 1870, coincidindo isso talvez com o advento de um novo período de predomínio de gabinetes liberais, a partir de 1878, ou com a vaga abolicionista de 1879 e 1880, ou com ambas as coisas. O relatório do ministro Buarque de Macedo, por exemplo — de quem Machado de Assis foi "oficial de gabinete"—,[167] datado de 14 de maio de 1880, dizia, por um lado, que o decreto de 20 de setembro de 1876 havia de fato simplificado procedimentos e dado início à aplicação do fundo. Por outro lado, "tem caminhado com vagar este serviço, já pela instabilidade dos agentes fiscais, já pela ignorância dos preceitos regulamentares que em numerosos pontos do Império se têm afigurado extremamente difíceis de executar, já finalmente pelas lacunas e imperfeições que a princípio se notavam na matrícula especial, ou pela falta absoluta deste registro nalguns municípios".[168] Enfim, inoperância quase completa. O mais chocante era comparar o número de alforrias concedidas por meio do fundo do governo com as manumissões resultantes da "liberalidade particular ou obtidas a título oneroso" — isto é, compradas pelo próprio escravo. No mesmo relatório, de Buarque de Macedo, havia o registro de 35 093 alforrias desse último tipo, contra 4584 pelo fundo. Além disso, o ministro observava que o número de liberdades obtidas a particulares estava bastante subestimado, pois a inexistência ou ineficácia das multas para averbações à matrícula havia tornado tal registro muito precário para fins estatísticos. De qualquer modo, no Império do Brasil, no início da década de 1880, as estatísticas oficiais diziam que continuava a ser mais provável a um escravo morrer no cativeiro do que conseguir a liberdade.[169] "Já isto não era gentil", pensava talvez o cronista.

NÚMERO ILIMITADO DE MEMBROS

Os escravos estavam "altanados", dizia o conhecido de Manassés, e o contexto da passagem deixa claro que tal suposta soberba era atribuída à vigência da lei de 28 de setembro de 1871. Outra anedota do cronista Machado de Assis, dessa vez na pena de Policarpo, narrador de *BONS DIAS!*, esgarça bem mais a imagem de cativos conscientes de seus interesses de classe, servindo de introito à abordagem da atuação de escravos, libertos e seus descendentes para explorar as possibilidades abertas pela lei de 1871.

A crônica apareceu em abril de 1888, vésperas da lei de abolição da escravidão. Policarpo comenta a declaração de um acionista do Banco Predial — no qual havia muita hipoteca de escravos — de que já não existiam cativos no país. O narrador diz que mal tivera tempo de comemorar a notícia, pois logo recebeu "uma mensagem assinada por cerca de 600 000 pessoas" solicitando a correção do que dissera o tal acionista. A mensagem afirmava que "Há escravos, eles próprios o são. Estão prontos a jurá-lo e concluem com esta filosofia, que não parece de preto: 'As palavras do Sr. Fernandes Vilela [o acionista] podem ser entendidas de dois modos, conforme o ouvinte ou o leitor trouxer uma enxada às costas, ou um guarda-chuva debaixo do braço. Vendo as coisas, de guarda-chuva, fica-se com uma impressão; de enxada, a impressão é diferente'".[170] O solo cultural da piada era, ao menos em parte, um aspecto conspícuo da tradição política dos escravocratas: mostravam-se sempre dispostos a pregar o imobilismo em relação à "questão do elemento servil" a partir do argumento de que o assunto já fora resolvido na legislação existente. Primeiro disseram que a abolição do tráfico negreiro, em 1850, resolvera o problema; depois fizeram o mesmo quanto à lei de 1871. Em 1888, sustentavam que não era preciso ir além da lei de 28 de setembro de 1885. A escravidão desapareceria gradualmente — ou melhor, "já não existem escravos". Ao que parece, os escravocratas achavam que o tempo corria contra a escravidão; enquanto isso, num paradoxo aparente, lutavam para que os legisladores deixassem o tempo passar.

Há aqui, talvez, outras alfinetadas na cultura política senhorial. O formato imaginário do protesto escravo — uma mensagem escrita e assinada pelas 600 mil pessoas ainda cativas no país — é ironia direta às ações deliberadas de proprietários e governantes para barrar qualquer acesso de escravos e seus descendentes à instrução primária. A instrução primária dos filhos livres das mulheres escravas, e sua relação com os direitos políticos desses indivíduos, tornara-se tema candente na segunda metade da década de 1870, e fora resolvido no início dos anos 1880 de maneira a provocar desesperança em alguém como Machado. Voltaremos a esse assunto logo adiante. Por agora, resta observar que, na visão de Policarpo, a mensagem que recebera dos escravos continha "filosofia, que não parece de preto". Assim, o narrador mostrava-se surpreso diante de "pretos" capazes de interpretar o sentido político de acontecimentos que lhes diziam respeito; Machado de Assis, ao contrário, mofava, ainda e sempre, de proprietários a imaginar escravos e dependentes sem "filosofia" — isto é, sem consciência política.

De fato, na piadinha de Machado, os "pretos" escravizados no país em abril de 1888 interpretam a sua condição recorrendo a linguagem e metáfora próprias, pertinentes a uma determinada cultura de classe. Visto de enxada às costas, o mundo é diferente do que parece a quem carrega guarda-chuva debaixo do braço. Todavia, diria um céptico, o objetivo da passagem era fazer graça, e a consciência política assim atribuída a trabalhadores negros torna-se puro embuste. Pode ser. Mas, como diria Brás Cubas, personagem a quem ninguém negará "filosofia", se a flor (isto é, a piadinha) brotou, alguma experiência histórica lhe deu terra e estrume.

Em julho de 1874, os membros da diretoria da Sociedade de Beneficência da Nação Conga Amiga da Consciência encaminharam documento ao imperador solicitando a aprovação formal de seus estatutos.[171] Diziam que a organização fora fundada havia mais de dois anos, em 18 de fevereiro de 1872, "para o fim de socorrer os desvalidos e enfermos da supradita nacionalidade"; agora queriam aprovação para exercer "livre e legalmente" as suas atividades. O presidente da sociedade, Modesto José Bento da Cruz, assim como o vice-presidente e todos os conselheiros, não sabiam ler nem escrever, assinando a seu rogo o primeiro-secretário, Bernardo de Souza Pernambuco. Não consta o endereço da sede da associação, mas vários dos membros declararam moradia na freguesia de Santana — rua do Conde d'Eu e imediações —, área coalhada de cortiços e outros tipos de habitação coletiva.[172]

Já no artigo primeiro, os estatutos diziam que a sociedade "compor-se-á de número ilimitado de sócios efetivos", utilizando assim fórmula recorrente em organizações de trabalhadores do período, no Brasil e alhures.[173] No artigo segundo, e em contradição com o "da Nação Conga" presente no nome da sociedade, ficava estabelecido que o candidato a sócio teria de pertencer "à Nação Conga ou a qualquer outra porém africana". Em outras palavras, e como se tratava de organização de africanos, conclui-se que seus membros haviam sido, talvez muitos ainda fossem, trabalhadores escravos. O mesmo artigo segundo rezava que só podia ingressar na sociedade pessoa "que tenha bom comportamento e não esteja pronunciado" em processo criminal, "que se empregue em qualquer meio de vida honesto", e "que goze de perfeita saúde". As exigências de não estar pronunciado e de gozar de perfeita saúde eram garantias necessárias numa sociedade que se propunha a custear despesas judiciais e de saúde de seus membros. De fato, o artigo terceiro dizia que uma das finalidades da organização consistia em "socorrer com uma mensalidade o sócio que adoecer e não tiver recursos, uma vez que requeira"; também "enterrar, com a decência possível, o sócio que falecer sem recursos" e "sufragar sua alma no sétimo dia". Nos artigos seguintes, descreviam-se detalhadamente as normas para a eleição da diretoria e do conselho; marcava-se a assembleia anual ordinária para o último domingo de fevereiro. Diretoria e conselho tinham de se reunir "todos os domingos". A mensalidade paga pelos sócios era de 1 mil-réis.

O Conselho de Estado apressou-se em desqualificar sujeitos políticos tão inusitados. Reunidos em 24 de setembro de 1874, os viscondes de Souza Franco e de Bom Retiro e o marquês de Sapucaí sugeriram o indeferimento do pedido com os seguintes argumentos: a ata de aprovação dos estatutos não declarava o nome dos sócios e estava assinada apenas pelo primeiro e segundo secretários, e mesmo as assinaturas dos referidos secretários não se achavam reconhecidas por tabelião; presidente e tesoureiro não sabiam ler nem escrever; "dizendo-se sociedade de beneficência não está contudo organizada segundo os princípios reguladores das associações de tal natureza"; intitulava-se "da Nação Conga", entretanto aceitava sócios de outras procedências africanas; finalmente, podia "admitir escravos, o que é contrário às leis". Após essa combinação de motivos burocráticos e legais, os conselheiros apenas insinuam o sentido político de sua decisão: "Por todas estas razões *e muitas outras que a Sabedoria do Governo Imperial lhe há de logo sugerir*, entende a Seção que deve ser indeferido o requerimento" (grifo meu). O visconde do Rio Branco, chefe do gabinete, concordou e o imperador rubricou o seu apoio.

O receio político dos conselheiros torna-se mais explícito em seu parecer sobre o pedido de aprovação dos estatutos de outra sociedade, a Associação Beneficente Socorro Mútuo dos Homens de Cor.[174] Reunidos em 23 de outubro de 1873, "na rua da ladeira do Senado, número 6[A] em Paula Mattos", Procópio de Jesus, Francisco de Jesus, Eduardo Antônio Pinto, Candido Pedroso, Joaquim Affonso Vianna, Joaquim Leite Bastos, Basílio Amancio e Antônio Galdino, "todos homens de cor e livres, deliberaram entre si organizarem uma sociedade beneficente para os homens de cor, sendo lidos e aprovados os respectivos estatutos". O endereço indicado era a residência de Cândido Pedroso, cozinheiro. De novo, tanto o local da reunião como os outros endereços fornecidos pertenciam à freguesia de Santana. O morro de Paula Mattos ficava numa das extremidades da freguesia, já próximo ao Catumby, e nele havia uma rua de Paula Mattos que era transversal à ladeira do Senado. A rua do Conde d'Eu terminava (ou começava) praticamente ao pé do morro de Paula Mattos. Não sei o quanto essa informação foi relevante para os conselheiros do imperador, mas o fato é que as sociedades "da Nação Conga" e "dos Homens de Cor" eram vizinhas.[175]

Entre os "instaladores", além do cozinheiro Candido Pedroso, havia o artista (ou artesão) Procópio de Jesus e mais dois outros cozinheiros, Eduardo Antônio Pinto e Francisco de Jesus. O artigo segundo dos estatutos dizia que: "O fim desta Associação é promover tudo quanto estiver ao seu alcance em favor de seus membros". A mensalidade dos sócios contribuintes era de 1 mil-réis, mas previa-se também a existência de sócios remidos e beneméritos. Para ingressar na associação era preciso "Ter bom procedimento, como tal reconhecido", "Ser maior de catorze anos" e "Ser livre, liberto, ou mesmo sujeito [isto é, escravo], de cor preta, de um ou outro sexo". Ou seja, ao contrário da sociedade "da Nação Conga", que deixava isso apenas subentendido, a organização "dos Homens de Cor" admitia abertamente membros escravos, homens *e* mulheres. A frase "Ser livre, liberto, ou mesmo sujeito, de cor preta, de um ou outro sexo" significa, suponho, que por "homens de cor" deve-se entender pessoas "de cor preta", o que resultaria, aparentemente, na exclusão deliberada de indivíduos tidos por "pardos". De qualquer forma, não estou certo dessa interpretação, pois ela pressupõe que os membros da sociedade faziam tal distinção entre "pretos" e "pardos", em vez de usar a denominação de "pretos", de forma genérica, para todos os indivíduos de origem africana e seus descendentes. Por outro lado, parece certo que a expressão "de um ou outro sexo", ao final da frase, indicasse a admissão de mulheres à condição de sócias, talvez com os mesmos direitos dos homens.

Em contraste com o caso da sociedade "da Nação Conga", não é possível saber se a associação "dos Homens de Cor" existia desde época anterior a essa tentativa de legalizá-la perante o poder público. O fato é que os estatutos descrevem procedimentos minuciosos para garantir a vigência de uma democracia interna entre os membros livres da organização. As eleições para a diretoria e para o conselho seriam anuais, "por cédulas e escrutínio secreto"; presidente e tesoureiro tinham de ser eleitos por "maioria absoluta"; bastava maioria "relativa" para os outros cargos. Só os sócios "sujeitos" não podiam votar ou ser eleitos. Todos os sócios tinham o dever de pagar a mensalidade e de "prestar-se para os serviços da sociedade". Os estatutos previam apoio a sócios presos, pensão aos enfermos, auxílio às famílias dos membros para enterro e missa de sétimo dia, pensão de 8 mil-réis mensais às famílias dos falecidos, "no caso de que careçam, e enquanto a pensionista se conservar em estado de honestidade" — o que, deduzo, visava a excluir prostitutas do benefício.

Um dos objetivos fundamentais da associação era promover a compra da liberdade de seus membros "sujeitos", o que sugere conhecimento dos dispositivos da nova legislação escravista e capacidade de se articular para explorar as vias institucionais então existentes para obter alforrias. Nos estatutos, capítulo oitavo, artigos 43 a 48, descreviam-se os procedimentos para promover a liberdade dos escravos membros da sociedade. O programa mínimo, por assim dizer, era conseguir a libertação de dois sócios anualmente, um de cada sexo. Os libertandos seriam escolhidos por sorteio, a ser realizado "no aniversário da instalação da Sociedade". Havia uma caixa especial para recolher fundos para alforrias, custeada por meio de uma joia paga pelos sócios, a cada três meses, no valor de 2 mil-réis. Se a soma existente não fosse suficiente para as duas alforrias anuais, haveria rateio entre os sócios para completar a quantia necessária. Se houvesse dinheiro disponível em caixa, mais alforrias seriam obtidas. O artigo 14 rezava que os sócios "sujeitos", uma vez libertos, "poderão exercer todos os cargos da sociedade, para os quais, enquanto naquela condição, não poderão ser nomeados ou eleitos". O artigo não exclui as mulheres alforriadas dos novos direitos, podendo-se talvez deduzir que elas também entravam no pleno gozo deles. Os estatutos previam a existência de um procurador, entre cujas funções estava auxiliar os sócios, "por todos os meios ao seu alcance", no andamento de qualquer processo judicial. Tal personagem podia ser auxílio fundamental a sócios escravos lutando para obter alforria em ações cíveis de liberdade. Além disso, obviamente, o procurador prestaria ajuda a esses trabalhadores negros nas agruras habituais de uma população sempre objeto da teoria da suspeição generalizada — os negros eram alvos preferenciais nas ditas "classes perigosas" —, que orientava a atuação do aparato policial.

Se a sociedade "da Nação Conga" havia preocupado os conselheiros do imperador, essa "dos Homens de Cor" fê-los conclamar o governo imperial à ação — ou seja, à repressão. Os mesmos viscondes e marquês, no mesmíssimo dia 24 de setembro de 1874, alegaram, de novo, motivos burocráticos e legais para barrar a aprovação dessa outra sociedade de trabalhadores negros, livres e escravos. No final, esclareceram o mote político da medida:

> Algumas considerações de ordem pública também concorrem para que estes Estatutos não sejam aprovados nem autorizada esta Associação de natureza especial.
>
> Os homens de cor, livres, são no Império cidadãos que não formam classe separada, e quando escravos não têm direito a associar-se. A Sociedade especial é pois dispensável, e pode trazer os inconvenientes da criação do antagonismo social e político: dispensável, porque os homens de cor devem ter e de fato têm admissão nas Associações nacionais, como é seu direito e muito convém à harmonia e boas relações entre os Brasileiros.
>
> Pelo que respeita aos escravos, admitidos sob o título especioso de homens sujeitos [sublinhado no original], o Governo o não pode aprovar em vista das leis em vigor.
>
> A tentativa de criação de Associações especiais que nada aconselha, aparece pela primeira vez nesta e na criação da Sociedade Beneficente da Nação Conga Amiga da Consciência, sobre a qual a Seção consulta também hoje com seu parecer.
>
> A sabedoria do Governo Imperial, decidirá, se convém ou não tomar conhecimento reservado, por meio da Polícia, dos indivíduos que as promovem e das circunstâncias que lhes dão causa: talvez unicamente esforços para vivescer (*sic*) à custa dos incautos que se deixam enganar.

O visconde do Rio Branco concordou; o imperador rubricou.

A riqueza desses documentos permite uma série de observações que ajudam a perceber a experiência histórica que tornou possível o chiste de Machado sobre escravos com consciência de classe. Em primeiro lugar, temos aqui associações de trabalhadores negros inseridas num contexto mais amplo de organização de sociedades de trabalhadores com características semelhantes, na Corte, na segunda metade do século XIX. De fato, é incrível a parecença entre essas sociedades de negros e as "sociedades de trabalhadores no Rio de Janeiro do século XIX", estudadas por Cláudio Batalha em artigo recente.[176] Lá e cá encontramos a democracia interna, com grande peso da assembleia de sócios na vida associativa, a igualdade de direitos e deveres, mensalidade baixa, objetivo de angariar novos sócios — "número ilimitado de membros" —, tentativa de dar dignidade ao trabalho, de garantir a boa conduta moral dos membros, prover auxílios diversos — funeral, doenças, assistência no andamento de processos judiciais. As sociedades de trabalhadores negros também tinham "artistas" na diretoria, realizavam reuniões à noite em casa de associado, congregavam pessoas com pouco ou nenhum acesso à instrução primária. Enfim, como diziam os estatutos dos "Homens de Cor", o objetivo de tais agremiações era "promover tudo quanto estiver ao seu alcance em favor de seus membros". Talvez seja possível resumir assim as metas principais dessas organizações: promover a alforria de escravos e/ou apoiar a adaptação de ex-escravos à vida em liberdade. A causa política dos africanos e seus descendentes era a liberdade, própria e a de seus companheiros, e a organização de tais associações de trabalhadores negros tem de ser reconhecida como capítulo crucial na história da formação da classe operária no Brasil.

Outra observação que me ocorre — e ela nos levará a uma digressão, ao menos cronológica — diz respeito à assertiva dos conselheiros do imperador de que tais agremiações de trabalhadores negros surgiam "pela primeira vez" na Corte. Ora, como é notório, no Brasil as classes proprietárias não têm memória, ou a têm apenas na medida de seus interesses. De fato, o *interesse* dos conselheiros naquele momento consistia em evidenciar, e exagerar, os perigos inerentes à organização de tais sociedades no período imediatamente posterior ao início da vigência da lei de 28 de setembro de 1871. Tais acontecimentos pareciam confirmar os piores receios daqueles que se opuseram à lei, pois os negros mostravam-se capazes de se articular coletivamente para acionar os novos direitos que a legislação lhes conferia, ou para testar, afinal, as vias institucionais abertas pela nova conjuntura legal e política.

O exercício de considerar o surgimento de sociedades de trabalhadores negros uma consequência da lei de 1871 revela-se, ao fim e ao cabo, um "esquecimento" dos conselheiros, ou quiçá ignorância sobre o que jazia nos arquivos do próprio Conselho de Estado. No início da década de 1860, o governo imperial tomara medidas para regularizar a formação de sociedades de diferentes tipos, sujeitando-as a leis específicas que tornavam obrigatórias a autorização de funcionamento e a aprovação de estatutos pelo Poder Executivo, "ouvida a respectiva Seção do Conselho de Estado".[177] Em resposta a essa nova legislação, a diretoria da Sociedade Beneficente de Nação Conga, Protetora da Sociedade do Rosário e São Benedito, encaminhou ao governo imperial, em outubro de 1861, o pedido de aprovação de seus estatutos.[178]

Reunidos em assembleia-geral no dia 18 de março de 1861, em sua "Sala de Sessões", à rua do Hospício nº 322, os membros da sociedade tinham de deliberar "se deveria pedir-se permissão ao Governo Imperial, para a mesma continuar a funcionar na forma da Lei nº 1083 de 23 de Agosto de 1860, e do Decreto nº 2686 de 10 de Novembro do mesmo ano". Os trabalhos iniciaram-se às sete horas da noite, e os sócios decidiram "unanimemente que sim". O presidente Miguel Antônio Dias "levantou" então a sessão, assinando a ata a seu rogo, por não saber escrever, Domingos José de Seixas Soito Maior, primeiro-secretário. O vice--presidente tampouco assinou a ata; os dois secretários, o tesoureiro e o procurador, porém, o fizeram. O artigo primeiro dos estatutos enviados à autoridade imperial dizia que essa sociedade de Nação Conga "será composta de pessoas que pertençam à mesma nação, e que sejam livres, podendo ser admitidas em seu grêmio os filhos, e filhas das mesmas nascidas neste Império, e que Sejam de cor preta e compor-se-á de ilimitado número de Sócios e Sócias efetivos, e vinte honorários". Ao que parece, a julgar pela leitura atenta dos estatutos, homens e mulheres associados tinham rigorosamente os mesmos direitos e deveres na agremiação. O fato, porém, é que só há nomes de homens na ata de assembleia apresentada ao governo imperial.

A primeira curiosidade, é claro, consiste em saber se essa sociedade de Nação Conga é a mesma que vimos aparecer em 1874, solicitando também aprovação de estatutos. Tudo indica que são organizações diversas. Os nomes das sociedades são diferentes, apesar da presença do epíteto "de Nação Conga" em ambas. Não verifiquei uma coincidência sequer nos nomes dos associados. A agremiação de meados dos anos 1870 funcionava, ao que parece sem sede própria, na freguesia de Santana; a da década de 1860 tinha "Sala de Sessões" em endereço da freguesia de Sacramento. Talvez mais significativo, a sociedade dos anos 1870 realizava a sua assembleia anual ordinária no mês de fevereiro, o de sua fundação, e não trazia em seus estatutos qualquer referência a santo protetor; a dos anos 1860 fazia assembleias no mês de outubro, também "aniversário de instalação da Sociedade", dizia-se "Protetora da Sociedade do Rosário e S. Benedito" e estabelecia, em seu artigo 69, que Nossa Senhora do Rosário seria festejada no dia do aniversário da associação, ocasião em que haveria "missa solene" para a qual seria convidada a "Lealmesa (*sic*) da Sociedade de Nossa Senhora do Rosário". Em suma, no caso da sociedade dos anos 1860, parecia haver vínculo orgânico entre ela e a tal irmandade do Rosário.

Dito isso, não sei se os indícios são suficientes para descartar qualquer relação entre essas duas sociedades "de Nação Conga". Há, em primeiro lugar, a enorme semelhança entre os objetivos das organizações e seus estatutos. É provável que não haja nada demais aqui, pois a mesma observação seria talvez procedente para dezenas de outras sociedades de trabalhadores no período. Isso pode indicar trocas de informação e experiência, além de amarras legais e burocráticas, a influenciar a formação de tais sociedades de trabalhadores de maneira geral, mas não comprova nem mesmo sugere a possível relação entre as organizações "de Nação Conga" em pauta. Parece mais significativo observar a maneira como essas sociedades definiram critérios de inclusão — isto é, a forma como recortaram, no universo social, os candidatos possíveis a seu "número ilimitado de sócios".

Os estatutos da entidade da década de 1870 rezavam que "para ser sócio é preciso" que "o candidato pertença à Nação Conga ou a qualquer outra porém africana". Como vimos, os conselheiros impugnaram esse item dos estatutos com o argumento de que havia contradição entre o nome da sociedade — "de Nação Conga" — e aquilo que estabelecia o artigo primeiro, pois que se admitiam "sócios de outras procedências africanas". Ou seja, a organização dos anos 1870 buscava estritamente entre os africanos da Corte o seu número ilimitado de membros. Já a sociedade da década de 1860 dizia que seus sócios tinham de pertencer à "mesma nação" Conga, "podendo ser admitidas em seu grêmio os filhos, e filhas das mesmas nascidas neste Império, e que Sejam de cor preta". Em outras palavras, a sociedade dos anos 1860 desejava expandir-se indefinidamente acolhendo os descendentes dos africanos ditos "de Nação Conga". A julgar pela expressão "de cor preta", aqui aduzida, fechavam-se as portas aos pardos, mulatos ou mestiços. Os conselheiros do imperador impugnaram esse item dos estatutos alegando "que não convém aprovar associações especiais de pretos, mulatos, caboclos etc.". Achavam que isso incentivaria os ódios raciais. Por outro lado, consideravam benéficas as associações constituídas por "membros de nacionalidades estrangeiras, e súditos estrangeiros", tais como "Italianos, Franceses...".

Ao observar atentamente esses intercâmbios entre sociedades de trabalhadores negros e conselheiros do imperador, pergunto-me se a sociedade "de Nação Conga" dos anos 1870 não havia acumulado algo da experiência histórica daquela dos anos 1860. Ao definir-se como "africana" de forma ampla — membros de "Nação Conga" ou pertencentes "a qualquer outra porém africana" —, afastando-se assim de um critério racial direto, parecia querer arredar de si a objeção de que organizações desse tipo fomentavam o "antagonismo" entre as raças. Ao contrário, apostavam, ao menos para obter aprovação formal, na ideia de que "a homogeneidade se não real ao menos suposta é um dos tipos desejados para as nacionalidades", como dizia expressamente o parecer dos anos 1860. Ao definir-se como "africana", a organização dos anos 1870 parecia querer assemelhar-se àquelas de italianos, franceses, ingleses e outras, que obtinham rotineiramente o beneplácito imperial. Não obtiveram êxito; afinal, os argumentos dos conselheiros variavam segundo as necessidades políticas do momento.

De qualquer modo, permanece difícil saber qual a relação existente, ou mesmo se havia alguma relação, entre as sociedades de Nação Conga das décadas de 1860 e 1870. Ao mesmo tempo, é quase impossível acreditar que os conselheiros do imperador tenham sido totalmente surpreendidos, em 1874, pelo surgimento de sociedades de trabalhadores negros. Diziam que a "tentativa de criação de Associações especiais que nada aconselha" acontecia então "pela primeira vez". Minha incredulidade diante dessa versão deve-se ao debate acirrado ocorrido entre os conselheiros quando da elaboração do parecer sobre a sociedade de Nação Conga no início dos anos 1860.

As personagens de tal debate são velhas conhecidas: Pimenta Bueno, o visconde de Sapucaí e o marquês de Olinda, membros, à época, da seção dos Negócios do Império do Conselho de Estado. Pimenta Bueno e Sapucaí unem-se no argumento, já mencionado, da inconveniência em autorizar uma associação que impunha, como critério de admissão, que as pessoas fossem "de cor preta"; seria, segundo eles, "o predomínio da casta, e da cor, que não convém aprovar". Pimenta Bueno, o redator do parecer, afirma enfaticamente que se "o sentimento real da pretendida sociedade é o de beneficência, ela deve alterar essas expressões e limitações porque a humanidade não se compõe só da cor preta". Ele arremata o seu arrazoado com uma série de restrições mais técnicas aos estatutos da sociedade, e desqualifica por fim a solicitação ao afirmar que os tais estatutos "estão mal redigidos, e cheios de erros, pelo que não são dignos de subir à Presença do Governo Imperial".

Entende-se o tom aguerrido de Pimenta Bueno diante do voto discordante do marquês de Olinda. Este conselheiro achava que a "cláusula que restringe a admissão dos sócios às pessoas de cor preta, não me parece dever ser reprovada. Já de tempos antigos se instituíram irmandades de pretos, e de mulatos. E isto nunca se achou que contrariasse as máximas da beneficência". Ao contrário, Olinda pensava que o veto à existência de tais associações, isso sim, provocaria "rivalidades [...] nascidas da origem do sangue". Bom de briga, ao marquês a ortografia dos negros não parecia tão ruim assim, nem esse era motivo "suficiente para não deferir a petição".

É na tréplica que Pimenta Bueno desenvolve o argumento de que não convinha aprovar associações "de pretos, mulatos, caboclos etc.". Em primeiro lugar, porque, no caso específico, os proponentes da sociedade eram os "tais Congos", "uma horda bárbara da África". Segundo, porque a "política ensina antes a regra de não falar-se nisso". Em outras palavras, não se devia reconhecer, na formulação de políticas de governo, a existência de diferenças de raça ou cor. A posição oficial seria contrária à "distinção ou divisão por castas", e favorável à promoção do ideal de "homogeneidade" na constituição da nação. Em suma, desculpo-me se fui longe demais na digressão, mas o raciocínio de Pimenta Bueno consiste numa das mais precoces expressões que encontrei do tipo de ideologia racial que fincaria raízes no Brasil a partir do último quartel do século XIX: a produção do silêncio sobre a questão racial parecia requisito essencial para forjar o ideal de nação "homogênea"; ao mesmo tempo, a construção da tal homogeneidade pressupunha a supressão política e cultural de gente como os membros da sociedade "de Nação Conga", tida como "horda bárbara da África".[179] Havia assim um sentido político preciso no fato de os conselheiros da década de 1870, diante de sociedades de trabalhadores negros, afirmarem que viam "pela primeira vez" tal tipo de movimentação política. A lei de 1871 fora pensada para proporcionar a busca individual de escravos pela liberdade; a emergência de trabalhadores negros como sujeitos coletivos da história era algo a ser combatido.

Em suma, e retomando o fio da meada, os conselheiros decerto exageravam a novidade política representada pelas sociedades de Nação Conga e de Homens de Cor que encontraram nos anos imediatamente posteriores à lei de 28 de setembro de 1871.[180] Por outro lado, seria tolice desconsiderar a percepção geral de que emergira uma nova arena da luta de classes entre senhores e escravos como consequência da lei de 1871. Escravos "altanados" e senhores nostálgicos foram personagens moldadas precisamente nessa época, como não deixou de observar o cronista Machado de Assis.

Já o funcionário Machado de Assis, no cotidiano do ministério, deparava-se regularmente com histórias como a do fazendeiro José Miguel de Siqueira, residente na paróquia do Mello, município de Barbacena.[181] O caso chegou ao Ministério da Agricultura no segundo semestre de 1876, quando Machado de Assis já exercia a chefia da segunda seção. Não me furto a transcrever longamente a carta que o proprietário encaminhou ao governo imperial, pois penso encontrar aqui, novamente, e ainda que sem a virtuosidade narrativa característica, aspectos cruciais da experiência histórica de Dom Casmurro e tantas outras personagens senhoriais machadianas. O proprietário estava inconformado com o andamento da ação de liberdade que resultaria na alforria por indenização de preço de seu escravo Bento — tudo segundo a lei de 1871. Vejam o seu lamento:

> Excelentíssimo Senhor,
>
> Apresso-me a levar ao alto conhecimento de V. Exa. o seguinte fato, em razão de ter ouvido ontem dizer, que os autos de libertação de que vou falar, estão aparelhados (*sic?*) e em ordem a eu não ter recurso. Começo por anunciar a V. Exa. que os lavradores deste Termo estão aterrados com esta notícia.
>
> É este o fato: Possuo um escravo de nome Bento, que está avaliado no Inventário de meu finado sogro em 600 mil-réis [...]. Este escravo tenta libertar-se; não me oponho, nem nunca me opus a isso, mas indenizando-se-me do seu justo valor, e procedendo-se para comigo pelos meios razoáveis, legais e curiais; e no entanto praticou-se exatamente o contrário; pois me asseveram que o Sr. Dr. Juiz de Órfãos decretava [...] a carta de alforria

desse escravo por 200 mil-réis quantia por que me dizem que fora arbitrado sem preceder acordo e sem eu ser ouvido. Releva ponderar que forjaram e ajeitaram em Barbacena esses papéis e deram-lhes o nome de autos de libertação, e me dizem que irão ser julgados à revelia.

Certifico a V. Exa. que eu estava doente de cama quando fui intimado, e me disseram mais que o oficial de justiça Balduíno Marques da Silveira, infiel à sua obrigação e dever, omitiu esta circunstância na certidão, e me dizem que por isso o processo correu à revelia, e assim vai ser julgado.

Tenho quem me dê pelo escravo em questão a quantia de 600 mil-réis, e outra pessoa mo aluga a 10 mil-réis por mês por espaço de sete anos.

Porém, este escravo me foi arrebatado no dia 19 de julho p.p. pelo meirinho Balduíno Marques da Silveira por um mandado terminante do Sr. Dr. Juiz Municipal e de Órfãos. Exporei, Exmo. Snr., fielmente a questão: O escravo libertando fez o seu pecúlio, e eu dou a [ilegível] faculdade a todos meus (*sic*) escravos de plantarem e criarem na minha fazenda, a qual está agora ameaçada de ser dissolvida com este terrível exemplo; e me dizem que este escravo depositara esse seu pecúlio nas mãos de um certo Delfino Ferreira de Carvalho, o qual se instituiu seu curador, e por isso autor e provocador desta triste questão.

[...] me dizem que o tal requerente Delfino interpelava (*sic?*) constantemente ao Juiz requerendo que eu andava com subterfúgios; o que não é exato, porquanto eu por cartas oficiais respeitosas logo desde o começo desta questão dizia ao Sr. Dr. Juiz de Órfãos que me dava por intimado, e que compareceria quando pudesse, pois eu vivo muito ocupado com minha lavoura, para seguir-se regularmente a ação de alforria; mas não fui atendido, e o Sr. Dr. Juiz de Órfãos me tratava e tratou até final (*sic*), como se eu fora seu pupilo ou um mentecapto ou um servo sem dignidade e honra e sem direitos a serem respeitados, mandava-me imperiosamente (e esta é a raiz da questão) e por último como se eu fora um devedor rebelde sobre quem pusesse (*sic?*) uma execução sequestrou o meu escravo e lá está com ele em Barbacena!!

Sou, Exmo. Snr., lavrador, e tenho minha pequena fortuna empregada em escravos; ora libertado violentamente em nome da lei o escravo em questão, abre-se um precedente horroroso aqui na minha fazenda, cujos escravos são todos crioulos ladinos e espertos, e eu lhes franqueio abertamente a aquisição do pecúlio, e por isto é natural que amanhã tenha eu de ser intimado por um segundo escravo, e depois de amanhã por terceiro, e assim por diante até o último; e dissolvido ficará o meu modesto estabelecimento agrícola, ficando eu e minha numerosa família reduzidos ao triste estado de irmos viver da caridade alheia.

Debalde, Exmo. Snr., quando me foi arrebatado o escravo, mandei por meu filho o meu formal de partilhas, onde está o escravo libertando avaliado em 600 mil-réis, que me parecia dever servir de base para o arbitramento, como desde o princípio ainda fui desatendido. Em suma, expondo este fato, tenho em vista manifestar a V. Exa. que alforrio o escravo, sendo para isso honrosamente convidado, e *não mandado* [grifo do original], para acordo como se costuma fazer com os cidadãos que estão no pleno gozo de seus direitos, como me considero, e então não faço questão do quantum para a alforria, sendo eu o signatário da carta, pois a mesma lei de 28 de 7bro de 1871, me garante o poder e domínio desse escravo, que me foi no dia 19 de julho p.p. violentamente arrebatado.

Deus Guarde a V. Exa...

A piada do cronista Machado de Assis, por meio do narrador Manassés, sobre senhores que suspiravam por tempos idos e se ressentiam do novo desembaraço político dos escravos, ganha densidade histórica ao lermos um aranzel como esse do fazendeiro de Barbacena. O funcionário lia o lamento, circunspecto, na rotina da repartição, para que o literato, galhofeiro ou dissimulado, pudesse recriá-lo depois. Mais impressionante no documento é o modo como ecoa todo o repertório da resistência escravocrata à lei de 1871, pintando vivamente as batalhas sociais em torno de sua aplicação: cá está o senhor de terras e escravos, habituado a exercer livremente a sua vontade, tendo de lidar com os agentes do poder público, e vendo nisso ameaça à continuidade do controle social sobre seus cativos. O fazendeiro chega mesmo a dizer que "a raiz da questão" estava exatamente no modo supostamente indigno e desrespeitoso pelo qual era tratado pelas autoridades públicas — no caso, o juiz e o meirinho. Inadvertidamente lúdico, reclama que o juiz não quisera esperar que ele se desembaraçasse de seus afazeres de lavrador — "vivo muito ocupado com minha lavoura" — para atender à intimação judicial.

Nada disso é novidade, neste nosso percurso que já vai longo. Outrossim, o documento do fazendeiro traz informações preciosas sobre percepções e modos de atuação política coletiva dos escravos. É verdade que não estamos agora diante de sociedades de trabalhadores negros, formalmente organizadas para atingir objetivos específicos que podiam incluir até mesmo a alforria de sócios ainda escravizados. Todavia, seria ingenuidade achar que esse documento nos diz apenas sobre a luta individual de determinado escravo, chamado Bento, para obter judicialmente a sua alforria por indenização de preço, recorrendo para isso às vias legais existentes na década de 1870. O próprio senhor de terras e escravos deixa claro que não é esse o caso. Em primeiro lugar, fornece informações importantes sobre as relações de trabalho em sua propriedade, reconhecendo direitos costumeiros dos escravos com os quais não parecia possível bulir. Assim, a origem da iniciativa de Bento para obter alforria era o pecúlio que amealhara na própria fazenda, ao usufruir da prerrogativa de plantar e criar com autorização do senhor. Tais roças de alimentos e criação de animais eram conquistas coletivas dos escravos, nessa e em tantas outras fazendas, e é significativo que o lamuriante jamais questione a legitimidade dessa situação. Segundo, o arrazoado do senhor pressupõe a existência de experiências e estratégias de luta compartilhadas entre os escravos, pois a ameaça representada pela iniciativa de Bento estava em seu caráter de exemplo — ou seja, na possibilidade de ela modificar a visão dos escravos sobre a escravidão e sobre os modos de lutar para superá-la. Na opinião do fazendeiro, a história de Bento constituía "um precedente horroroso aqui na minha fazenda, cujos escravos são todos crioulos ladinos e espertos", e então ele imaginava que todos os outros, sucessivamente, utilizariam o mesmo recurso e levariam à ruína o seu mundinho senhorial. "Crioulos ladinos e espertos" é modo senhorial peculiar de constatar a cultura política de trabalhadores escravos.

Para arrematar essa pequena história, resta dizer que o ministro da Agricultura, Thomaz Coelho, concluiu que nada havia a fazer sobre o assunto. Antes, o ministério havia solicitado ao juiz de Barbacena que oferecesse a sua versão sobre o episódio. O juiz respondeu com verve e minúcia, apoiando cada assertiva em cópias de documentos originais. Mandou cópia completa dos autos de ação de liberdade movida por Bento, para mostrar que "o processo correu todos os trâmites da lei", não tendo sido "forjados" e "ajeitados" em Barbacena. Desqualificou a queixa do proprietário de que o preço estabelecido para a indenização da liberdade fora baixo demais — os peritos arbitraram o valor de 200 mil-réis; o senhor queria 600 mil-réis. Segundo o juiz, a avaliação de 600 mil-réis alegada pelo fazendeiro fora realizada em inventário de doze anos antes. Além disso, ao dar o escravo à matrícula, em 19 de agosto de 1872, o senhor declarara, na coluna "aptidão para o trabalho", que Bento era "quase inútil". Ironizou também a pretensão do mandão local de que a autoridade judicial deveria esperá-lo até que pudesse atender à intimação de levar o escravo a juízo para o arbitramento do preço da liberdade. Imagine o "desempenho" da Justiça, se tivesse de esperar "que a pessoa intimada para qualquer ato, tivesse vontade de comparecer". Por fim, insinuava que o fazendeiro exagerava ao dizer que os lavradores locais estavam "aterrados" em consequência das ações de liberdade em curso no município; ao mesmo tempo, dizia que se o episódio de Bento e de outros que tais pareciam mesmo "terríveis", não era "culpa dos juízes nem dos curadores e sim da lei que o faculta".[182]

Na história do fazendeiro de Barbacena, destaca-se a sua ira contra um certo Delfino Ferreira de Carvalho, homem livre, curador do escravo Bento, e a quem ele considerava o "provocador" daquela querela sobre liberdade. Ora, a lei de 1871 criava condições, de fato, para que indivíduos ou setores da sociedade civil prestassem ajuda ou solidariedade aos escravos na conquista da liberdade. Ao proteger o pecúlio do escravo, garantindo-lhe também o direito de receber "doações, legados e heranças", e ao dar-lhe o direito à alforria por indenização de preço à revelia da vontade senhorial, a lei de 28 de setembro ampliava as possibilidades de os cativos e seus aliados organizarem-se coletivamente para a compra de alforrias. Indivíduos como Delfino e sociedades de trabalhadores negros solidarizaram-se com os escravizados e apoiaram a sua luta pela liberdade. A documentação do Conselho de Estado registra também a ocorrência de organizações cujo objetivo era a compra de alforrias, mas cujos membros e características gerais nada tinham a ver com as agremiações de trabalhadores negros já estudadas. Ao que parece, setores da "boa sociedade" mostravam-se dispostos a utilizar a lei de 1871 para colaborar na solução do problema do "elemento servil".

Na verdade, o próprio governo imperial estava inclinado a incentivar o aparecimento de associações para alforriar escravos no período imediatamente posterior à lei de 1871. Em relatório do Ministério da Agricultura de 1872, o ministro Francisco do Rego Barros Barreto louva a criação de tais sociedades "nas províncias", mas lamenta que nesta Corte "não existam ainda instituições desta natureza, tendo sido rejeitadas propostas para a respectiva organização, porque, nos favores pedidos ao governo, mostraram antes desejos de especulações industriais do que o espírito de caridade que deve presidir a estes estabelecimentos".[183] Em suma, na avaliação do ministro, as sociedades propostas para comprar alforrias na Corte pareciam mais dispostas a tirar vantagens econômicas da ânsia dos escravos para alcançar a liberdade do que em contribuir para livrar o país da instituição servil.

Os pareceres do Conselho de Estado revelam certa diversidade de situações. Em consulta de 14 de dezembro de 1874, por exemplo, os conselheiros viscondes de Souza Franco e de Bom Retiro e o marquês de Sapucaí manifestaram-se favoráveis à criação da Sociedade Emancipadora 28 de Setembro.[184] O "fim exclusivo" da associação, segundo o artigo primeiro dos estatutos, consistia em promover "a libertação de escravos na Corte e Província do Rio de Janeiro". Os conselheiros acharam que o objetivo da sociedade era "muito útil" e "humanitário", limitando-se a sugerir algumas modificações nos estatutos. Entre os vários reparos dos conselheiros, dois são especialmente interessantes. Primeiro, eles propunham o aumento no valor da mensalidade a ser paga pelos sócios. Os estatutos estabeleciam a mensalidade de duzentos réis; os conselheiros achavam que 1 mil-réis "por mês não seria pesado aos que confiem no desempenho do fim social". De fato, duzentos réis era quantia pequena, até mesmo para os parâmetros de sociedades de trabalhadores. Como vimos, as sociedades de Nação Conga e dos Homens de Cor cobravam mensalidades de 1 mil-réis — curiosamente, o valor sugerido pelos notáveis do Conselho de Estado. De qualquer modo, o baixíssimo valor proposto deixa claro o objetivo dos organizadores em incorporar às suas fileiras "número ilimitado de membros". Segundo, os conselheiros criticaram o fato de os estatutos concentrarem poderes demais nas mãos dos sócios "fundadores" ou "instaladores": só eles eram elegíveis para o conselho diretivo da entidade, podiam dissolver a agremiação à revelia da "vontade dos demais sócios" e assim por diante. Tais disposições eram injustas, pois "todos os sócios devem ter iguais direitos". Além disso, havia contradição entre tais privilégios conferidos aos sócios fundadores e o objetivo de "obter novas e numerosas entradas" de sócios.

A segunda seção, já no período em que Machado de Assis exercia a chefia, solicitou ao Conselho de Estado parecer sobre duas sociedades cujo objetivo declarado era promover a compra de alforrias. Os conselheiros Paulino José Soares de Souza, Dias de Carvalho e Teixeira Júnior apreciaram os casos em reunião de 26 de fevereiro de 1877. A Associação Libertadora da Escravidão tinha como objetivo "libertar tantos beneficiados quantos comportar o fundo social, pelo número e ordem que a sorte designar".[185] Para angariar fundos, cobrava mensalidades a partir de 5 mil-réis, exigia seis meses de prestação de serviços pelos escravos libertados pela entidade, e solicitava do governo imperial diversos privilégios quanto à captação de recursos por meio de loterias, doações e legados feitos por particulares com vistas à emancipação de escravos, multas, contratos caídos em comisso etc. Os conselheiros consideraram incertas ou mesmo ilícitas a maior parte dessas fontes de recursos. O governo imperial já determinara o aporte de recursos de loterias, doações, multas etc. para engordar o seu próprio fundo de emancipação, não havendo então motivo algum para desviar tais quantias para empresas particulares. Mais grave, a sociedade admitia escravos como membros contribuintes, não só como beneficiados. No caso, os cativos entregariam o seu pecúlio à associação, e lá tais recursos passariam a fazer parte dos fundos gerais da entidade. Essa disposição contrariava francamente a proteção ao pecúlio do escravo prevista na lei de 1871 e seus regulamentos; por isso diziam assim os conselheiros: "Não pode o Governo confiar este pecúlio, fruto da economia de uma classe ignorante e carecedora de todo o amparo, a uma sociedade particular que, ainda que não especule com ele, tem de absorvê-lo no seu fundo para beneficiar a uns favorecidos pelo sorteio à custa de outros que tenham a infelicidade de nunca verem seus nomes saírem de dentro da urna". Quase tudo nos estatutos dessa sociedade violava as leis em vigor sobre a emancipação de escravos, e os conselheiros chegam a citar, com aprovação, um comentário originário do Ministério da Agricultura — provavelmente da segunda seção, de onde tinham vindo os papéis — de que o "plano desta associação tem muito de incongruente ou de enigmático", modo mal disfarçado de sugerir que seus fins eram especulativos.

Na verdade, havia na lei de 28 de setembro ao menos um artigo que parecia despertar os interesses "mercantis", como se dizia, dos abutres do tempo. Tratava-se do disposto no artigo quarto, parágrafo terceiro, em que se permitia ao escravo, "em favor de sua liberdade, contratar com terceiro a prestação de futuros serviços por tempo que não exceda de sete anos, mediante o consentimento do senhor e aprovação do juiz de órfãos". Para os senhores, o artigo abria a possibilidade de acordar a alforria de seu escravo com alguma empresa, por uma soma vantajosa paga à vista, enquanto o cativo ficava obrigado a prestar serviços, avaliados a preço de banana, por um longo período, que poderia chegar a até sete anos. A fiscalização do juiz de órfãos e a vigilância do governo sobre "sociedades" desse tipo — na verdade, empresas de exploração da mão de obra dos libertos — tinham de funcionar para deter esse processo.

Não tenho como avaliar se, no geral, houve proteção adequada aos libertandos nesse aspecto. O certo é que no outro caso de pedido de autorização de funcionamento de sociedade encaminhado pela segunda seção — com parecer desfavorável — ao Conselho de Estado, em 1877, os conselheiros incluíram em seu parecer longa peroração contra o "caráter mercantil" em tais iniciativas. A Sociedade Manumissora, proposta pelo bacharel Antônio Joaquim de Senna e por João Alves Pinheiro de Carvalho, tinha "por fim emancipar escravos de ambos os sexos, com prévio assentimento dos senhores". O principal tipo de operação que realizaria para obter as alforrias seria o adiantamento, ao escravo libertando, de quantias que poderiam variar de 100 mil-réis a 1 conto e 500 mil-réis. A liberdade seria concedida ao escravo com "cláusula de prestação de serviços e na forma das obrigações constantes dos Estatutos da associação que forem aprovados pelo Governo Imperial".[186] Na peroração antimercantil à qual me referi, os conselheiros diziam que o governo não podia autorizar essas associações quando destinadas "a realizar lucros", pois que não se devia explorar "a natural e irresistível tendência, para a liberdade, de uma classe até hoje pacífica e sujeita". A pieguice senhorial continua parecer abaixo, dizendo-se então que era necessário evitar "as perniciosas contingências de ateiarem-se (*sic*) paixões tão vivas e arrastadoras (*sic*), quais as que se despertam ante a perspectiva da passagem do cativeiro à liberdade". Por fim, concluíam que as "sociedades emancipadoras" tinham de ser "essencialmente beneficentes", desvirtuando-se "a ideia de emancipação" sempre que deixassem o seu caráter humanitário e se tornassem "mercantis". Quanto à associação em pauta, o Ministério da Agricultura encaminhara os papéis marcando posição contrária à aprovação de qualquer entidade desse tipo até que o governo fizesse aprovar legislação específica "onde sejam expressas as bases, sobre as quais devem funcionar as sociedades de emancipação e associações incumbidas do tratamento e educação dos filhos livres de mulher escrava". Mais moderados, os conselheiros levantaram uma penca de restrições e mandaram que os proponentes da sociedade apresentassem novamente o pedido, com as revisões exigidas, para nova avaliação.

Em suma, o governo imperial passou a década de 1870 na corda bamba, assustado com a possibilidade de trabalhadores negros tomarem as rédeas do processo de emancipação, preocupado em evitar que a ânsia de liberdade dos escravos propiciasse a especulação dos "capitalistas", esforçando-se para fazer valer as novas prerrogativas do poder público sobre as relações entre senhores e escravos sem aumentar a tensão social. Alquimia difícil, incerta, lembrando a indeterminação histórica à qual se referiu Joaquim Nabuco ao tratar da lei de 1871. De todo o material apresentado nesta parte, fiquei ensimesmado com o fato de o governo imperial opor-se à organização de sociedades de trabalhadores negros alegando, entre outras coisas, que membros de suas diretorias não sabiam ler nem escrever. Se é assim, o que se discutiu, durante os anos 1870, a respeito da instrução primária dos filhos livres da mulher escrava? E o que se decidiu, afinal, a respeito dos direitos políticos dessas pessoas? Foram consideradas libertas ou ingênuas? Retomemos essa questão, quiçá a mais reveladora dos descaminhos que nos levaram à sociedade brasileira contemporânea, tal como é.

DESFECHO: CIDADANIA E LITERATURA NA SINTAXE DA EXCLUSÃO

Como vimos (algumas dezenas de páginas atrás), o apelido dos filhos livres da mulher escrava provocou controvérsia acirrada durante o processo de discussão da lei de 1871. À parte o problema da indenização aos senhores das escravas, assunto de somenos importância para outros que não os próprios senhores, o que estava em jogo era o alcance dos direitos políticos a serem usufruídos por essas pessoas. Se libertos, ficavam podados pelo conteúdo do capítulo VI, em especial o artigo 94, da Constituição de 1824. Nas eleições indiretas em dois turnos lá estatuídas, teriam direito a votar nas eleições primárias ou paroquiais, mas estavam excluídos de participação na escolha dos representantes provinciais e nacionais. Em outras palavras, eram votantes, porém não eleitores ou elegíveis. Várias funções públicas às quais se ascendia por eleição ficavam-lhes assim interditas. Se ingênuos, era-lhes possível exercer plenamente a cidadania, uma vez satisfeitas as outras exigências estabelecidas na Constituição para toda a população livre — principalmente quanto às várias faixas de "renda líquida anual" necessárias à elegibilidade para funções legislativas e judiciárias em diversos níveis (desnecessário mencionar a exclusão total das mulheres, pois os varões estudados sequer aventavam tal hipótese no período, salvo um ou outro excêntrico[187]).

O epíteto "liberto", portanto, tinha o seu preço. Em agosto de 1876, a seção Império do Conselho de Estado — composta à época por Teixeira Júnior, Paulino José Soares de Souza e Dias de Carvalho — apreciara um caso delicado a respeito das restrições constitucionais aos direitos políticos dos libertos.[188] O cidadão Caetano Luiz Machado, residente na freguesia de Jurujuba, Niterói, apresentara recurso ao presidente da província do Rio de

Janeiro contra a eleição de João José da Costa para juiz de paz da referida freguesia. João havia ganho a eleição, prestado juramento e exercia o cargo havia aproximadamente dois anos quando Caetano impetrou o tal recurso alegando que ele era liberto, logo inelegível para a função. O reclamante evocava a legislação eleitoral vigente e o artigo 94 da Constituição imperial, além de apresentar vários documentos para comprovar que o juiz de paz havia nascido de ventre escravo.

Os documentos anexados contam uma história não incomum naqueles tempos. João José da Costa seria, na verdade, João, filho de Albana, escrava de Francisco Domingues da Costa. O senhor compareceu ao ato de batismo da criança e "disse que de sua legítima vontade dava liberdade ao dito inocente João". Para provar que o juiz de paz eleito e o filho da escrava Albana eram a mesma pessoa, Caetano ajuntava certidão da verba testamentária de Francisco Domingues da Costa, "em que declara ter tido entre outros filhos naturais, *um de nome João filho de Albana crioula*" (grifo do original). Além disso, havia um atestado do vigário da freguesia de Nossa Senhora da Conceição da Jurujuba, "declarando que o seu paroquiano João José da Costa proprietário da fazenda Pendutiba, é um dos herdeiros do finado Francisco José Domingues, *e que lhe consta por ouvir dizer que ele nascera de ventre escravo*" (grifo do original).

A história ilustra bem a diferença, quanto ao exercício de direitos políticos e a ocupação de cargos públicos eletivos, entre nascer escravo, para tornar-se liberto em seguida, e já nascer ingênuo, assunto tão debatido em 1871. Nesse episódio, o assunto era melindroso porque João José da Costa tornara-se fazendeiro importante da localidade; ademais, a consequência de se aceitar a queixa de Caetano seria "a privação de uma jurisdição conferida a um cidadão pelos seus comparoquianos". As partes grifadas pelos conselheiros em seu parecer deram-lhes uma saída. A verba testamentária referia-se a Albana, mãe de João, apenas como "crioula", logo não dizia terminantemente que esse menino era o mesmo João, filho da escrava Albana, libertado por Francisco Domingues na pia batismal. Afinal, o senhor confessava ter tido "outros filhos naturais", logo sabe-se lá quantos "Joões" havia espalhado pelo mundo, nem qual era precisamente a condição de nascimento daquele que estava ao centro desse quiproquó. O vigário atestava apenas que lhe constava "por ouvir dizer" que o juiz de paz nascera de ventre escravo. Os conselheiros saíram pela tangente e deixaram o caso indefinido, mas observaram que havia "indícios veementes sobre o fato" e que, "provada a condição de liberto, que se atribui ao cidadão João José da Costa, parece à Seção, que deve ser nula a eleição do referido cidadão para o cargo de Juiz de Paz". Não importa quão abastado, João tinha de conviver com o disse-que-disse sobre as suas origens e com o uso que eventuais adversários políticos poderiam fazer de sua suposta condição de liberto.

É óbvio que João alcançara uma posição social raríssima para um filho de escrava — se realmente o era —, logo os conselheiros entendiam mais facilmente os incômodos políticos causados a alguém que, como eles próprios, fizera-se grande senhor de terras e pessoas. Parecia possível abordar o episódio de Jurujuba como caso isolado, lamentável, porém incapaz de produzir consequências políticas duradouras. De fato, toda a história sugere que a forma socialmente desejável de lidar com situações como essa consistia em silenciar sobre o assunto. Feito fazendeiro, o João da Pendutiba adquiria direito a um outro passado, distante da escravidão e da dependência pessoal, compatível com a sua nova situação. Como o pai de Brás Cubas, tinha a prerrogativa de inventar uma outra genealogia para si próprio e sua família; à sua roda, todos acreditariam nas origens sociais alegadas por tão galhardo cavalheiro, ou fingiriam acreditar, o que quase sempre dava no mesmo e parecia essencial para a paz social. Como dizia Jacó Tavares, amigo de Brás, "a veracidade absoluta era incompatível com um estado social adiantado, e que a paz social só se podia obter à custa de embaçadelas recíprocas".[189]

A questão da cidadania dos milhares de filhos de escravas nascidos livres a partir de 28 de setembro de 1871 era bem outra história, sobre a qual seria necessário agir resolutamente, ainda que, ao fim e ao cabo, o objetivo fosse produzir silêncio. Para retomar o fio da meada, basta relembrar Pimenta Bueno, então visconde de São Vicente, e a explicação que deu para a sua opção em silenciar sobre a condição dos filhos livres das mulheres escravas em seus projetos sobre emancipação debatidos no Conselho de Estado em 1867. Escolhera descrevê-los como "de condição livre", deixando "uma dúvida sem solução, e era a de serem ingênuos ou libertos". Dizia que uma definição sobre o assunto podia esperar outros vinte anos, havendo tempo, portanto, para "ver como as cousas se passam, e de resolver convenientemente".[190] Já sabemos que os legisladores de 1871 adotaram a fórmula de São Vicente.

Resta ver, então, "como as cousas" se passaram. O primeiro relatório do Ministério da Agricultura após o início da vigência da lei, de abril de 1872, aborda dúvidas surgidas quanto à aplicação do parágrafo que obrigava os párocos "a ter livros especiais para o registro dos nascimentos e óbitos dos filhos de escravas". Alguns padres queriam saber como verificar a data precisa de nascimento dos indivíduos levados à pia batismal. Ou seja, não tinham como detectar possíveis fraudes de senhores que, para escapar aos efeitos da lei, declarassem o nascimento de filhos de suas escravas em datas anteriores a 28 de setembro de 1871. A orientação do ministro, o barão de Itaúna, aos párocos foi para que simplesmente acreditassem na palavra dos senhores. Deixassem o assunto "à própria consciência" deles, pois que "o caráter brasileiro é avesso a fraudes repugnantes aos sentimentos religiosos". O ministro informava também que já remetera às paróquias os livros necessários à "escrituração do assentamento dos nascimentos e óbitos dos *libertos*" (grifo meu). Mais adiante, ainda tratando de matrícula, refere-se a essas crianças como os "filhos de mulher escrava, livres em virtude da mesma lei". Em suma, o barão oscila entre a fórmula lacunar da lei e o epíteto de "libertos", o preferido pelos legisladores que haviam oposto resistência ao projeto.[191]

Talvez fosse um mau começo, ao menos para os que apostavam sinceramente na execução da lei de 1871. O fato, todavia, é que o relatório do barão de Itaúna consiste no único exemplo que encontrei, em todo o material compulsado, de documento oficial que apelida "libertos" aos filhos da mulher escrava. Nos demais, a tendência foi oscilar entre "filhos livres de mulher escrava" — ou "filhos da mulher escrava, livres pela lei" — e "ingênuos". A primeira alternativa prevalece em documentos, digamos, de maior solenidade legal, como os regulamentos de 1º de dezembro de 1871 e de 13 de novembro de 1872. Também é predominante nos relatórios do Ministério da Agricultura, nos avisos e portarias do governo.

Já há aqui, porém, distinções importantes a fazer. É verdade que os relatórios imediatamente posteriores ao do barão de Itaúna jamais chamam "libertos" aos filhos das escravas. Também é vero que jamais os apelidam "ingênuos". Os ministros Francisco do Rego Barros Barreto e José Fernandes da Costa Pereira Júnior utilizam apenas "filhos livres de mulher escrava".[192] Isso nos leva a meados dos anos 1870, e a denominação de "ingênuos" parece ausente desses documentos oficiais, salvo algum lapso de minha parte. É fácil constatar, todavia, a diferença entre os relatórios de Thomaz José Coelho de Almeida, o ministro seguinte, e os anteriores. Já em seu primeiro relatório, datado de 15 de janeiro de 1877, aparece "filhos livres de mulher escrava" no corpo do texto, mas o quadro estatístico sobre o assunto apresenta a coluna intitulada "Ingênuos matriculados".[193] Os anexos riquíssimos do relatório trazem uma penca de avisos e circulares sobre os filhos das escravas, expedidos pela nossa conhecida segunda seção da Diretoria da Agricultura. Foram motivados, entre outras coisas, por notícias de que havia localidades nas quais o primeiro registro de nascimento desses menores ocorrera mais de três anos após a promulgação da lei de 28 de setembro, o que não era "verossímil", segundo um desses documentos. A expressão "filhos livres de mulher escrava" é a norma em todos eles, não ocorrendo, em nenhum momento, a palavra "ingênuos", presente no tal quadro estatístico.[194]

A maré mudara de todo quando do segundo relatório de Thomaz Coelho, de 1º de junho de 1877. Já no índice, mais detalhado dessa vez, temos o item II, intitulado "Educação dos ingênuos", e o item IV, "Matrícula de ingênuos e registro de nascimentos e óbitos". A expressão "filhos livres de mulher escrava" sequer aparece no índice. No item II, de uma página e meia, "ingênuos" está no título e uma vez no corpo do texto, "filhos livres de mulher escrava" consta uma vez, e "menores" ocorre três vezes. No item IV, noutra página e meia, "ingênuos" está no título e se repete três vezes no texto, e "filhos livres de mulher escrava" consta uma só vez.[195] Nos relatórios dos ministros seguintes, tal oscilação entre "ingênuos" e "filhos livres de mulher escrava" torna-se comum. Ao que parece, os termos são utilizados como sinônimos, para variar o estilo nos textos dos barnabés. Permanece, contudo, a prática de utilizar "filhos livres de mulher escrava" em documentos mais normativos, como avisos do Poder Executivo, mas mesmo nesses ocorre às vezes o apelido de "ingênuos".[196]

Inevitável constatar, enfim, que a expressão "ingênuos" ganhou trânsito nos documentos oficiais durante o período de

Thomaz Coelho no Ministério da Agricultura. Por conseguinte, tal "virada linguística" (*linguistic turn?*) coincide também com o início do exercício da chefia da segunda seção por Machado de Assis. Mera coincidência? Teve Machado alguma parte nisso? Afinal, tem um chefe de seção algo a ver com a forma de redigir ofícios em sua repartição? A resposta pode variar; logo, devemos talvez bisbilhotar algo escrito e assinado por ele no período, para ver quais os seus usos linguísticos na matéria.

Em junho de 1877, a seção Império do Conselho de Estado apreciou consulta encaminhada pela segunda seção da Diretoria da Agricultura a respeito da "conveniência da criação de um livro especial para averbação de ingênuos mudados de um município para outro".[197] O ministério havia recebido correspondência de autoridades municipais acusando falta de espaço, no livro de matrícula dos filhos das escravas, para tais anotações. Em seu parecer, os conselheiros transcrevem trechos do debate interno ocorrido no próprio Ministério da Agricultura. A opinião de Machado de Assis fora de que a "falta de um livro especial para averbação de ingênuos, é sem dúvida importante. A mudança do ingênuo do município em que foi matriculado para outro fica constando do livro da matrícula; mas é esse o único vestígio; a mudança do segundo para o terceiro, do terceiro para o quarto município não é averbada em nenhum lugar". Mais adiante, dizia que a única anotação exigida pelo regulamento de dezembro de 1871 era "a do falecimento do ingênuo". E assim vai, com a palavra "ingênuo" aparecendo seis vezes num trecho de pouco mais de uma página; a expressão "filhos livres de mulher escrava" ocorre uma vez, sintomaticamente quando o chefe de seção resume os termos da dúvida que lhe havia chegado sobre o assunto, em ofício de um coletor municipal.

Quanto ao mérito da questão, Machado foi contestado pelo seu superior imediato, Castro Silva, o diretor da Agricultura, para quem a criação de semelhante livro não parecia necessária. Achava que não havia inconveniente em anotar no mesmo livro "os ingênuos nascidos no município" e aqueles para lá mudados, pois que a averbação equivalia a uma nova matrícula nesses casos. O diretor esclarecia que, quanto aos "filhos livres de mulher escrava", a lei determinava que os livros de matrícula ficassem abertos até que fosse de todo extinta a escravidão no Império. Em suma, a proposta da segunda seção seria talvez excesso de zelo, e aumentaria sobremaneira a burocracia. O procurador da Coroa também argumentou que a adoção do tal "livro especial para as averbações dos ingênuos mudados de outros municípios" era "desnecessária" e "traria maior confusão". Os conselheiros de Estado limitaram-se a concordar com o diretor da Agricultura e com o procurador da Coroa, opondo-se assim à medida defendida por Machado de Assis. Em todos esses documentos a palavra "ingênuos" aparece uma ou mais vezes, destacando-se o chefe da segunda seção apenas por utilizá-la de forma bastante repetitiva. Resta notar que o governo imperial resolveu a pendenga em aviso de 6 de setembro de 1877, de autoria expressa da segunda seção da Diretoria da Agricultura, no qual se diz que "as averbações relativas aos filhos livres de mulher escrava, mudados de um para outro município, devem ser lançadas no próprio livro da matrícula"; logo adiante, explicava que não havia inconveniente em "inscrever do mesmo modo os *ingênuos* [grifo meu] que vêm residir em um município e os que nele já residem".[198] O apelido "ingênuos" em ato formal do Poder Executivo ajudava a consolidar, quem sabe, o *linguistic turn*.

Enfim, e ainda que a questão permanecesse sem solução do ponto de vista legal, havia forte tendência a considerar ingênuos os filhos livres da mulher escrava — ao menos lá pelo final dos anos 1870. Vingou talvez a versão da comissão parlamentar de 1871, já citada muito atrás, segundo a qual a supressão da palavra "ingênuos" no projeto de lei fora apenas para evitar "redundância", pois doutro modo não podiam ser vistos esses menores.[199] Quanto aos próprios costumes parlamentares, a impressão se confirma no debate, ocorrido em 1879, sobre projeto de lei que estabelecia colônias agrícolas para recepção dos "ingênuos libertados segundo a lei de 1871". Como sabemos, a lei de 28 de setembro determinava que os filhos livres das escravas ficassem em poder dos senhores de suas mães, "os quais tinham a obrigação de criá-los e tratá-los", até a idade de oito anos completos. Nessa ocasião, os proprietários deveriam escolher entre utilizar os serviços dos menores até que eles completassem 21 anos ou encaminhá-los ao governo imperial, recebendo neste caso a indenização de 600 mil-réis. O contexto da discussão sobre colônias agrícolas no primeiro semestre de 1879 era a iminência de as primeiras crianças tornadas livres em virtude da lei de 1871 chegarem aos oito anos de idade. Pois bem, os parlamentares utilizam a palavra "ingênuos" de modo corrente durante a apreciação do referido projeto.[200]

Ingênuos que fossem, há muito mais a observar sobre o destino dessas pessoas. Não há dúvida, por exemplo, que os senhores optaram maciçamente pelos serviços dos menores até os 21 anos, em vez de entregá-los ao governo ao completarem oito anos. Os dados apresentados nos relatórios ministeriais da Agricultura são impressionantes. Em relatório do final de 1878, portanto às vésperas do oitavo aniversário das primeiras crianças, o ministro Cansansão de Sinimbu fazia contas e alarmava-se com o despreparo do governo para enfrentar o que poderia vir. Estimava em 192 mil os ingênuos matriculados até 28 de setembro de 1879, o que dava uma média de 24 mil menores por ano soprando velinhas de oito primaveras a partir de então. Se apenas uma sexta parte dessas crianças chegasse ao governo em troca de indenização, ainda assim o poder público teria de acolher e dar destino a cerca de 4 mil filhos de escravas por ano, anos a fio. Seria o caos, e o ministro piegas depositava as suas esperanças na boa índole dos senhores brasileiros, que teriam "natural escrúpulo" em, "a troco de uma indenização", "condenar as mães escravas a separarem-se dos filhos que completem a tenra idade de 8 anos".[201] Não sei se a lógica de Cansansão de Sinimbu foi a que funcionou, mas o fato é que os senhores não entregaram as crianças ao governo: num relatório ministerial do início da década de 1880, escolhido a esmo, vemos que haviam sido matriculados, como ingênuos, 181 115 meninos e 182 192 meninas, num total de 363 307 crianças. Apenas 113 desses menores tinham sido encaminhados ao governo imperial![202]

Em vez de pensar como Sinimbu, fiado no sentimento *maternal* dos proprietários (*sic*), acho que esses números testemunham o apego continuado dos senhores à escravidão, ou ao que ainda restava dela (e não era pouco), no final da década de 1870 e anos 1880 adentro. Afinal, seria tolice considerar essas crianças de outro modo que não cativas de fato até que chegassem à idade de 21 anos, quando adquiririam o direito legal de ir para onde quisessem. Talvez não — posso estar julgando muito severamente senhores de tão boa índole. Resta-me então pedir de novo a indulgência do leitor, quiçá pela última vez neste texto, para acompanhar mais aspectos burocráticos concernentes à aplicação da lei de 1871, na expectativa de que possam esclarecer melhor os motivos pelos quais os ingênuos permaneceram tão maciçamente sob a autoridade dos senhores de suas mães.

Todos sabemos que a crise nas finanças públicas brasileiras é sempiterna — enlaça passado, presente e futuro numa corrente inquebrantável. Na década de 1870, atribuíam-na à recente Guerra do Paraguai. Quebrado pois estava o Tesouro quando o Estado imperial tinha de aplicar a lei de 28 de setembro. Logo, não havia recursos para que o poder público assumisse o ônus de receber e cuidar de todos aqueles milhares de filhos livres de mulher escrava. Uma alternativa seria recorrer aos "particulares", incentivá-los a fundar estabelecimentos para a educação de ingênuos.

Em junho de 1880, a seção Império do Conselho de Estado examinou requerimento de Francisco Casemiro Alberto da Costa, interessado em "organizar uma companhia destinada à educação e estabelecimento dos filhos livres de mulher escrava".[203] A consulta fora encaminhada pela segunda seção da Diretoria da Agricultura e, em seu parecer, os conselheiros visconde de Bom Retiro, Paulino de Souza e Dias de Carvalho transcreveram na íntegra a manifestação de Machado de Assis sobre o assunto, pois que este o fizera "com toda a clareza" e em "bem deduzido parecer". Francisco Costa propunha-se a "tomar conta" tanto de ingênuos cedidos ao Estado quanto daqueles que lhe fossem "diretamente entregues pelos senhores". O chefe de seção considerava o projeto "assaz complexo". A companhia proposta tinha ao mesmo tempo caráter "agrícola e industrial" e "beneficente". Daria "educação profissional" aos menores, que dividiria em duas turmas segundo faixas de idade — "de 2 a 7 anos e de 8 a 20". Em troca do capital empregado, de 15 mil contos de réis, pedia uma penca de favores: "isenção de direitos" na compra de todo o material necessário ao estabelecimento, "isenção de todos os impostos gerais e provinciais, nos primeiros 20 anos", preferência na execução de obras contratadas pelo Estado, e assim por diante. Ao que parece, tratava-se de uma grande empreiteira de obras, disposta a garantir as suas condições de competitividade no mercado por meio do emprego da mão de obra barata dos ingênuos e da obtenção de vantagens governamentais. Machado observou que a ideia de receber diretamente dos senhores das mães os ingênuos menores de oito anos contrariava "disposições legais". De fato, a lei determinava que tais senhores tinham a obrigação de ficar com as crianças até que completassem oito anos de idade, evitando-se assim a separação de mães e filhos. Ele conclui que "sendo esta parte de favores essencial ao plano da Companhia, peço licença para não me ocupar com as outras cláusulas" da proposta. O "pedido dos favores" era "bastante para indeferir o requerimento", pois que alguns contrariavam dispositivos legais vigentes, outros dependiam de "autorização legislativa", pois excediam a alçada do Poder Executivo.

O parecer de Machado faz menção a duas outras "consultas" ao Conselho de Estado, ambas de 1877. Numa delas, há um longo arrazoado a respeito do problema dos ingênuos que poderiam ser transferidos para o controle do governo imperial.[204] Penso que o documento expõe as diretrizes do Poder Executivo quanto ao tema nos anos seguintes. O objeto específico da consulta era um pedido de licença e "auxílios" para estabelecer, na província do Rio de Janeiro, uma fazenda-escola. Dessa vez não temos a chance de ler transcrições de pareceres da Diretoria da Agricultura; resta-nos, sem apoio ou contradita, o texto dos conselheiros. A proposta é considerada "inadmissível", já de início, "pelos exagerados ônus que traria ao Estado". Os conselheiros enfatizam dois outros pontos. Primeiro, dizem que o melhor alvitre seria que os "patronos dos Ingênuos" ficassem com eles até que completassem 21 anos. Essa conduta faria mais sentido diante da "escassez de braços" que "entorpece o desenvolvimento" do país. Entregar os menores ao governo imperial, para serem educados em estabelecimentos públicos, ou autorizados pelo poder público, significava privar "as indústrias dos melhores trabalhadores e operários que podem ter". Além disso, rompiam-se "os laços da família escrava". Arrematam esse aspecto com o comentário de que seria, "sem dúvida, preferível promover a permanência dos ingênuos em poder de seus patronos", porque com isso "pouparia o Estado os ônus a que está obrigado pela Lei de 28 de setembro de 1871". O outro ponto diz respeito à intenção dos proponentes em utilizar escravos e ingênuos lado a lado em sua fazenda-escola. Os conselheiros explicam que o governo imperial vinha adotando a conduta de incentivar de todas as formas o emprego de trabalhadores livres nos estabelecimentos públicos e nas obras contratadas pelo Estado. Assim, não fazia sentido que "uma empresa fundada a expensas dos cofres públicos" e "destinada à educação de menores livres" fosse baseada no trabalho escravo. Segundo eles, "o espetáculo dos vícios e inconvenientes do trabalho servil não são exemplos edificantes para a aprendizagem industrial da infância".

Confesso-me intrigado com tão enfáticas palavras dos conselheiros. Afinal, eles criticam os autores da proposta em nome de uma suposta orientação geral contrária à coexistência de escravos e trabalhadores livres — no caso específico, filhos livres de escravas — num mesmo estabelecimento agrícola ou industrial; ao mesmo tempo, incentivam os proprietários de escravos a utilizar os serviços dos ingênuos até que atingissem a idade de 21 anos. Pois então, nesse caso, não recomendavam eles próprios que escravos e ingênuos trabalhassem juntos nas mesmas fazendas? Que fazer para arredar da vista desses menores o tal "espetáculo dos vícios" inerente à escravidão? Acho que a contradição do princípio geral justificar-se-ia por meio do ramerrão senhorial costumeiro sobre "laços de família". Não convinha que as mães escravas e seus filhos livres fossem separados em "tenra idade". Desnecessário dizer, todavia, que eventuais "concessões" à família escrava eram antes conquistas dos cativos do que bondade senhorial. O tráfico interprovincial de escravos havia aumentado as tensões sociais inerentes à instituição servil, e os cativos nordestinos violentamente separados de suas famílias e comunidades para trabalhar nas fazendas de café do Sudeste alimentaram a legenda senhorial do "negro mau vindo do Norte".[205] Seus crimes e revoltas coletivas provocaram nos proprietários tais sentimentos generosos pela família escrava.

O ponto que aqui cumpre discutir é outro. Tudo o que já vimos sugere que no final dos anos 1870 os filhos livres das escravas eram "tidos por ingênuos" e permaneciam sob o domínio dos senhores de suas mães. Se assim era, o que diferençava a situação desses ingênuos daquela dos escravos com quem conviviam nas fazendas? O que poderia ter sido diferente se, por hipótese, os senhores houvessem por bem abrir mão das crianças e entregá-las ao Estado quando completassem oito anos?

Em novembro de 1877, a seção Império do Conselho de Estado teve de examinar a seguinte questão, que lhe fora encaminhada pela segunda seção da Diretoria da Agricultura:

> Estatuindo o art. 67 do Regulamento aprovado pelo Decreto nº 5135 de 13 de novembro de 1872 que o Juízo de Órfãos fiscalize a instrução primária dos menores filhos livres de mulher escrava, quer exigindo das associações, das casas de expostos e dos particulares o cumprimento dessa obrigação, quer impondo-a aos locatários de serviços nos respectivos contratos, e não estando incluída entre as obrigações impostas aos senhores das mães dos ditos menores a de lhes dar tal instrução, pode entender-se, em vista dos citados artigos, que também aos senhores das mães corre a obrigação de que se trata?[206]

Para traduzir o jargão burocrático, basta pensar que a lei de 1871 dividira os filhos livres das escravas em duas categorias. Por um lado, havia aqueles que permaneceriam sob a autoridade dos proprietários das mães; por outro, havia os que seriam encaminhados ao governo imperial — por abandono dos senhores ou porque estes optassem pela indenização quando os menores chegassem aos oito anos. Quanto aos ingênuos do segundo grupo, o governo imperial reservava-se o direito de conduzi-los a tais associações fundadas para esse fim; na falta destas, poderiam ser transferidos a particulares ou a "casas de expostos". Os juízes de órfãos ficavam encarregados de fiscalizar tudo o que dizia respeito aos ingênuos sob a proteção do governo, especialmente quanto às obrigações estabelecidas em lei para as associações, particulares e casas de expostos que os recebessem. Entre tais obrigações estava a de prover "instrução primária" e "educação religiosa" aos pequenos. Assim, a segunda seção queria saber se os ingênuos da primeira categoria deveriam receber o mesmo tipo de instrução, a ser providenciada, no caso, pelos senhores de suas mães.

É difícil adivinhar os motivos da segunda seção ao enviar semelhante consulta ao Conselho de Estado. Poderia não fazê-lo, como acontecia na maioria esmagadora dos assuntos submetidos ao ministério. A "dúvida" estava resolvida nos próprios termos da consulta, pois que já dizia não estar "incluída entre as obrigações impostas aos senhores das mães dos ditos menores a de lhes dar tal instrução". Não temos, de novo, a transcrição de pareceres internos do ministério sobre o assunto, mas os conselheiros apressam-se em notar que o próprio "digno chefe da segunda seção da Secretaria de Estado dos Negócios d'Agricultura" reconhecia ser "evidente" que os "particulares" obrigados a providenciar a instrução primária de ingênuos eram apenas aqueles que os recebiam das mãos do governo, não os senhores das mães escravas. A intenção do legislador estava clara, e os conselheiros enfatizam que não cabia agora exigir dos senhores aquilo a que por lei não estavam obrigados. Desculpem-me, pois, como se diz, perguntar não ofende, mas se tudo estava tão claro, por que a segunda seção encaminhou tal consulta ao Conselho de Estado?

Um fato curioso é que, apesar da conclusão peremptória dos conselheiros de que os juízes de órfãos não tinham a atribuição de cobrar dos senhores das mães escravas a instrução primária dos ingênuos sob o seu domínio, um aviso do Poder Executivo com a resolução do problema só aparece quase três anos depois da consulta — em 13 de abril de 1880.[207] O compasso de espera deveu-se, provavelmente, aos debates em curso, no parlamento, sobre instrução primária e definição de direitos de cidadania (reforma constitucional). Vejamos isso mais de perto, a começar pela divulgação, em agosto de 1876, dos resultados finais do recenseamento de 1872.

Os dados sobre alfabetização constantes do censo de 1872 tiveram enorme repercussão na imprensa e no parlamento.[208] Ao que parece, ninguém sabia que habitava um país de analfabetos, ou não havia até então uma ideia precisa da magnitude da coisa. Machado de Assis comentou a situação em crônica de 15 de agosto de 1876, e o fez de modo a enfatizar a relação entre alfabetização e cidadania.[209] Num trecho da crônica, Manassés, o narrador, imagina uma conversa entre "um homem, o leitor ou eu" e "o algarismo". Observa antes que admira algarismos porque eles são "sinceros, francos, ingênuos". Enquanto letras existem para construir frases, algarismos não têm frases nem retórica. Enfim, chamam as coisas "pelo seu nome, às vezes um nome feio". Disse o Sr. Algarismo:

> A nação não sabe ler. Há só 30% dos indivíduos residentes neste país que podem ler; desses uns 9% não leem letra de mão. 70% jazem em profunda ignorância. Não saber ler é ignorar o Sr. Meireles Queles; é não saber o que ele vale, o que ele pensa, o que ele quer; nem se realmente pode querer ou pensar. 70% dos cidadãos votam do mesmo modo que respiram: sem saber porque nem o quê. Votam como vão à festa da Penha, — por divertimento. A Constituição é para eles uma coisa inteiramente desconhecida. Estão prontos para tudo: uma revolução ou um golpe de Estado.

O primeiro problema na passagem é interpretar a retórica do narrador ao apresentar tais algarismos. Isso porque os dados do censo não foram divulgados exatamente como aparecem na crônica. O que viera a público fora ainda pior: entre a população livre, apenas 23,43% dos homens e 13,43% das mulheres sabiam ler e escrever, numa média de 18,56% de alfabetizados; incluídos os escravos, essa média final descia para 15,75%.[210] Não sei como o cronista chegou aos 30% de que fala. Como o texto desliza rapidamente da alfabetização para a cidadania, é possível que os 30% digam respeito apenas aos indivíduos com possibilidade de exercício de direitos políticos segundo a Constituição de 1824 — homens livres e adultos. De qualquer modo, ao utilizar-se dos números com esse tipo de viés político, o Sr. Algarismo exprimia visão, bastante comum à época, de que saber ler e escrever era requisito para as virtudes cívicas. Tal opinião constituíra-se "verdade axiomática", adotada por todos os espíritos independentemente de filiação partidária, segundo Sérgio Buarque de Holanda.[211] Tal situação contrastava com a vigente entre os constituintes de 1823, que não cogitaram incluir restrições aos direitos políticos de analfabetos, num país em que tal condição abundava. Na década de 1870, generalizara-se o conceito de que a alfabetização dos cidadãos era essencial para moralizar a vida política do país. Machado de Assis decerto compartilhava essa crença de Manassés e todos os outros. O trecho da crônica sobre as consequências políticas dos dados do censo de 1872 é precedido de gracejo no qual os analfabetos são tidos por "burros". Piadinha muito sem graça, mas reveladora, talvez, de preconceito geral.

É provável, enfim, que a consulta da segunda seção sobre instrução primária de ingênuos fosse modo de repercutir, no interior da administração pública, os dados desapontadores do censo de 1872. Num contexto em que alfabetização e boa cidadania caminhavam juntas, e em que os filhos das escravas estavam ingênuos e logo com possibilidade de pleno gozo de direitos políticos no futuro, segundo a Constituição de 1824, tornava-se problema o fato de esses menores não terem acesso à instrução primária. Poucos meses depois, em janeiro de 1878, sobe ao poder o gabinete chefiado por Cansansão de Sinimbu, que marcava o retorno do Partido Liberal ao poder após dez anos de geladeira. Era voz corrente que o programa do ministério reduzia-se a um item: a reforma eleitoral, dita "a ideia fixa" de Sinimbu. Achava-se que tal reforma, ao estabelecer eleições diretas, seria panaceia para todos os males do país.[212] O "povo" seria chamado à responsabilidade política direta, eliminando-se assim as fraudes supostamente características das eleições em dois níveis.

Sinimbu passou logo a governar com uma câmara inteiramente constituída por parlamentares ligados ao Partido Liberal.[213] Nas eleições que se seguiram à sua ascensão, vigorara a velha máxima política imperial de que o partido no governo sempre esmagava a oposição nas urnas, fosse como fosse. A fraude, a intimidação e o cacete, portanto, foram os meios de garantir ao governo condições para aprovar reforma destinada a excluir a fraude, a intimidação e o cacete dos hábitos eleitorais. Começava mal, não fosse apenas o começo costumeiro. Outro problema é que para sanear o sistema eleitoral Sinimbu propunha eleições diretas com exclusão do eleitorado. Em outras palavras, "a nação" escolheria seus representantes de forma direta, mas para votar o eleitor teria de atender a critérios de renda mais rigorosos — elevação do censo — e precisaria saber ler e escrever.

Professar a crença geral de que a alfabetização melhorava a qualidade da cidadania era uma coisa. Parecia outra muito diferente banir os analfabetos da vida política num país em que a instrução primária permanecia privilégio de tão poucos. Na câmara dominada pelos liberais formou-se logo um bloco de oposição — pequeno, mas ativo e barulhento, e que contava ainda por cima com o apoio das galerias, lotadas muita vez quando a reforma eleitoral vinha à baila. Esses parlamentares achavam que urgia inverter a equação: primeiro o governo devia generalizar a instrução primária, para só depois exigir a alfabetização do eleitorado. Entre os vogais oposicionistas havia gente como Saldanha Marinho, Joaquim Nabuco e José Bonifácio, o Moço.[214]

Saldanha Marinho pautou o debate, num de seus discursos, ao mostrar a retórica dos algarismos. Compulsou dados existentes no arquivo da própria Câmara sobre população nacional, alfabetização e renda, fez as contas, e concluiu que o resultado da reforma eleitoral proposta seria eleições diretas nas quais menos de 1/20 da população total de condição livre teria o direito de votar — ou seja, 400 mil homens num total estimado de 8,4 milhões de homens e mulheres. Leôncio de Carvalho, ministro do Império, estava presente à sessão e aparteou o orador para minimizar os efeitos da exclusão dos analfabetos do direito ao voto. Argumentou que o governo já providenciava melhoramentos na instrução pública e que até a execução da reforma havia "muito tempo para os analfabetos procurarem escola".[215] A alegação era quase cínica, pois sugeria que o governo tornaria a instrução primária acessível a todos num piscar de olhos.[216]

Joaquim Nabuco foi um, entre vários, a rebater enfaticamente esse tipo de ilusionismo político. Em discurso de 27 de maio de 1879, disse assim:

> Outro meio, senhores, que se empregou para responder a tudo que dissemos quanto aos analfabetos, consiste em representar-nos como amigos da ignorância. Nós somos apresentados como autores da propaganda sinistra do obscurantismo, como inimigos das escolas, como adversários da iniciativa do honrado Sr. ministro do império, a quem devo dizer que prefiro que S. Ex. *multiplique as escolas no país a que as multiplique no papel* [grifo meu]; como

> inimigos da necessidade que tem todo o homem de saber ler e escrever.
>
> [...]
>
> Mas o que não deveis fazer é criar categorias de analfabetos, classes sociais de analfabetos, mesmo porque quando fazeis isto além de excluirdes das urnas cidadãos que não têm culpa de não saberem escrever, dais às mesas qualificadoras um pretexto mais, um novo arbítrio para afastar das urnas quem não for do seu partido.[217]

Em suma, Joaquim Nabuco achava que a nova lei eleitoral aumentaria os vícios do sistema, ao invés de debelá-los. Noutra ocasião, mais ácido, interrogou a Câmara sobre quem seriam os verdadeiros promotores de tais fraudes. Afinal, ninguém acreditaria que membros das supostas "massas inconscientes" dos que não sabiam escrever seriam os autores de qualificações fraudulentas de eleitores, atas falsas, apurações forjadas. Como poderiam, sendo analfabetos? Sob pretexto de eliminar as tais massas da política, o governo parecia esquecer os "manipuladores de voto, os emboladores de chapa, todos esses cabalistas, todos esses calígrafos de atas falsas".[218] O governo continuaria a vencer as eleições porque permaneceriam ao seu dispor as armas habituais para fazê-lo: distribuição de empregos públicos, regalias em contratos, comissões rendosas, honrarias diversas. José Bonifácio, o oposicionista mais inflamado, ídolo do momento nas galerias da Câmara, dizia que o governo deixava o povo sem instrução e sem política, parecia achar "que o melhor meio de libertar as massas é embrutecê-las e sujeitá-las, ao cativeiro político! (*Muitos apoiados, muito bem, muito bem, o orador é muito felicitado.*)".[219]

Esse era o clima político reinante quando Machado de Assis, doente dos olhos e licenciado do serviço público por alguns meses, começou a conceber, quiçá a redigir, as *Memórias póstumas de*

Brás Cubas.[220] Não há como saber o que pensava daquilo tudo. É verdade que, em diferentes momentos de sua vida, Machado teve afinidades políticas claras com personagens como Saldanha Marinho e Joaquim Nabuco.[221] Isso pode ser um forte indício, mas não uma garantia de que ele pensava como esses parlamentares no debate sobre a exclusão política dos analfabetos, essa astúcia vil de negar o direito à instrução primária e depois cobrar alfabetização às massas. Sim, porque não há dúvida de que a oposição parlamentar interpretava corretamente o rumo dos acontecimentos. No caso da Corte, por exemplo, o número de escolas primárias não aumentou até o final do regime monárquico.[222] Elas foram mesmo fundadas "no papel", como temia Nabuco. No país como um todo, entre 1872 e 1890, a porcentagem de população alfabetizada chegou a cair de 15,75% para 14,80%.[223] A participação eleitoral despencou de cerca de 10% da população total, em 1872, para menos de 1%, em 1886, e a situação pouco melhorou nas primeiras décadas de regime republicano.[224] O futuro provaria, portanto, que nem parlamentares mais críticos, como Saldanha Marinho e José Bonifácio, conseguiram imaginar o tamanho da exclusão política que se anunciava. O banimento político dos analfabetos — e, por conseguinte, da massa dos descendentes de escravos — foi consumado em decreto de 9 de janeiro de 1881, após outra troca de gabinete e muitas escaramuças políticas que me dispenso de relatar.[225] Em vez disso, interessa-me continuar a especular sobre "o estado de espírito" político de Machado ao conceber as *Memórias póstumas de Brás Cubas*, em 1879.

Há outras pistas nas próprias *Memórias*, romance no qual a minúcia e densidade das alusões históricas não cessam de surpreender. Mencionei há pouco que se dizia à época que Sinimbu tinha "a ideia fixa" da reforma eleitoral. Chefe de gabinete, achava que esse seria o primeiro passo para quaisquer melhoramentos futuros do país, a receita para a cura de todos os seus males. Chega a declarar, no Senado, para justificar a sua obsessão, que: "Ordinariamente, quando um homem avança na idade e chega à altura desta que já tenho, é sempre acompanhado de uma ideia fixa [,] aquela a que todas as outras ficam subordinadas e como que dela dependentes; pode a isso chamar-se mania".[226] Brás Cubas, defunto autor, atribuiu a própria morte à "ideia fixa" do emplasto anti-hipocondríaco, "destinado a aliviar a nossa melancólica humanidade" (cap. II). Na passagem, Brás tomava uma certa interpretação do Brasil como a humanidade inteira, pois era comum no período que se considerasse a melancolia um dos principais elementos definidores do "caráter nacional brasileiro", decorrência das condições geográficas do país. Capistrano de Abreu descrevia o "povo brasileiro", em meados da década de 1870, como "indolente e nervoso, melancólico e exaltado"; fizera-se assim graças às "forças e aparências da Natureza", tanto que a "característica da constituição mental dos Tupis era a hipertrofia da sensibilidade".[227] Sinimbu e Brás Cubas haviam diagnosticado as causas dos males da nação e adquirido a ideia fixa de curá-la. Morto, Brás confessa tudo e diz que não fora motivado por filantropia, mas por "sede de nomeada", "amor da glória". Vivíssimo, Sinimbu não confessa nada, mas planejava depurar o corpo da nação excluindo o povo da política.

Barrados os cidadãos da política, restava imaginar uma literatura da qual os leitores estavam excluídos. Nesses mundos paralelos da cidadania e da literatura, a gramática e a sintaxe reinavam soberanas. Não é à toa que Brás abre as *Memórias* dirigindo-se "Ao leitor": "Que Stendhal confessasse haver escrito um de seus livros para cem leitores, cousa é que admira e consterna. O que não admira, nem provavelmente consternará é se este outro livro não tiver os cem leitores de Stendhal, nem cinquenta, nem vinte, e quando muito, dez. Dez? Talvez cinco". Brás Cubas mantém-se sempre sobranceiro em relação aos leitores, se os havia, pois a opinião deles a respeito de seu relato pouco parece importar. Se não gostassem do livro, ele lhes prometia "um piparote".[228] Enfim, confirma-se de novo a ideia de que a personagem Brás Cubas alegoriza os modos de ver e fazer da classe senhorial-escravista: ao projetar uma literatura sem leitores e uma política sem cidadania, fechava-se ainda uma vez no onanismo social e mental que a caracterizava. Ao construir as coisas dessa forma, Machado de Assis parecia sugerir que as mudanças em curso visavam à preservação, quiçá ao aprofundamento, das desigualdades sociais vigentes. Pouco depois, em 1882, publicaria conto que representava, de forma explícita, a história das reformas eleitorais do país. A intenção de tal alegoria era confessada, de forma atípica para Machado, em nota de rodapé.[229] Um cientista decifrara a linguagem das aranhas. Tais insetos utilizavam um idioma, "uma língua, senhores, nada menos que uma língua rica e variada, com a sua estrutura sintática, os seus verbos, conjugações, declinações, casos latinos e formas onomatopaicas, uma língua que estou gramaticando para uso das academias, como o fiz sumariamente para meu próprio uso". O conto gira sempre em torno da busca, pelos aracnídeos, de um sistema eleitoral perfeito, imune a fraudes. Sempre havia, porém, um jeito de lograr a legislação e manipular resultados eleitorais. Ao final, *plus ultra*, como diria Simão Bacamarte, "um grande filólogo" desenvolve raciocínio tortuoso para "demonstrar" que o resultado de uma eleição havia sido exatamente o oposto do que fora na realidade. A soberania dos gramáticos contribuía, de fato, para a sintaxe política da exclusão e do arbítrio.[230]

No que tange à lei de 1871, o objeto principal deste meu capítulo, é provável que Machado não tenha ficado imune à certa guinada, ocorrida precisamente em 1879, quanto ao seu significado político. Como vimos, Machado de Assis, funcionário e cidadão, acreditara que a lei de 28 de setembro fora passo importante para a emancipação dos escravos e, por conseguinte, para a transformação da sociedade brasileira. O literato elogiava os seus efeitos em crônicas; o barnabé lutava com denodo para que fosse cumprida. Em certo sentido, como vimos nos capítulos anteriores, ele acreditou sempre que a lei de 1871 mudara mesmo as coisas, pois que impusera derrota decisiva à classe senhorial, e nisso expusera-lhe as entranhas ideológicas, por assim dizer. No final da década de 1870, todavia, muitos começavam a acreditar que urgia ir adiante. A lei de 28 de setembro não parecia capaz, por si só, de dobrar a resistência dos escravocratas.

Talvez o momento crucial desse processo de reinterpretação política tenha sido o discurso proferido na Câmara, em 5 de março de 1879, por Jerônimo Sodré, deputado pela província da Bahia.[231] Joaquim Nabuco diria, mais tarde, que esse discurso detonara a primeira fase do movimento abolicionista.[232] Sodré misturava reminiscências pessoais e eventos da história recente do país para contar, a seu modo, a história do processo de emancipação. Rememorava a satisfação que tivera quando "um ministério liberal incluiu na fala do trono a reforma do elemento servil", para lembrar em seguida do "golpe de estado de 16 de julho" de 1868, que levara ao poder um gabinete de "ideias mais retrógradas", contrário à liberdade dos escravos. Prosseguia assim:

> Pouco durou; sob o governo de um príncipe justo, sábio e filantropo, vi que os mais encarniçados adversários de semelhantes ideias não puderam deixar de curvar a cerviz, e a lei de 28 de Setembro anunciou a este país que daí em diante nenhum indivíduo mais nasceria escravo; lei que eu aceitei, porque não sou daqueles do *tudo ou nada*; mas lei que condenei, profliguei, com todas as forças, porque é manca, não favorece, nem garante a condição do protegido, e ainda menos a do possuidor.

(*Numerosos apartes.*)

Lei funesta, digo, senhores, porquanto nas grandes questões sociais, não podem as reformas ser mutiladas, nem truncadas; é a pedra, que rola da montanha, e que por força há de chegar ao abismo...

É preciso, que aqui cogitemos do futuro; todos sabem; a sociedade brasileira está sobre um vulcão. Não nos iludamos. Todas as circunstâncias, os fatos de todos os dias aclaram bem o espírito; se reproduzem a todo o instante. E ainda há pouco a voz eloquente do nobre senador por S. Paulo acaba de pedir a este parlamento medidas repressivas contra o elemento servil.

Ao concluir o discurso, Jerônimo Sodré conclamava os pares a pensar na "condição de cerca de 1000000 de brasileiros, que jazem ainda no cativeiro!"; achava que deviam "libertá-los", para que o Brasil pudesse finalmente participar dos "banquetes da civilização moderna". O escriba das atas registrou o forte impacto do pronunciamento: "*Muito bem; muito bem. Bravo das galerias. O orador é cumprimentado por quase todos os deputados presentes*".

Dias depois, Martim Francisco, deputado pela província de São Paulo, cuja rebeldia escrava havia sido expressamente mencionada por Sodré como uma das motivações de seu discurso, subia à tribuna para "protestar contra as opiniões" do representante da Bahia.[233] A abolição da escravatura destruiria a propriedade constituída, arruinaria o Estado, lançaria nas "lutas políticas um milhão de homens a quem falta absolutamente a educação e que são completamente incapazes de reger-se na vida particular, quanto mais de concorrer para constituir a representação nacional". Ademais, referindo-se à antes tão combatida lei de 28 de setembro de 1871, dizia que ela, ao extinguir "nobremente a fonte da escravidão", fizera "tudo que podíamos sensatamente fazer para que, sem maior abalo da propriedade, possa desaparecer este cancro social".

O diálogo entre Jerônimo Sodré e Martim Francisco mostra que a história do processo de libertação dos escravos passaria a correr em outros trilhos. Se antes os escravocratas combatiam e solapavam a aplicação da lei de 1871, agora consideravam-na a mais previdente e definitiva das leis; os emancipacionistas, por seu turno, viravam abolicionistas às pencas, ainda que com diferentes matizes e graus de radicalismo. A cizânia aprofundava-se entre os próprios liberais, divididos agora por mais outro assunto, além da famigerada reforma do sistema eleitoral. Saldanha Marinho, José Bonifácio e Joaquim Nabuco, sem apagar as diferenças que tinham entre eles próprios, diziam todos que o gabinete Sinimbu não era fiel ao programa liberal de 1868, que traía portanto os ideais do partido. Havia desencanto, frustração mesmo, em vários redutos dos luzias. Fora para isso que o partido voltara ao poder? Penso, mas não posso provar de modo definitivo (preciso fazê-lo?), que naquele momento o outrora jovem liberal Machado de Assis compartilhava a desilusão de alguns velhos companheiros de lutas políticas. O funcionário continuaria a cumprir, anos a fio, fosse qual fosse o gabinete da vez, a obrigação — exercida com evidente convicção ideológica — de defender as prerrogativas do poder público contra a sempiterna sanha senhorial. O literato transformaria a experiência histórica da década de 1870 em força criadora, a fecundar cada linha desse livro incrível que é as *Memórias póstumas de Brás Cubas*, e de outros que viriam depois.

Notas

1. PATERNALISMO E ESCRAVIDÃO EM *HELENA* [pp. 17-57]

1. John Gledson, *Machado de Assis: ficção e história*, Rio de Janeiro, Paz e Terra, 1986; idem, *Machado de Assis: impostura e realismo. Uma interpretação de* Dom Casmurro, São Paulo, Companhia das Letras, 1991; Roberto Schwarz, *Ao vencedor as batatas: forma literária e processo social nos inícios do romance brasileiro*, São Paulo, Duas Cidades, 1981; idem, *Um mestre na periferia do capitalismo*: *Machado de Assis*, São Paulo, Duas Cidades, 1990; idem, *Duas meninas*, São Paulo, Companhia das Letras, 1997. Ao conceber a literatura como modo de ler a história, Machado apenas compartilhava visão bastante comum à época; ver Jefferson Cano, "O fardo dos homens de letras: o 'orbe literário' e a construção do império brasileiro", tese de doutorado em História, Unicamp, 2001. A tradição de interpretar os sentidos históricos da obra machadiana é evidentemente mais antiga; basta lembrar de Astrojildo Pereira, *Machado de Assis: ensaios e apontamentos avulsos*, Belo Horizonte, Oficina de Livros, 1991 (1ª ed. 1959), e Raymundo Faoro, *Machado de Assis: a pirâmide e o trapézio*, São Paulo, Companhia Editora Nacional, 1974. Versão anterior do texto deste capítulo apareceu em Sidney Chalhoub, "A história nas histórias de Machado de Assis: uma interpretação de Helena", *Revista do Departamento de História*, Fafich/UFMG, Belo Horizonte, julho de 1992, pp. 19-43.

2. Schwarz, *Um mestre*, p. 11.

3. Ilmar Rohloff de Mattos, *O tempo saquarema*, São Paulo, Hucitec/ Instituto Nacional do Livro, 1987.

4. *Helena*, capítulo II, tornou-se *H*, cap. II. Adotei o mesmo procedimento em todas as citações referentes aos romances de Machado. Utilizei a seguinte edição: Afrânio Coutinho (org.), *Machado de Assis: obra completa*, Rio de Janeiro, Nova Aguilar, 1986, vol. I.

5. Schwarz, *Ao vencedor as batatas*, p. 89.

6. Ibidem, p. 63.

7. Ibidem, p. 90.

8. Ibidem, p. 99.

9. E. P. Thompson revisou e reuniu vários desses artigos dos anos 1970 em *Customs in common: studies in traditional popular culture*, Nova York, The New Press, 1993; de Eugene Genovese, ver o capítulo sobre paternalismo em *Roll, Jordan, Roll. The world the slaves made*, Nova York, Randon House, 1974.

10. Rebecca Scott, "Exploring the meaning of freedom: post-emancipation societies in comparative perspective", *Hispanic American Historic Review*, agosto de 1988.

11. Schwarz, *Ao vencedor as batatas*, p. 16.

12. Ibidem, p. 16.

13. "Machado de Assis: um debate. Conversa com Roberto Schwarz", *Novos Estudos*, Cebrap, nº 29, março de 1991, p. 83.

14. Gledson, *Ficção e história*, pp. 70-1.

15. Ibidem, p. 81.

16. Ver Sidney Chalhoub, *Visões da liberdade: uma história das últimas décadas da escravidão na Corte*, São Paulo, Companhia das Letras, 1990, cap. 2.

17. Perdigão Malheiro, *A escravidão no Brasil: ensaio histórico, jurídico, social*, Petrópolis, Vozes/INL, 1976, vol. II, pp. 95-6. Comentei a passagem longamente em *Visões da liberdade*, pp. 212 e ss.

18. Sobre os perigos concretos de escravização ilegal, especialmente a partir da noção de "bens do vento ou bens do evento", ver os documentos apresentados por Robert Conrad, *Children of God's fire: a documentary history of black slavery in Brazil*, The Pennsylvania State University Press, 1994, pp. 322-31. Segundo o conceito de bens do evento, escravos e animais ao léu, sem proprietário conhecido, seriam levados a leilão. Conrad apresenta documentos que narram casos de negros libertos ou livres leiloados como escravos. Como exemplo das pesquisas necessárias nessa direção, ver Judy Bieber Freitas, "Slavery and social life: attempts to reduce free people to slavery in the Sertão Mineiro, Brazil, 1850-1871", *Journal of Latin American Studies*, Londres, vol. 26, parte 3, outubro de 1994, pp. 597-619.

2. A POLÍTICA COTIDIANA DOS DEPENDENTES [pp. 58-93]

1. Roberto Schwarz, *Ao vencedor as batatas: forma literária e processo social nos inícios do romance brasileiro*, São Paulo, Duas Cidades, 1981. A primeira versão do texto deste capítulo foi escrita em inglês para volume organizado por Richard Graham, *Machado de Assis: reflections on a Brazilian master writer*, Austin, The University of Texas Press, 1999. Versão anterior em português apareceu em Sidney Chalhoub e Leonardo Affonso de Miranda Pereira (orgs.), *A História contada: capítulos de história social da literatura no Brasil*, Rio de Janeiro, Nova Fronteira, 1998.

2. Sobre a questão da diferença e do antagonismo no interior da dominação paternalista, além de E. P. Thompson, *Customs in common: studies in traditional popular culture*, Nova York, The New Press, 1993, achei útil o texto de James C. Scott, *Domination and the arts of resistance: hidden transcripts*, New Haven e Londres, Yale University Press, 1990. Ensaiei algumas dessas ideias anteriormente em *Visões da liberdade: uma história das últimas décadas da escravidão na Corte*, São Paulo, Companhia das Letras, 1990.

3. Joaquim Nabuco se referiu a esse período da política imperial como de "degradação", de "violação da lei moral"; quanto à questão do tráfico especificamente, "bebemos as fezes todas do cálice". Joaquim Nabuco, *O abolicionismo*, Petrópolis, Vozes, 1977 (1ª ed. 1883), p. 111. Luís Carlos Martins Pena, que foi contemporâneo do tráfico africano ilegal, denunciou a falta de escrúpulos de autoridades e traficantes numa divertida comédia da década de 1840: *Os dous ou o inglês maquinista*, em Martins Pena, *Comédias*, edição crítica por Darcy Damasceno, Rio de Janeiro, Ediouro, s.d., pp. 65-84.

4. John Gledson, *Machado de Assis: ficção e história*, Rio de Janeiro, Paz e Terra, 1986, e John Gledson, *Machado de Assis: impostura e realismo*, São Paulo, Companhia das Letras, 1991.

5. Elysio de Carvalho, "Gíria dos gatunos cariocas (vocabulário organizado para os alumnos da escola de polícia)", *Boletim Policial*, nº 4, 5 e 6, 1912, pp. 168-81.

6. Gledson, *Ficção e história*, p. 71; Schwarz, *Um mestre*, pp. 71-4.

7. Ver Sidney Chalhoub, *Cidade febril: cortiços e epidemias na Corte imperial*, São Paulo, Companhia das Letras, 1996, cap. II.

8. A matriz desse raciocínio parece estar em Justiniano José da Rocha, "Ação, reação, transação", em Raymundo Magalhães Júnior, *Três panfletários do Segundo Reinado*, São Paulo, Companhia Editora Nacional, 1956.

9. Para outro exemplo de associação entre lágrimas e olhar fixo: em *Dom Casmurro*, capítulo CXXIII, durante o enterro de Escobar, "Capitu olhou alguns

instantes para o cadáver tão fixa, tão apaixonadamente fixa, que não admira lhe saltassem algumas lágrimas poucas e caladas...".

10. O que escrevo sobre *Dom Casmurro* pressupõe os achados e interpretações presentes nos seguintes textos: Helen Caldwell, *The Brazilian Othello of Machado de Assis*, Berkeley, University of California Press, 1960; Silviano Santiago, "Retórica da verossimilhança", em *Uma literatura nos trópicos*, São Paulo, Perspectiva, 1978, pp. 29-48; John Gledson, *Machado de Assis: impostura e realismo. Uma reinterpretação de* Dom Casmurro, São Paulo, Companhia das Letras, 1991; Roberto Schwarz, "A poesia envenenada de *Dom Casmurro*", em *Novos Estudos*, Cebrap, nº 29, março de 1991, pp. 85-97.

11. Em Afrânio Coutinho (org.), *Machado de Assis: obra completa*, Rio de Janeiro, Nova Aguilar, 1986, vol. III, pp. 904, 913.

3. CIÊNCIA E IDEOLOGIA EM *MEMÓRIAS PÓSTUMAS DE BRÁS CUBAS* [pp. 94-130]

1. A referência é à seguinte passagem: "Está provado [...] que as coisas não podem ser de outra maneira, porque, sendo tudo feito para um fim, tudo existe necessariamente para o melhor dos fins. Observai que os narizes foram feitos para apoio dos óculos; e por isso temos óculos"; em Voltaire, *Cândido ou o otimismo*, Rio de Janeiro e São Paulo, Ediouro e Publifolha, 1998, cap. I, p. 8. A versão original do texto deste capítulo foi escrita em inglês e publicada em Sidney Chalhoub, "What are noses for? Paternalism, social darwinism and race science in Machado de Assis", *Journal of Latin American Cultural Studies*, Londres, vol. 10, nº 2, 2001, pp. 171-91. Versão em português apareceu em Sidney Chalhoub, Vera Beltrão Marques, Gabriela dos Reis Sampaio e Carlos Galvão Sobrinho (orgs.), *Artes e ofícios de curar no Brasil: capítulos de história social*, Campinas, Editora da Unicamp/Cecult, 2003 (Coleção Várias Histórias).

2. É claro que essa leitura "classista" das *Memórias* deve muito a Roberto Schwarz, *Um mestre na periferia do capitalismo: Machado de Assis*, São Paulo, Duas Cidades, 1990.

3. Para um estudo recente sobre o modo de funcionamento do tráfico africano ilegal no país e a luta para extingui-lo, ver Jaime Rodrigues, *O infame comércio: propostas e experiências no final do tráfico africano para o Brasil (1800--1850)*, Campinas, Editora da Unicamp, 2000.

4. Esse discurso de Eusébio de Queiroz era referência comum em debates sobre escravidão na segunda metade do século XIX; está transcrito na íntegra, por exemplo, em Perdigão Malheiro, *A escravidão no Brasil: ensaio histórico,*

jurídico, social, Petrópolis, Vozes/INL, 1976 (1ª ed. 1866-67), vol. II, pp. 201-22. O comentário de Joaquim Nabuco ao discurso está em *O abolicionismo*, Petrópolis, Vozes, 1977 (1ª ed. 1883), p. 111.

5. Ver, por exemplo, Elciene Azevedo, *Orfeu de carapinha: a trajetória de Luiz Gama na imperial cidade de São Paulo*, Campinas, Editora da Unicamp, 1999; Joseli Nunes Mendonça, *Entre a mão e os anéis: a lei de 1885 e os caminhos da liberdade*, Campinas, Editora da Unicamp, 1999; Lenine Nequete, *Escravos & magistrados no Segundo Reinado*, Brasília, Fundação Petrônio Portella, 1988; Eduardo Spiller Pena, *Pajens da Casa Imperial: jurisconsultos, escravidão e a lei de 1871*, Campinas, Editora da Unicamp, 2001.

6. Sidney Chalhoub, *Visões da liberdade: uma história das últimas décadas da escravidão na Corte*, São Paulo, Companhia das Letras, 1990, cap. 2.

7. Na edição da *Obra completa* da Nova Aguilar, que uso como referência, está grafado "desazar". Na edição crítica das *Memórias*, publicada sob os auspícios do Instituto Nacional do Livro (Editora Civilização Brasileira, 1975), está "desasar", no sentido de tirar as asas à ambição, que é precisamente do que se trata.

8. Sidney Chalhoub, *Cidade febril: cortiços e epidemias na Corte imperial*, São Paulo, Companhia das Letras, 1996; Lilia Moritz Schwarcz, *O espetáculo das raças: cientistas, instituições e questão racial no Brasil, 1870-1930*, São Paulo, Companhia das Letras, 1993; Thomas E. Skidmore, *Preto no branco: raça e nacionalidade no pensamento brasileiro*, Rio de Janeiro, Paz e Terra, 1976.

9. John Gledson, *The deceptive realism of Machado de Assis: a dissenting interpretation of* Dom Casmurro, Liverpool, Francis Cairns, 1984, pp. 163-8.

10. Jean-Michel Massa, "La bibliothèque de Machado de Assis", *Revista do Livro*, 6 (21-22), 1961, pp. 195-238. Para uma publicação mais recente desse artigo, acompanhada de estudos sobre a biblioteca, ver José Luís Jobim (org.), *A biblioteca de Machado de Assis*, Rio de Janeiro, Academia Brasileira de Letras, Topbooks, 2001.

11. Refiro-me às seguintes edições: Darwin, *La descendance de l'homme et la selection sexuelle*, Paris, C. Reinwald, 1873, 2 vols.; Darwin, *L'Origine des espèces au moyen de la selection naturelle...*, Paris, C. Reinwald, 1876; Spencer, *Introduction a la science sociale*, Paris, Librairie Germer-Baillière, 1878; Spencer, *Principes de sociologie*, Paris, Germer-Baillière, 1878, 2 vols.; Alfred Wallace, *La selection naturelle*, Paris, C. Reinwald, 1872. Também consta Edouard Hartmann, *Le darwinisme. Ce qu'il y a de vrai et de faux dans cette théorie*, Paris, Germer-Baillière, 1880. Esses são os volumes mais obviamente relevantes para o argumento deste capítulo. Entretanto, uma mirada na lista de livros de Machado logo revela interesse abrangente em filologia e etnologia oitocentistas; assim, é provável que ele estivesse bastante bem informado sobre as repercussões das

teorias darwinistas nessas áreas. Machado tinha livros de Louis Buchner, John Lubbock, Max Muller, A. Quatrefages, T. Ribot, E. Tylor etc., quase todos em edições dos anos 1870. Ademais, como era de praxe entre intelectuais brasileiros do período, lia periódicos literários e científicos franceses, especialmente o *Revue des Deux Mondes.* Meu entendimento do significado dessa biblioteca — importante para a "amarração" do restante deste capítulo — foi possível graças à leitura de Thomas Trautmann, *Aryans and British India*, Berkeley, University of California Press, 1997; e mais: Jean-Marc Bernardini, *Le darwinisme social en France (1859-1918)*, Paris, CNRS, 1997; Linda Clark, *Social darwinism in France*, University, Ala., University of Alabama Press, 1984; Paul Crook, *Darwinism, war and history: the debate over the biology of war from the "Origin of species" to the First World War*, Cambridge, Cambridge University Press, 1994; Richard Hofstadter, *Social darwinism in American thought*, Boston, Beacon Press, 1992 (1ª ed. 1944), e mais o trabalho citado na nota seguinte.

12. Há extenso debate acadêmico sobre o conceito de darwinismo social. Todavia, a noção mais superficial, baseada nas expressões mais correntes a ele associadas, é suficiente no contexto deste capítulo; ver Mike Hawkins, *Social darwinism in European and American thought: 1860-1945*, Cambridge, Cambridge University Press, 1997.

13. Hawkins, pp. 52-4.

14. Ao que parece, o darwinismo tornou-se mais bem conhecido no Brasil a partir de meados dos anos 1870, quando Miranda Azevedo proferiu uma série de aulas públicas sobre o assunto nas chamadas "conferências populares da Glória". Tais conferências costumavam atrair plateia numerosa e seu objetivo era divulgar novas ideias científicas e intelectuais; os jornais habitualmente publicavam ao menos um resumo do conteúdo das palestras; ver Terezinha Collichio, *Miranda Azevedo e o darwinismo no Brasil*, Belo Horizonte e São Paulo, Itatiaia e Edusp, 1988, pp. 32-3, 38-46. O positivismo era doutrina influente havia algum tempo quando do início das discussões sobre darwinismo; João Cruz Costa, *Contribuição à história das ideias no Brasil*, Rio de Janeiro, Livraria José Olympio, 1956. Sylvio Romero, pensador e crítico literário que alimentava grande animosidade contra Machado de Assis, professava combinar o positivismo comtiano e o darwinismo social em seus escritos; Collichio, p. 53. Sobre Romero e seus ataques a Machado, ver Roberto Ventura, *Estilo tropical: história cultural e polêmicas literárias no Brasil*, São Paulo, Companhia das Letras, 1991.

15. Na verdade, a história fora publicada anteriormente na *Gazeta de Notícias*, com o título "Um capítulo inédito de Fernão Mendes Pinto", em 30 de abril de 1882, segundo José Galante de Sousa, *Bibliografia de Machado de Assis*, Rio de Janeiro, Instituto Nacional do Livro, 1955, pp. 531-2. Consultei o conto

em Afrânio Coutinho (org.), *Machado de Assis. Obra completa*, Rio de Janeiro, Nova Aguilar, 1986, vol. 2, pp. 323-8.

16. John Gledson, "A história do Brasil em *Papéis avulsos* de Machado de Assis", em Sidney Chalhoub e Leonardo Affonso de Miranda Pereira (orgs.), *A História contada: capítulos de história social da literatura no Brasil*, Rio de Janeiro, Nova Fronteira, 1998, pp. 15-33.

17. Sander L. Gilman, *Making the body beautiful: a cultural history of aesthetic surgery*, Princeton, Princeton University Press, 1999.

18. Jefferson Cano, "Machado de Assis, historiador", em Sidney Chalhoub e Leonardo Pereira, op. cit.

19. Dain Borges, "'Puffy, ugly, slothful and inert': degeneration in Brazilian social thought, 1880-1940", *Journal of Latin American Studies*, vol. 25, nº 2, 1993, pp. 235-56.

20. Beneficiei-me aqui, de novo, das discussões presentes em Thomas Trautmann, op. cit., caps. 5, 6 e 7. Segundo Trautmann, a expressão "ciência racial" (*race science*) aparece originalmente em Nancy Stepan, *The idea of race in Great Britain, 1800-1960*, Londres, Macmillan, 1982.

21. Alfred Crosby, *The Columbian exchange: biological and cultural consequences of 1492*, Westport, Greenwood Publications, 1972.

22. Sander Gilman, op. cit., p. 49.

23. Voltaire, op. cit., cap. III.

24. Voltaire, op. cit., cap. IV, quanto à cadeia de transmissão da sífilis; cap. I sobre sexo atrás da moita.

25. Sérgio Carrara, *Tributo a Vênus: a luta contra a sífilis no Brasil, da passagem do século aos anos 40*, Rio de Janeiro, Fiocruz, 1996.

26. Sander Gilman, op. cit., pp. 85-7; o trecho citado está na p. 85.

27. O esforço constante de Brás para "demonstrar" que seu intelecto era superior ao dos outros fazia bastante sentido no contexto dos debates darwinistas sobre a aplicação do conceito de seleção natural à espécie humana. De acordo com Alfred Wallace, por exemplo, adaptações no corpo humano (à exceção de aperfeiçoamentos estéticos) tornavam-se pouco importantes uma vez desenvolvidos os instintos sociais; desse ponto em diante, a seleção natural prosseguia sobretudo no campo das capacidades intelectuais. É óbvio, porém, que Wallace dizia em seguida que "Si mes conclusions sont justes, il arrivera inévitablemant que les races supérieures moralement et intellectuellement, remplaceront les races inférieures et dégradées, et la sélection naturelle, continuant à agir sur l'organization mentale, produira une adaptation toujours plus parfaite des hautes facultes de l'homme à la nature qui l'environne et aux exigences de l'état social". Cito da mesma edição francesa que Machado tinha em sua biblioteca; Alfred Wallace, *La seléction naturelle*,

Paris, C. Reinwald et Cie., Libraires-Éditeurs, 1872, pp. 332-3, e para o trecho transcrito, pp. 346-7.

Machado satirizou essa guinada "intelectual" do conceito de "luta pela sobrevivência" muitas outras vezes. Noutro conto incluído em *Papéis avulsos*, intitulado "O espelho", Jacobina, a personagem principal, recusava-se terminantemente a participar de debates intelectuais com seus amigos. Ele argumentava (paradoxalmente) que "a discussão é a forma polida do instinto batalhador, que jaz no homem, como uma herança bestial". Por conseguinte, Jacobina ofereceu a sua opinião sobre o assunto em pauta ("a natureza da alma") e deixou a sala antes de receber contradita.

Finalmente, a alegação de Wallace de que as raças "superiores" continuavam a aperfeiçoar-se quanto à beleza (*beauty*, literalmente) ajuda a explicar a confusão mental de Brás diante da presença conjunta de boniteza e "degeneração" em Eugênia ("Por que bonita, se coxa? por que coxa, se bonita?"); *MPBC*, cap. XXXIII.

28. Hawkins, op. cit., pp. 217-8.

29. Para uma história da eugenia na América Latina, e sua diferença em relação à eugenia na Grã-Bretanha, Estados Unidos e Alemanha, ver Nancy Stepan, *"The hour of eugenics": race, gender and nation in Latin América*, Ithaca e Londres, Cornell University Press, 1991; sobre Brasil, Vera Regina Beltrão Marques, *A medicalização da raça: médicos, educadores e discurso higiênico*, Campinas, Editora da Unicamp, 1994.

4. ESCRAVIDÃO E CIDADANIA: A EXPERIÊNCIA HISTÓRICA DE 1871 [pp. 131-291]

1. José Galante de Sousa, *Bibliografia de Machado de Assis*, Rio de Janeiro, INL, 1955, p. 455; utilizo como referência a seguinte edição: Afrânio Coutinho (org.), *Machado de Assis: obra completa*, Rio de Janeiro, Editora Nova Aguilar, 1986, vol. II, pp. 771-83. Nos parágrafos seguintes, indico entre parênteses os números das páginas desta edição nas quais estão os trechos citados.

2. Ver o capítulo 1 deste volume.

3. De novo, refiro-me ao capítulo 1.

4. Joaquim Nabuco, *Um estadista do Império*, Rio de Janeiro, Nova Aguilar, 1975 (1ª ed.: Paris/Rio de Janeiro, Garnier, 1897-99), p. 732.

5. Joaquim Nabuco, *Um estadista do Império*, pp. 731-2.

6. Sobre a resistência dos fazendeiros ao cumprimento de determinações da lei de terras de 1850 e suas causas, ver Márcia Maria Menendes Motta,

Nas fronteiras do poder: conflito e direito à terra no Brasil do século XIX, Rio de Janeiro, Vício de Leitura e Arquivo Público do Estado do Rio de Janeiro, 1998.

7. Robert Conrad, *The destruction of Brazilian slavery: 1850-1888*, Berkeley, University of California Press, 1972, cap. 5.

8. Sobre a atuação do imperador na questão da emancipação, ver José Murilo de Carvalho, *Teatro de sombras: a política imperial*, São Paulo, Edições Vértice, 1988, cap. 2.

9. José Antônio Pimenta Bueno, *Trabalho sobre a extinção da escravatura no Brasil*, Rio de Janeiro, Typographia Nacional, 1868, pp. 3-8.

10. José Bonifácio de Andrada e Silva, "Representação à Assembleia Geral Constituinte e Legislativa do Império do Brasil sobre a escravatura", em Graça Salgado (org.), *Memórias sobre a escravidão*, Rio de Janeiro, Arquivo Nacional, 1988, pp. 61-77.

11. Pimenta Bueno, op. cit., pp. 3-4. Para as matrizes internacionais dessa retórica sobre escravidão e emancipação, ver David Brion Davis, *The problem of slavery in the age of revolution: 1770-1823*, Ithaca, Cornell University Press, 1975.

12. Pimenta Bueno, op. cit., p. 4. Sobre a Lei Moret, ver Rebecca J. Scott, *Slave emancipation in Cuba: the transition to free labor, 1860-1899*, Princeton, Princeton University Press, 1985, cap. v; para um estudo sobre o processo mundial de emancipação, ver Robin Blackburn, *The overthrow of colonial slavery: 1776-1848*, Londres, Verso, 1988 — o capítulo 5 desse estudo analisa as causas da persistência da escravidão no Brasil e em Cuba; para o processo nas colônias inglesas, repetidamente citado e interpretado pelos políticos brasileiros, ver Thomas C. Holt, *The problem of freedom: race, labor, and politics in Jamaica and Britain, 1832-1938*, Baltimore, The Johns Hopkins University Press, 1992.

13. Pimenta Bueno, op. cit., p. 6.

14. Ibidem, p. 8.

15. Pimenta Bueno apresentou ao todo cinco projetos, op. cit., pp. 8-18.

16. "Parecer do Conselho de Estado pleno. Ata de 2 de abril de 1867", em Pimenta Bueno, op. cit., pp. 37-8.

17. Ibidem, p. 38.

18. Ibidem, pp. 39-41.

19. Ibidem, pp. 41-7; citações às pp. 46 e 47.

20. Ibidem, pp. 48-9.

21. Ibidem, p. 49.

22. Segundo o *Dicionário Aurélio*, *bordejar* significa "ir de um lado para outro", "cambalear"; também "navegar em ziguezague, à vela, recebendo o vento ora por um bordo, ora por outro". No jargão político do século XIX,

significava oscilar entre duas posições distintas, parecendo tender ora para uma delas, ora para a outra. Por exemplo, durante os debates parlamentares de 1871, dois deputados debateram se o barão de Bom Retiro "bordejara" num seu pronunciamento sobre a questão da emancipação. "Ele não bordejou", dizia o deputado Cruz Machado. "Bordejou, e muito, mas foi dar a porto seguro", respondia Pinto de Campos, para a hilaridade geral. Pinto de Campos encerrou a discussão dizendo que Bom Retiro batera "ora no prego, ora na ferradura", o que dava no mesmo; *Annaes do Parlamento Brazileiro. Camara dos Senhores Deputados*, ano de 1871, tomo IV, p. 193, sessão de 19 de agosto. Machado de Assis escreveu uma crônica na qual comparava a arte política do diplomata ao andar do marinheiro bêbedo, pois ambos "bordejavam"; ver Machado de Assis, "Ao acaso", *Diário do Rio de Janeiro*, 24 de janeiro de 1865, em *Obra completa*, Rio de Janeiro, Jackson, 1951, vol. 21, pp. 296-7; para uma análise dessa crônica, ver Lúcia Granja, "A língua engenhosa: o narrador de Machado de Assis, entre a invenção de histórias e a citação da história", em Sidney Chalhoub e Leonardo Affonso de Miranda Pereira, *A História contada: capítulos de história social da literatura no Brasil*, Rio de Janeiro, Nova Fronteira, 1998, pp. 67-94.

23. Pimenta Bueno, op. cit., p. 50.

24. Ibidem, pp. 50-1.

25. Ibidem, pp. 51-2.

26. Ibidem, pp. 53-4.

27. Ibidem, pp. 55 (São Vicente), 61 (Souza Franco), 67 (Nabuco).

28. Ibidem, p. 36.

29. Ibidem, p. 54.

30. Ibidem, p. 58. Nabuco de Araújo disse: "Antes de tudo nada é possível senão depois de acabada a guerra: é com as forças que voltarem que o governo poderá dominar a situação crítica da emancipação", p. 67.

31. "Ata de 9 de abril de 1867", ibidem, pp. 106-7.

32. Registro, porém, que a comissão de conselheiros formada após os debates de 1867 (ver adiante) computou os votos de Eusébio de Queiróz e de Itaboraí como sendo favoráveis a que o assunto fosse tratado "depois da guerra", em contraste com os votos de Paranhos e Abaeté, que desejavam esperar também pela recuperação do "estado das nossas finanças"; ibidem, p. 129. Confesso que não consigo ver tal manifestação nas falas daqueles ilustres conselheiros. Também é fato que, terminada a guerra, sendo Itaboraí chefe de gabinete, continuava a opor-se à emancipação, sendo preciso removê-lo em setembro de 1870 para retomar o processo; ver Conrad, op. cit., p. 88. Mais ainda, durante os debates de 1871, houve controvérsia na Câmara dos Deputados sobre qual havia sido a posição de Itaboraí no Conselho de Estado; ver,

por exemplo, sessão de 14 de julho de 1871, *Annaes do Parlamento Brazileiro. Camara dos Senhores Deputados*, ano de 1871, tomo III, p. 144.

33. Pimenta Bueno, op. cit., pp. 110-1.

34. Conrad, op. cit., p. 79.

35. Para os trabalhos da comissão, ver Pimenta Bueno, op. cit., pp. 110-52.

36. *Pareceres do Conselho de Estado no ano de 1868 relativos ao elemento servil*, Rio de Janeiro, Typographia Nacional, 1871.

37. Idem, p. 7.

38. Ver, por exemplo, os pronunciamentos dos deputados Capanema e José Calmon, nas sessões de 17 e 29 de julho, respectivamente; em *Annaes do Parlamento Brazileiro. Camara dos Senhores Deputados*, ano de 1871, tomo III, pp. 171 e 236-7. Paranhos, então visconde do Rio Branco e chefe de gabinete, viu-se obrigado a contestar tal interpretação do episódio para defender a conduta do imperador; ver sessão de 31 de julho de 1871, nos *Annaes*, tomo III, p. 306.

39. *Pareceres do Conselho de Estado no ano de 1868 relativos ao elemento servil*, p. 11.

40. Conrad, op. cit., p. 80.

41. Na verdade, os liberais abstiveram-se nessas eleições, em protesto pela dissolução da Câmara anterior; José Murilo de Carvalho, *Teatro de sombras*, p. 153.

42. Conrad, op. cit., p. 80.

43. Ibidem, pp. 82-5.

44. Tânia Rabelo Costa, *Joaquim Manoel de Macedo ou os dois Macedos: a luneta mágica do Segundo Reinado*, Rio de Janeiro, Fundação Biblioteca Nacional, 1994; Gabriela dos Reis Sampaio, "A história do feiticeiro Juca Rosa: cultura e relações sociais no Rio de Janeiro Imperial", tese de doutorado em História, Unicamp, 2000.

45. Joaquim Manoel de Macedo, *Memórias do sobrinho de meu tio*, São Paulo, Companhia das Letras, 1995, p. 52.

46. Ibidem, pp. 458-61.

47. Joaquim Manoel de Macedo, *As victimas-algozes. Quadros da escravidão*, Rio de Janeiro, Typ. Americana, 1869, 2 vols.

48. Ibidem, vol. 1, pp. V-VI.

49. Ibidem, vol. 1, pp. VI-VIII.

50. Ibidem, vol. 1, pp. XI-XII.

51. Ibidem, vol. 1, p. XII.

52. Ibidem, pp. XIV e XV.

53. "Lucinda — A mucama", cap. I, em ibidem, vol. 2, pp. 5-12.

54. Ibidem, vol. 2, p. 17.

55. Ibidem, vol. 2, pp. 18, 21.

56. Ibidem, vol. 2, p. 19.

57. Ibidem, vol. 2, pp. 30-1.

58. David Treece, *Exiles, Allies, Rebels: Brazil's Indianist Movement, Indigenist Politics, and the Imperial Nation-State*, Westport, Greenwood Press, 2000, p. 161; Flora Süssekind, "*As vítimas-algozes* e o imaginário do medo", introdução crítica a Joaquim Manoel de Macedo, *As vítimas-algozes: quadros da escravidão*, São Paulo, Scipione/Fundação Casa de Rui Barbosa, 1991.

59. Exemplar, nesse sentido, é o texto da comissão parlamentar encarregada de elaborar parecer sobre a proposta do governo em 1871; sessão de 30 de junho de 1871, *Annaes do Parlamento Brazileiro. Camara dos Senhores Deputados*, ano de 1871, tomo III, p. 221. Comento o parecer da comissão — fortemente favorável ao projeto — logo adiante.

60. Decreto nº 1695, de 15 de setembro de 1869, em Luiz Francisco da Veiga, *Livro do estado servil e respectiva libertação contendo a lei de 28 de setembro de 1871 e os decretos e avisos expedidos pelos ministérios da Agricultura, Fazenda, Justiça, Império e Guerra desde aquela data até 31 de dezembro de 1875 precedido dos atos legislativos e executivos, em benefício da liberdade, anteriores à referida lei*, Rio de Janeiro, Typographia Nacional, 1876, pp. 17-8. Sobre a resistência do gabinete Itaboraí à emancipação, Conrad, op. cit., pp. 87-8. Também há referências ao fato nas discussões parlamentares de 1871; ver, por exemplo, os pronunciamentos dos deputados Pinto Moreira e Nebias, nas sessões de 7 e 21 de agosto, respectivamente, *Annaes do Parlamento Brazileiro. Camara dos Senhores Deputados*, ano de 1871, tomo IV, pp. 77 e 219. Sobre o interesse de Alencar em melhorar as condições da escravidão, ao invés de intervir para aboli-la, e sua crença de que o país evoluiria naturalmente para a emancipação, ver Treece, op. cit., p. 176. Voltarei a esse ponto adiante.

61. *Elemento servil: parecer e projeto de lei apresentados à Camara dos Srs. Deputados na sessão de 16 de agosto de 1870 pela comissão especial nomeada pela mesma Camara em 24 de maio de 1870*, Rio de Janeiro, Typographia Nacional, 1870.

62. José Murilo de Carvalho, *Teatro de sombras: a política imperial*, cap. 2.

63. Conrad, op. cit., p. 89.

64. Sessão de 14 de julho, *Annaes do Parlamento Brazileiro. Camara dos Senhores Deputados*, ano de 1871, tomo III, p. 146.

65. Sessão de 30 de junho, *Annaes do Parlamento Brazileiro. Camara dos Senhores Deputados*, ano de 1871, tomo III, pp. 220-1. Sobre o tema da relação entre emancipação escrava e redenção religiosa e moral no pensamento ocidental, ver David Brion Davis, *Slavery and human progress*, Nova York, Oxford University Press, 1984.

66. *Annaes do Parlamento Brazileiro. Camara dos Senhores Deputados*, ano de 1871, tomo III, pp. 221-2.

67. Idem, pp. 222-3.

68. Idem, pp. 226-7. A comissão não deixou de observar que quase a totalidade dos conselheiros de Estado havia expressado concordância com a liberdade do ventre (p. 226).

69. Idem, p. 227.

70. Macedo, *As victimas-algozes*, p. 388.

71. *Annaes do Parlamento Brazileiro. Camara dos Senhores Deputados*, ano de 1871, tomo III, pp. 227-8.

72. Sessão de 13 de julho de 1871, idem, tomo IV, pp. 134-5.

73. Parecer da comissão, idem, tomo III, p. 223.

74. Sessão de 30 de junho de 1871, idem, tomo III, p. 231.

75. Pimenta Bueno, op. cit., pp. 86 (Paranhos) e 109 (Nabuco de Araújo).

76. Sessão de 11 de julho, *Annaes do Parlamento Brazileiro. Camara dos Senhores Deputados*, ano de 1871, tomo III, p. 95.

77. Idem, p. 95.

78. Idem, pp. 95-6.

79. Sessão de 18 de agosto de 1871, idem, tomo IV, pp. 171-2.

80. "Constituição Política do Império do Brasil", capítulo VI, "Das eleições", artigos 91 a 95, em Adriano Campanhole e Hilton Campanhole (orgs.), *Constituições do Brasil*, 4ª ed., São Paulo, Atlas, 1979, pp. 664-5.

81. José Antônio Pimenta Bueno, *Trabalho sobre a extinção da escravatura no Brasil*, p. 40 (Olinda) e pp. 32, 196-7 (Jequitinhonha).

82. Como demonstrei em outro trabalho, essas visões de época sobre a suposta incapacidade política dos negros são às vezes incorporadas por sociólogos e historiadores recentes, como Fernando Henrique Cardoso e Jacob Gorender; ver Sidney Chalhoub, *Visões da liberdade: uma história das últimas décadas da escravidão na Corte*, São Paulo, Companhia das Letras, 1990. Para uma análise mais detalhada dessa relação entre testemunhos de época e construção de mitos acadêmicos hodiernos sobre escravidão, ver Robert Slenes, *Na senzala, uma flor*, Rio de Janeiro, Nova Fronteira, 1999.

83. Pimenta Bueno, op. cit., pp. 86-8.

84. Idem, p. 109.

85. Idem, pp. 90-1.

86. Para o confronto entre o projeto original do governo e as emendas sugeridas pela comissão parlamentar, ver sessão de 30 de junho de 1871, *Annaes do Parlamento Brazileiro. Camara dos Senhores Deputados*, ano de 1871, tomo III, pp. 231-3; sobre "redundância", p. 230.

87. Sessão de 14 de julho de 1871, *Annaes*, tomo III, p. 150.

88. Sessão de 31 de julho de 1871, idem, p. 304.

89. Sessão de 31 de julho de 1871, idem, p. 311.

90. Sessão de 30 de junho de 1871, idem, p. 230.

91. Pimenta Bueno, op. cit., p. 148.

92. Idem, pp. 127-8.

93. Sessão de 31 de julho de 1871, *Annaes do Parlamento Brazileiro. Camara dos Senhores Deputados*, ano de 1871, tomo III, p. 304.

94. Idem, pp. 306, 308.

95. Sessão de 26 de agosto de 1871, *Annaes*, tomo IV, pp. 304, 311.

96. Sessão de 30 de junho de 1871, *Annaes*, tomo III, p. 232.

97. Idem, p. 230.

98. Evidentemente, os deputados contrários ao projeto defendiam que o consentimento do senhor fosse necessário até para que os escravos recebessem doações ou legados; sessão de 31 de julho de 1871, *Annaes*, tomo III, p. 304.

99. Idem, pp. 304-5.

100. Na verdade, a comissão do Conselho de Estado foi a mais enfática e disse que o escravo que oferecesse o seu preço ao senhor tinha "direito *perfeito* à sua alforria"; Pimenta Bueno, op. cit., p. 148. No Senado, Zacarias argumentou que as emendas no artigo sobre pecúlio e alforria forçada não passavam de "concessões aparentes" do governo; *Annaes do Senado do Imperio do Brazil*, 1871, vol. V, p. 38.

101. Ver Sidney Chalhoub, *Visões da liberdade*, especialmente o capítulo 2.

102. Theodoro da Silva, ministro da Agricultura, discursando no parlamento em defesa do projeto do governo, disse que o deputado Perdigão Malheiro era o "general da ideia". Referia-se à ideia capital da lei, a liberdade do ventre, e ironizava os deputados da oposição, que chamavam o imperador de "general da ideia" e desancavam a suposta subserviência do governo à vontade da Coroa. Mas o interessante é que o deputado Cruz Machado interveio nesse momento para dizer que se Perdigão Malheiro "era o general da ideia devera fazer parte do ministério"; ao que acudiu Ferreira de Aguiar: "Esta é que é a questão"; sessão de 13 de julho de 1871, *Annaes*, p. 127. Cruz Machado votou contra o governo; Ferreira de Aguiar, a favor; sessão de 28 de agosto de 1871, *Annaes*, tomo IV, p. 317. Sobre o veto do imperador ao nome de Perdigão Malheiro para o ministério, Joaquim Nabuco, *Um estadista do Império*, p. 734. Sobre Perdigão Malheiro e a importância de seu livro, *A escravidão no Brasil*, ver Sidney Chalhoub, *Visões da liberdade*, pp. 36-7, 131-43, e Eduardo Spiller Pena, *Pajens da Casa Imperial: jurisconsultos e escravidão no Brasil imperial*, Campinas, Editora da Unicamp, 2000.

103. Sessão de 9 de agosto de 1871, *Annaes*, tomo IV, p. 103; ver também a sessão de 26 de agosto de 1871, no mesmo volume, p. 298.

104. Sessão de 9 de agosto de 1871, idem, p.103.

105. Sessão de 14 de julho de 1871, *Annaes*, tomo III, p. 143.

106. Sessão de 7 de agosto de 1871, *Annaes*, tomo IV, p. 82.

107. Ilmar Rohloff de Mattos, *O tempo saquarema: a formação do Estado imperial*, 3ª ed., Rio de Janeiro, Access, 1994.

108. Sessão de 23 de agosto de 1871, *Annaes*, tomo IV, p. 245.

109. Raimundo de Menezes, *José de Alencar: literato e político*, Rio de Janeiro, Livros Técnicos e Científicos, 1977, pp. 241-61.

110. Idem, p. 371.

111. José de Alencar, *O tronco do ipê*, São Paulo, Ática, 1993, cap. I (edição original: Rio de Janeiro, B. L. Garnier, 1871).

112. Ver, por exemplo, Márcia Maria Menendes Motta, op. cit.

113. Ver Silvia Cristina Martins de Souza e Silva, "Ideias encenadas: uma interpretação de *O demônio familiar*, de José de Alencar", dissertação de mestrado em História, Unicamp, 1996.

114. Sessão de 14 de julho de 1871, *Annaes da Camara dos Deputados*, tomo III, p. 143.

115. Sessão de 13 de julho de 1871, *Annaes*, tomo III, p. 139.

116. Idem, pp. 134-5.

117. Idem, p. 134.

118. José de Alencar, *Til*, São Paulo, Ática, 1980.

119. Sobre o funcionamento do sistema político imperial, ver Richard Graham, *Patronage and Politics in Nineteenth-Century Brazil*, Stanford, Stanford University Press, 1990.

120. Sessão de 13 de julho de 1871, *Annaes*, tomo III, p. 138.

121. Sessão de 10 de julho de 1871, *Annaes*, tomo III, p. 87.

122. Idem, p. 87.

123. Sessão de 26 de agosto de 1871, *Annaes*, tomo IV, p. 305 (grifos do original).

124. Raimundo de Menezes, op. cit., p. 295.

125. Machado de Assis, *Esaú e Jacó*, cap. 1 (publicado originalmente em 1904).

126. *Annaes do Senado do Imperio do Brazil*, 1871, vol. V, p. 286. Ao contrário da Câmara, os *Annaes* do Senado não registram os nomes dos parlamentares que votaram a favor ou contra a lei; nem sequer registram os números finais da votação.

127. Sessão de 7 de agosto de 1871, *Annaes da Camara dos Deputados*, tomo IV, p. 84.

128. Sessão de 23 de agosto de 1871, idem, pp. 248-9.

129. Sessão de 26 de agosto de 1871, idem, p. 292.

130. Sessão de 23 de agosto de 1871, idem, p. 248.

131. Sessão de 26 de agosto de 1871, idem, pp. 296-7.

132. José Antônio Pimenta Bueno, *Trabalho sobre a extinção da escravatura no Brasil*, p. 151.

133. "Lei nº 2040 — de 28 de setembro de 1871", em Luiz Francisco da Veiga, *Livro do estado servil e respectiva libertação...*, pp. 25-30; o artigo citado está na p. 29. Doravante, todas as referências ao texto final da lei de 28 de setembro são extraídas dessa fonte.

134. Sessão de 4 de setembro de 1871, *Annaes do Senado*, vol. v, p. 39. Também é interessante o fato de, no texto do Conselho de Estado, presumir-se "livre" o escravo não levado à matrícula; no texto final da lei, tais pessoas são consideradas "libertas". Aqui se evita o tipo de ambiguidade abertamente admitida, como vimos, no caso dos filhos livres de mulher escrava. De fato, nos debates no Conselho de Estado, Paranhos citara de passagem a legislação portuguesa, que estendia a "certas classes" de libertos — "bacharéis, clérigos de ordens sacras, oficiais do exército e da armada etc."— "o favor" de serem tidos como ingênuos. Ou seja, essa linha de raciocínio levaria à discussão sobre a possibilidade de conceder direitos políticos plenos ao menos a "certas classes" de libertos. Mas Paranhos apressou-se a dizer que tal alvitre feria a Constituição do Império, e não encontrei qualquer outra menção ao assunto nas fontes que consultei. De qualquer forma, é relevante o cuidado do governo em chamar "libertos" aos não matriculados, arrolhando-se assim debates posteriores sobre esse ponto. Ver Pimenta Bueno, op. cit., pp. 86-7.

135. "Decreto nº 4835 — de 1º de dezembro de 1871" e "Regulamento a que se refere o Decreto nº 4835 desta data, para execução do art. 8º da Lei nº 2040 de 28 de setembro de 1871", *Colleção das leis do imperio do Brasil*.

136. Conselho de Estado, pareceres, caixa 599, pacote 3, documento 90, Arquivo Nacional (AN).

137. Em 29 de novembro de 1873, portanto poucos dias antes de encaminhar a consulta ao Conselho de Estado, o Ministério da Agricultura expedira uma circular com o seguinte título: "Exige dos Presidentes de Província informações acerca da execução que têm tido as disposições relativas à emancipação do estado servil". No segundo item do documento, perguntava "se foram executadas as disposições relativas à matrícula especial dos escravos e dos ingênuos, declarando qual o número de uns e de outros matriculados até o fim de setembro último"; Luiz Francisco da Veiga, *Livro do estado servil e respectiva libertação...*, p. 93.

138. Conselho de Estado, pareceres, caixa 599, pacote 3, documento 91, AN. O parecer foi solicitado em aviso de 6 de agosto e emitido em 29 de setembro de 1874.

139. *Relatorio apresentado à Assembléa Geral Legislativa na quarta sessão da decima quinta legislatura pelo Ministro e Secretario de Estado dos Negocios da Agricultura, Commercio e Obras Publicas José Fernandes da Costa Pereira Junior*, Rio de Janeiro, Typographia Americana, 1875, p. 6. Para os dados gerais da matrícula decorrente da lei de 1871, ver, por exemplo, *Relatorio apresentado à Assembléa Geral Legislativa na terceira sessão da decima oitava legislatura pelo Ministro e Secretario de Estado dos Negócios da Agricultura, Commercio e Obras Publicas Henrique d'Avila*, Rio de Janeiro, Typographia Nacional, 1882, p. 10, e *Relatorio apresentado à Assembléa Geral Legislativa na quarta sessão da decima oitava legislatura pelo Ministro e Secretario dos Negocios da Agricultura, Commercio e Obras Publicas Affonso Augusto Moreira Penna*, Rio de Janeiro, Typographia Nacional, 1884, p. 187. Os dados desses dois relatórios discrepam um pouco: neles, os totais da matrícula são de 1 540 796 e 1 541 819, respectivamente.

140. "Circular nº 4", de 10 de dezembro de 1875, na qual se "Pede esclarecimentos a respeito dos municípios nos quais deixou de verificar-se a matrícula de escravos, até o dia 30 de setembro de 1873, por falta de agentes oficiais ou dos respectivos livros"; em Luiz Francisco da Veiga, op. cit., p. 195.

141. *Relatorio apresentado à Assembléa Geral Legislativa na primeira sessão da decima sexta legislatura pelo Ministro e Secretario de Estado dos Negocios da Agricultura, Commercio e Obras Publicas Thomaz José Coelho de Almeida*, Rio de Janeiro, Typographia Perseverança, 1877, p. 9.

142. Machado ingressou no Ministério da Agricultura, como primeiro oficial, por decreto de 31 de dezembro de 1873, no contexto de uma reorganização administrativa da repartição (decreto nº 5512, de 30 de dezembro de 1873). Tornou-se chefe da segunda seção da Diretoria da Agricultura por decreto de 7 de dezembro de 1876; ver *Relatorio apresentado à Assembléa Geral Legislativa na quarta sessão da vigésima legislatura pelo Ministro e Secretario de Estado interino dos Negocios da Agricultura, Commercio e Obras Publicas Rodrigo Augusto da Silva*, Rio de Janeiro, Imprensa Nacional, 1889, anexo intitulado "Pessoal da Secretaria de Estado dos Negocios da Agricultura, Commercio e Obras Publicas". Fora chefe de seção interino ao menos em duas ocasiões anteriores. Durante os anos de 1874 e 1875, trabalhava na primeira seção da Diretoria Central, tendo certamente chefiado o setor de setembro a dezembro de 1875. Para comprovar a presença de Machado nesta seção em 1874, consultar o livro de minutas de avisos e ofícios, no qual a caligrafia dele é claramente reconhecível; ver *Índice de busca da documentação identificada* (Gifi), Ministério da Agricultura, 5D-206, AN. Para 1875, ver o livro de minutas correspondente, no qual é de novo possível reconhecer a caligrafia do funcionário; para dirimir qualquer dúvida, há neste livro um recado, datado de 8 de janeiro de 1875,

assinado por Machado; 5D-204, AN. Sobre o exercício da chefia dessa seção no segundo semestre de 1875, ver Gifi 1B1-5, AN; nesse pacote estão os livros de minutas da segunda seção da Diretoria Central, e neles constam as folhas de vencimentos dos funcionários do ministério. Em meados de 1876, Machado estava chefe interino da segunda seção da Diretoria da Agricultura, função na qual foi efetivado em dezembro do mesmo ano; há um documento da referida seção, sobre questão de terras no Município Neutro, datado de 3 de novembro de 1876, redigido e assinado por ele em Gifi 4B-174, AN. Outros documentos que comprovam a chefia interina de Machado nessa seção aparecerão adiante. Machado de Assis permaneceu chefe da segunda seção no restante dos anos 1870 e durante quase toda a década de 1880, salvo no período em que serviu como oficial de gabinete do ministro; foi promovido a diretor no final dos anos 1880. É possível reconhecer a caligrafia de Machado em vários dos livros de minutas de ofícios e avisos referentes à sessão — ora a redigir ele mesmo os documentos, ora a emendar o texto de outros. Ver, no Arquivo Nacional, as séries IA-5 e IA-6, índice Boulier. Ver também Raimundo Magalhães Júnior, *Machado de Assis, funcionário público* (*No Império e na República*), Rio de Janeiro, Ministério da Viação e Obras Públicas, 1958 e, do mesmo autor, *Machado de Assis desconhecido*, São Paulo, Livros Irradiantes, 1971, pp. 150-64.

143. Avisos de 22 de dezembro de 1876, "Manda abrir a matrícula de escravos, durante o prazo de um ano, naqueles municípios da província de Pernambuco, onde tal serviço se não realizou por falta de agentes oficiais ou de livros próprios"; de 23 de dezembro do mesmo ano, "Estabelece regras para a execução da matrícula de escravos que se mandou abrir"; e outro da mesma data, "Acusa recebida a participação de haver sido, em tempo, efetuada a matrícula especial de escravos"; tudo nos *Annexos do Relatorio apresentado à Assembléa Geral Legislativa na primeira sessão da decima sexta legislatura pelo Ministro e Secretario de Estado dos Negocios da Agricultura, Commercio e Obras Publicas Thomaz José Coelho de Almeida*, Rio de Janeiro, Typographia Perseverança, 1877, pp. 101-6.

144. Conselho de Estado, pareceres, caixa 603, pacote 3, documento 80, AN. Trata-se de cópia de documento da segunda seção do Ministério da Agricultura, incluído em dossiê para informar consulta à seção de Justiça do Conselho de Estado. Salvo indicação em contrário, o que se segue sobre o caso é baseado neste dossiê. O mesmo material está publicado nos *Annexos ao Relatorio apresentado à Assembléa Geral Legislativa na primeira sessão da decima setima legislatura pelo Ministro e Secretario de Estado dos Negocios da Agricultura, Commercio e Obras Publicas João Lins Vieira Cansansão de Sinimbú*, Rio de Janeiro, Imprensa Industrial de João Paulo Ferreira Dias, 1878, pp. 12-5.

145. Ver os *Annexos* citados acima; a página não está numerada.

146. Meu relato do caso baseia-se nos documentos reunidos nos *Annexos do Relatorio...Thomaz José Coelho de Almeida*, volume já citado, pp. 65-78. Tais documentos estão reproduzidos também em Manoel da Silva Mafra, *Promptuario das leis de manumissão ou indice alphabetico das disposições da lei n. 2040 de 28 de setembro de 1871, regulamentos n. 4835 de 1º de dezembro de 1872, n. 4960 de 8 de março de 1872, nº 6341 de 20 de setembro de 1876 e avisos do Ministério da Agricultura, Commercio e Obras Publicas e da jurisprudencia do Conselho de Estado, dos Tribunaes das Relações e Supremo Tribunal de Justiça*, Rio de Janeiro, Typographia Nacional, 1877, pp. 278-98. Ver ainda os livros de Raimundo Magalhães Júnior citados na nota 142, acima; e Lenine Nequete, *Escravos & Magistrados no Segundo Reinado*, Brasília, Fundação Petrônio Portella, 1988, pp. 117-22. Abordei o episódio anteriormente em Sidney Chalhoub, "Machado de Assis e a política emancipacionista", *Annaes da Biblioteca Nacional*, Rio de Janeiro, vol. 16, 1996 (publicado em 1999), pp. 123-32.

147. A "especialidade" de Diniz Villas-Bôas é atestada por Xavier Pinheiro, outro funcionário do ministério: "As observações oferecidas pelo digno oficial o Sr. Diniz Villas-Bôas demonstram o zelo com que se aplica ao exame, *que lhe está exclusivamente a cargo*, das questões relativas à execução da Lei nº 2040 de 28 de setembro de 1871 e seus regulamentos" (grifo meu); *Annexos do Relatorio...Thomaz José Coelho de Almeida*, p. 70. O próprio Machado diz ter consultado Diniz Villas-Bôas num de seus pareceres sobre o caso das matrículas em Pernambuco: "Devo dizer que sobre a falta de matrícula em Villa-Bella informa-me o Sr. Diniz Villas-Boas que houve em tempo comunicações a este Ministério..."; em *Annexos ao Relatorio... João Lins Vieira Cansansão de Sinimbú*, p. 14.

148. Conselho de Estado, pareceres, caixa 601, pacote 3, documento 82, AN. Recolhi tudo o que se segue sobre o caso nesse dossiê — além, é claro, dos textos da lei de 28 de setembro de 1871 e do regulamento ("para a matrícula especial dos escravos e dos filhos livres de mulher escrava") de 1º de dezembro de 1871, já citados.

149. Para outro caso relacionado à matrícula, no qual os conselheiros transcrevem na íntegra um parecer de Machado de Assis, ver Conselho de Estado, pareceres, caixa 604, pacote 3, documento 65, AN. A consulta, enviada pela segunda seção em dezembro de 1879, e apreciada em reunião conjunta das seções do Império e da Justiça em 26 de março de 1880, era sobre "Se a disposição do art. 19 do Regulamento que baixou com o Decreto nº 4835 de 1º de dezembro de 1871 pode ser aplicada ao caso em que o senhor do escravo, obtida a sentença de que trata o referido artigo deixa de matricular dentro de um prazo igual ao da matrícula estabelecido nos artigos 10 e 16 do mesmo Regulamento". Machado achou que o senhor estava obrigado a matricular o escravo em seguida à obtenção da sentença favorável; o escravo não matriculado teria

direito à liberdade. Os conselheiros foram da mesma opinião, e antepuseram à transcrição do parecer de Machado a seguinte observação: "Referindo-se ao caso que motivou a consulta diz *nos termos da maior precisão jurídica* a informação da Secretaria:" (grifo meu).

150. "Decreto nº 5135 — de 13 de novembro de 1872" e "Regulamento a que se refere o Decreto nº 5135 de 13 de novembro de 1872", artigo 27, em *Colleção das leis do imperio do Brasil.*

151. Machado de Assis, "História de 15 dias", em Afrânio Coutinho (org.), *Machado de Assis: obra completa,* Rio de Janeiro, Editora Nova Aguilar, 1986, vol. III, p. 352. Texto publicado originalmente na *Ilustração Brasileira,* em 1º de outubro de 1876, segundo Galante de Sousa, *Bibliografia de Machado de Assis,* p. 492.

152. Sidney Chalhoub, *Visões da liberdade,* passim.

153. "História de 15 dias", 15 de setembro de 1876, em Afrânio Coutinho (org.), op. cit., vol. III, p. 348.

154. Ver os *Annexos do Relatorio...Thomaz José Coelho de Almeida,* datado de 15 de janeiro de 1877. Se contei corretamente, a segunda seção expediu 41 avisos, circulares e outras orientações sobre emancipação de julho a dezembro de 1876; distribuíra apenas 19 de janeiro a junho. Como vimos, Machado estava certamente chefe interino da seção a partir de julho de 1876.

155. *Relatorio apresentado à Assembléa Geral Legislativa na primeira sessão da decima sexta legislatura pelo Ministro e Secretario de Estado dos Negocios da Agricultura, Commercio e Obras Publicas Thomaz José Coelho de Almeida,* 1877, pp. 12-4.

156. "Decreto nº 6341 de 20 de setembro de 1876", em *Annexos do Relatorio...Thomaz José Coelho de Almeida,* sem número de página.

157. *Relatorio...Thomaz José Coelho de Almeida,* 1877, pp. 13-4.

158. "Regulamento a que se refere o Decreto nº 5135 de 13 de novembro de 1872", artigos 34 a 37, *Colleção das leis do imperio do Brasil.*

159. Conselho de Estado, pareceres, caixa 602, pacote 3, documento 76, AN. Recolhi tudo o que apresento sobre o caso nesse dossiê. O parecer citado de Machado está lá transcrito.

160. "Aviso de 14 de novembro de 1876", em *Annexos do Relatorio... Thomaz José Coelho de Almeida,* p. 93.

161. Nesse episódio, também originário da província do Maranhão, a escrava Maria da Glória fora preterida em benefício de outra de nome Esmeralda. Maria da Glória tinha cinco filhos livres, dois dos quais nascidos como tais em virtude da lei de 28 de setembro de 1871, e juntara um pecúlio de 200 mil-réis para contribuir na obtenção de sua liberdade. Era exemplo de alta prioridade segundo os critérios estabelecidos para a aplicação do fundo

de emancipação. Já Esmeralda não tinha filhos, livres ou escravos. O governo manteve a alforria de Esmeralda, e completou os quase 100 mil-réis que faltavam para libertar Maria da Glória. Para a petição dos proprietários da escrava ao governo imperial, ver Gifi, Ministério da Agricultura, maço 5F-292, AN; ver também o "Aviso de 27 de setembro de 1876", *Annexos do Relatorio... Thomaz José Coelho de Almeida*, p. 57.

162. "História de 15 dias", 15 de junho de 1877, em Afrânio Coutinho (org.), op. cit., vol. III, pp. 367-9.

163. Não sei se é preciso lembrar, aqui, a exposição às avessas da "teoria do benefício" por Quincas Borba, em *Memórias póstumas de Brás Cubas*, cap. CXLIX.

164. Conselho de Estado, pareceres, caixa 603, pacote 3, documento 79, AN. Sobre a repetição de estratagemas desse tipo pelos senhores, ver, por exemplo, o relatório do ministro Affonso Penna, datado de maio de 1884, no qual resumem-se as causas do fracasso do fundo de emancipação: "Outros senhores promoviam o casamento de seus escravos, durante o processo da classificação, para assim colocá-los nos primeiros graus da escala da preferência, do que resultava, além de alterações frequentes na classificação e prolongada demora nos trabalhos, a facilidade de ser determinada a preferência a favor de escravos idosos ou enfermos em dano de outros a quem assistia direito"; *Relatorio apresentado à Assembléa Geral na quarta sessão da decima oitava legislatura pelo Ministro e Secretario de Estado dos Negocios da Agricultura, Commercio e Obras Publicas Affonso Augusto Moreira Penna*, Rio de Janeiro, Typographia Nacional, 1884, pp. 210-1.

165. A solução foi divulgada no "Aviso de 7 de março de 1879": "Declara que apesar de inválido e reconhecido de nenhum valor, deve o escravo classificado ser havido como livre, não cabendo ao ex-senhor a obrigação de o sustentar"; *Annexos ao relatorio apresentado à Assembléa Geral na terceira sessão da decima setima legislatura pelo Ministro e Secretario de Estado dos Negocios da Agricultura, Commercio e Obras Publicas Manoel Buarque de Macedo*, Rio de Janeiro, Typographia Nacional, 1880, p. 5.

166. Ver sobre isso, por exemplo, outra consulta originária da segunda seção da Diretoria da Agricultura ao Conselho de Estado, em abril de 1878; Conselho de Estado, pareceres, caixa 603, pacote 3, documento 78, AN.

167. Machado recebia 200 mil-réis como "gratificação de exercício" no gabinete do ministro, além do salário habitual de 450 mil-réis (inalterado até o final dos anos 1880) que percebia como chefe de seção; ver Gifi, Agricultura, maço 1B1-106, AN.

168. *Relatorio apresentado à Assembléa Geral na terceira sessão da decima setima legislatura pelo Ministro e Secretario de Estado dos Negocios da Agricul-*

tura, Commercio e Obras Publicas Manoel Buarque de Macedo, Rio de Janeiro, Typographia Nacional, 1880, parte VI, sem número na página.

169. "Estatística da população escrava", *Relatorio... Affonso Augusto Moreira Penna*, 1884, p. 187. Ver também Joaquim Nabuco, *O abolicionismo*, Petrópolis, Vozes/INL, 1977, pp. 107, 125-6 (1ª ed.: 1883).

170. Machado de Assis, *BONS DIAS! Crônicas (1888-1889)*, edição, organização e notas de John Gledson, São Paulo e Campinas, Hucitec e Editora da Unicamp, 1990, pp. 47-8.

171. Conselho de Estado, pareceres, caixa 552, pacote 2, documento 45, AN e Conselho de Estado, pareceres, caixa 611, pacote 1, documento 60, AN.

172. Para listagem de habitações coletivas da freguesia de Santana, no distrito que abrangia a rua do Conde d'Eu, ver, por exemplo, IS4-32, Ministério do Império/Junta Central de Higiene Pública, ofícios e documentos diversos, 1879, AN ("Mapa demonstrativo do número das estalagens e seus quartos, dimensões destes, lotação de seus habitantes, tempo de edificação e estado de conservação e asseio, pelo 2º distrito da comissão da freguesia de Santana"); para um mapa da área, "Planta da Cidade do Rio de Janeiro, Reduzida e desenhada por José Ribeiro da Fonseca Silvares, 1882", Arquivo Geral da Cidade do Rio de Janeiro (AGCR).

173. E. P. Thompson, *A formação da classe operária inglesa*, Rio de Janeiro, Paz e Terra, 1987, vol. 1, cap. 1, "Número ilimitado de membros"; sobre associações de trabalhadores no Brasil imperial, ver Cláudio H. de M. Batalha, "Sociedades de trabalhadores no Rio de Janeiro do século XIX: algumas reflexões em torno da formação da classe operária", *Cadernos AEL*, vol. 6, nº 10/11, 1999, pp. 43-68; ver também Ronaldo Pereira de Jesus, "O povo e a monarquia: a apropriação da imagem do imperador e do regime monárquico entre a gente comum da Corte (1870-1889)", tese de doutorado em História, USP, 2001, cap. III.

174. Conselho de Estado, pareceres, caixa 552, pacote 2, documento 43, AN; Conselho de Estado, pareceres, caixa 611, pacote 1, documento 60, AN.

175. Sobre Santana, além das fontes indicadas na nota 172, ver códice 43-1-29, Estatísticas das Estalagens, Agência de Santana, 1894, AGCRJ.

176. Cláudio Batalha, cit. O artigo, todavia, não inclui as organizações de trabalhadores negros aqui comentadas no rol das "sociedades de trabalhadores no Rio de Janeiro do século XIX".

177. Lei nº 1083 de 22 de agosto de 1860, "Contendo providências sobre os Bancos de emissão, meio circulante e diversas Companhias e Sociedades"; a referência à necessidade de aprovação do Poder Executivo, com parecer do Conselho de Estado, está no artigo 2º dessa lei. Decreto nº 2686, de 10 de novembro de 1860, "Marca o prazo dentro do qual os Bancos e outras Companhias e Sociedades anônimas, suas Caixas Filiais e agências, que atualmente funcionam sem

autorização e aprovação de seus Estatutos, devem impetrá-las". Decreto nº 2711, de 19 de dezembro de 1860, "Contém diversas disposições sobre a criação e organização dos Bancos, Companhias, Sociedades anônimas e outras, e prorroga por mais quatro meses o prazo marcado pelo artigo 1º do Decreto nº 2686 de 10 de novembro do corrente ano"; os artigos 9º e 27 desse decreto listam os itens a serem avaliados pelo Conselho de Estado em seus pareceres sobre as sociedades e seus estatutos. Tudo na *Colleção das leis do Imperio do Brasil*.

178. Conselho de Estado, pareceres, caixa 531, pacote 3, documento 46, AN.

179. Abordei o problema da ideologia racial e da intolerância em relação à cultura negra em *Cidade febril: cortiços e epidemias na Corte imperial*, São Paulo, Companhia das Letras, 1996. Esse silêncio sobre a cor deitava raízes profundas na sociedade, como se vê no estudo crucial de Hebe Maria Mattos de Castro, *Das cores do silêncio: os significados da liberdade no sudeste escravista — Brasil, século XIX*, Rio de Janeiro, Arquivo Nacional, 1995.

180. Certamente, houve outras sociedades de trabalhadores negros, na Corte e em outros lugares, com objetivos e características semelhantes a essas que pude localizar. Para um exemplo interessantíssimo, fora da Corte, ver Paulo Roberto Staudt Moreira, "Os cativos e os homens de bem. Práticas e representações sobre cativeiro e liberdade em Porto Alegre na segunda metade do século XIX (1858-1888)", doutorado em História, UFRGS, 2001. No material consultado, proveniente do Conselho de Estado, encontrei, para o período anterior à lei de 28 de setembro de 1871, os estatutos da Sociedade União Lotérica Cadeira de Ouro. O objetivo da associação era "que com pequenas entradas de cada um de seus membros pudesse comprar bilhetes de loteria, cujos prêmios serão empregados na compra de liberdade de algum dos associados". Os estatutos diziam também que a sociedade "terá obrigação de visitar os Sócios que estiverem doentes e socorrê-los conforme as suas posses". Essa parte "beneficente" parecia contudo bem pouco desenvolvida no caso dessa sociedade. Outra característica que a distinguia das outras comentadas era a fixação do número máximo de sócios em trinta. De qualquer modo, temos aqui outra sociedade com participação de escravos, organizada para comprar alforrias, ainda que para isso, no caso, contasse com a sorte na loteria e a ajuda de "Deus Nosso Senhor Jesus Cristo", como se dizia no artigo oitavo de seus estatutos. Ver Conselho de Estado, pareceres, caixa 550, pacote 3, documento 37, AN (consulta de 21 de março de 1871).

181. Um dossiê de quase cinquenta páginas sobre o caso está em Gifi, 5F-292, AN.

182. O mesmo maço Gifi, 5F-292 e também o Gifi, 5F-291, trazem outros dossiês sobre casos que tramitaram na segunda seção da Diretoria da Agricultura do ministério durante o ano de 1876, alguns dos quais com pareceres

ou encaminhamentos de Machado de Assis. Vários desses dossiês tratam de política de terras. Há outros sobre a lei de 1871, mas nenhum deles tão denso quanto o lamento do proprietário de Barbacena. Resumo os demais casos sobre escravidão em seguida (todos provenientes do maço 5F-292):

1) Requerimento de Maria Tereza Saraiva, alegando que havia ocorrido engano no registro do nome de uma das escravas de seu falecido filho, Antônio Ferreira de Carvalho. O nome da escrava era Elisa, ficou sendo Luísa. Pede autorização para retificar o erro, pois o juiz encarregado de levar os escravos do espólio à arrematação havia excluído essa escrava até que sua identidade fosse estabelecida. A informação do coletor de Barra Mansa, onde a matrícula havia sido feita, confirmou a história de Maria Tereza, e seu pedido de retificação foi deferido, com a concordância de Machado de Assis, mas com a sugestão de Diniz Villas-Bôas de que se exigisse certidão de batismo ou outro "título" que certificasse a posse da escrava pela senhora.

2) Requerimento de José Christovam da Fonseca, pedindo autorização para matricular Olívia, filha da escrava Maria, como ingênua. Acontece que Maria havia dado à luz Olívia, e depois morrido, quando estava em depósito público por haver entrado com ação de liberdade contra o seu senhor. A segunda seção e o diretor da Diretoria da Agricultura consideram incerta a condição de Olívia — livre ou ingênua — e encaminham os papéis ao juiz aparentemente encarregado de julgar a ação de liberdade.

3) Jerônimo José de Mello pede certidão de despacho do Ministério da Agricultura a respeito de pedido de Anna Isabel Ribeiro Belfort para que ela recebesse indenização pelos salários (aluguéis) de uma sua escrava que ficara em depósito público durante o período em que sua liberdade estivera em litígio. Thomaz Coelho mandou passar a certidão, mas os originais do despacho estão quase ilegíveis e não sei se informa qual o teor do documento sobre o qual se solicita a certidão. Enfim, não descobri se o protesto foi acolhido e a senhora considerada com direito à indenização pelos salários da escrava.

4) O bacharel José Bernardes da Silva Belfort reclama do presidente da província do Maranhão, em assunto relacionado à liberdade de escrava pelo fundo de emancipação. A escrava, que tinha filhos livres, havia ficado de fora das liberdades concedidas pelo fundo no ano; o senhor recorreu e foi reconhecido o seu direito à liberdade. Mas não havia mais recursos do fundo para pagar integralmente o valor da indenização, e o presidente da província decidira que o senhor teria de aceitar o saldo remanescente do fundo daquele ano, ou esperar o ano seguinte. A segunda seção encaminha o caso ao procurador da Coroa. Para os trâmites seguintes e a solução desse caso, ver acima, nota 161.

183. *Relatorio apresentado à Assembléa Geral na primeira sessão da decima quinta legislatura pelo Ministro e Secretario de Estado dos Negocios da Agricultu-*

ra, Commercio e Obras Publicas Francisco do Rego Barros Barreto, Rio de Janeiro, Typographia Nacional, 1872, p. 5.

184. Conselho de Estado, pareceres, caixa 599, pacote 3, documento 73, AN.

185. Conselho de Estado, pareceres, caixa 602, pacote 3, documento 42, AN.

186. Conselho de Estado, pareceres, caixa 602, pacote 3, documento 44, AN.

187. O deputado Martim Francisco, por exemplo, durante debate sobre reforma eleitoral no final dos anos 1870, declarou-se favorável ao voto feminino, aparentemente apenas de mulheres viúvas ou separadas dos maridos; citado em Sérgio Buarque de Holanda, *O Brasil monárquico. Do império à república*, 2ª ed., coleção História Geral da Civilização Brasileira, Rio de Janeiro e São Paulo, Difel, 1977, tomo II, vol. 5, p. 212.

188. Conselho de Estado, pareceres, seção Império, códice 783, volume 2 (1876-77), documento 2, AN.

189. *Memórias póstumas de Brás Cubas*, cap. LXXXVII.

190. José Antônio Pimenta Bueno, *Trabalho sobre a extinção da escravatura no Brasil*, pp. 90-1.

191. *Relatorio apresentado à Assembléa Geral Legislativa na quarta sessão da decima quarta legislatura pelo Ministro e Secretario de Estado dos Negocios da Agricultura, Commercio e Obras Publicas Barão de Itaúna*, Rio de Janeiro, Typographia Americana, 1872, p. 6. O parágrafo da lei de 1871 que originara a dúvida dos párocos fora o quinto, do artigo oitavo.

192. *Relatorio apresentado à Assembléa Geral Legislativa na primeira sessão da decima quinta legislatura pelo Ministro e Secretario de Estado dos Negocios da Agricultura, Commercio e Obras Publicas Francisco do Rego Barros Barreto*, Rio de Janeiro, Typographia Americana, 1872, p. 4; *Relatorio apresentado à Assembléa Geral Legislativa na quarta sessão da decima quinta legislatura pelo Ministro e Secretario de Estado dos Negocios da Agricultura, Commercio e Obras Publicas José Fernandes da Costa Pereira Junior*, Rio de Janeiro, Typographia Americana, 1875, p. 9.

193. *Relatorio apresentado à Assembléa Geral Legislativa na primeira sessão da decima sexta legislatura pelo Ministro e Secretario de Estado dos Negocios da Agricultura, Commercio e Obras Publicas Thomaz José Coelho de Almeida*, Rio de Janeiro, Typographia Perseverança, 1877, p. 11.

194. *Annexos do relatorio apresentado à Assembléa Geral Legislativa na primeira sessão da decima sexta legislatura pelo Ministro e Secretario de Estado dos Negocios da Agricultura, Commercio e Obras Publicas Thomaz José Coelho de Almeida*, Rio de Janeiro, Typographia Perseverança, 1877. Um ofício de 23 de janeiro de 1877, do ministro ao presidente da província do Espírito Santo, redigido na segunda seção, comenta assim a informação de que numa freguesia daquela província o primeiro lançamento de filho livre de mulher escrava

ocorrera em 2 de novembro de 1874: "Não sendo verossímil que só naquela data ocorresse o primeiro caso de batismo de filho livre de mulher escrava, haja V. Ex. de exigir do mesmo vigário informação do modo pelo qual era feito anteriormente o serviço"; não há indicação de número de página. Há outros documentos sobre os filhos das escravas expedidos em 23 de dezembro de 1876, 24 e 29 de janeiro de 1877.

195. *Relatorio apresentado à Assembléa Geral Legislativa na segunda sessão da decima sexta legislatura pelo Ministro e Secretario de Estado dos Negocios da Agricultura, Commercio e Obras Publicas Thomaz José Coelho de Almeida*, Rio de Janeiro, 1877, pp. 9-10 ("Educação de ingênuos") e 11-3 ("Matrícula de ingênuos...").

196. Ver, por exemplo, *Relatorio apresentado à Assembléa Geral Legislativa na primeira sessão da decima setima legislatura pelo Ministro e Secretario de Estado dos Negocios da Agricultura, Commercio e Obras Publicas João Lins Vieira Cansansão de Sinimbu*, Rio de Janeiro, Imprensa Industrial, 1878. Nesse relatório, no índice, vemos "Matrícula dos filhos de escravas..."; mais abaixo, porém, está "Educação de ingênuos". Da mesma forma, em aviso de 20 de março de 1878, em seis linhas, "filhos livres de mulher escrava" e "ingênuos" aparecem uma vez cada. Num golpe de vista, porém, vê-se que a prática predominante era usar a primeira expressão.

197. Conselho de Estado, pareceres, caixa 602, pacote 3, documento 75, AN.

198. *Relatorio apresentado à Assembléa Geral Legislativa na primeira sessão da decima setima legislatura pelo Ministro e Secretario de Estado dos Negocios da Agricultura, Commercio e Obras Publicas João Lins Vieira Cansansão de Sinimbu*, sem indicação de página.

199. Sessão de 30 de junho, *Annaes do Parlamento Brasileiro. Camara dos Senhores Deputados*, ano de 1871, tomo III, p. 230.

200. Ver, por exemplo, as sessões de 8 e 13 de maio, *Annaes do Parlamento Brazileiro. Camara dos Senhores Deputados*, ano de 1879, tomo I, pp. 56-65 e 122-3.

201. *Relatorio apresentado à Assembléa Geral Legislativa na primeira sessão da decima setima legislatura pelo Ministro e Secretario de Estado dos Negocios da Agricultura, Commercio e Obras Publicas João Lins Vieira Cansansão de Sinimbu*, p. 22.

202. *Relatorio apresentado à Assembléa Geral Legislativa na quarta sessão da decima oitava legislatura pelo Ministro e Secretario de Estado dos Negocios da Agricultura, Commercio e Obras Publicas Affonso Augusto Moreira Penna*, Rio de Janeiro, Typographia Nacional, 1884, pp. 184-5.

203. Conselho de Estado, pareceres, caixa 604, pacote 3, documento 72, AN.

204. Conselho de Estado, pareceres, seção de Agricultura, códice 783, volume 1 (1876-83), documento 2, AN. A outra consulta mencionada está em

Conselho de Estado, pareceres, caixa 602, pacote 3, documento 43, AN; esta era sobre "o requerimento em que o bacharel José Pereira do Nascimento da Matta pede autorização para organizar uma sociedade destinada a amparar e educar os filhos livres de mulher escrava".

205. Célia Maria Marinho de Azevedo, *Onda negra, medo branco. O negro no imaginário das elites — século XIX*, Rio de Janeiro, Paz e Terra, 1987.

206. Conselho de Estado, pareceres, caixa 602, pacote 3, documento 77, AN; sobre o mesmo assunto, Conselho de Estado, pareceres, seção de Agricultura, códice 783, volume 1 (1876-83), documento 27, AN.

207. *Annexos ao relatorio apresentado à Assembléa Geral na terceira sessão da decima setima legislatura pelo Ministro e Secretario de Estado dos Negocios da Agricultura, Commercio e Obras Publicas Manoel Buarque de Macedo*, Rio de Janeiro, Typographia Nacional, 1880, p. 20.

208. Sobre a repercussão na imprensa, ver Hélio de Seixas Guimarães, "Os leitores de Machado de Assis. O romance machadiano e o público de literatura no século 19", tese de doutorado em Teoria e História Literária, Unicamp, 2001, pp. 53-5.

209. Machado de Assis, "História de 15 dias", em Afrânio Coutinho (org.), *Machado de Assis: obra completa*, vol. III, pp. 343-6. Texto publicado originalmente na *Ilustração Brasileira*, segundo Galante de Sousa, *Bibliografia de Machado de Assis*, p. 491.

210. José Murilo de Carvalho, *A construção da ordem. A elite política imperial*, Rio de Janeiro, Campus, 1980, p. 65.

211. Sérgio Buarque de Holanda, *O Brasil monárquico. Do império à república*, p. 184.

212. Ibidem, pp. 189-91.

213. Segundo José Murilo de Carvalho, 100% dos parlamentares representavam o partido liberal na legislatura de 1878-81; *Teatro de sombras*, p. 153.

214. Para os debates sobre reforma constitucional, consultei *Annaes do Parlamento Brazileiro. Camara dos Senhores Deputados*, primeiro ano da décima sétima legislatura, sessão de 1878, tomo III, Rio de Janeiro, Typographia Nacional, 1879; idem, segundo ano da décima sétima legislatura, sessão de 1879, tomo I, Rio de Janeiro, Typographia Nacional, 1879; além disso, há o excelente capítulo de Sérgio Buarque de Holanda sobre o assunto, intitulado "Liberais contra liberais", op. cit., pp. 195-238.

215. Sérgio Buarque de Holanda, op. cit., pp. 202-3.

216. Durante discurso na sessão de 28 de maio de 1879, José Bonifácio pergunta: "Em um país como o nosso podeis esperar que em pouco tempo se aprenda a ler e por toda parte? Isto é sério?"; *Annaes da Camara dos Deputados*, sessão de 1879, tomo I, pp. 437-8.

217. *Annaes do Parlamento Brazileiro. Camara dos Senhores Deputados*, segundo ano da décima sétima legislatura, tomo I, pp. 408-9.

218. Sérgio Buarque de Holanda, op. cit., pp. 209 e 223.

219. Sessão de 28 de maio de 1879, em *Annaes do Parlamento Brazileiro. Camara dos Senhores Deputados*, segundo ano da décima sétima legislatura, tomo I, pp. 437-8.

220. Sobre a coincidência entre doença dos olhos, afastamento e início das *Memórias*, ver, por exemplo, Lúcia Miguel Pereira, *Machado de Assis* (*estudo crítico e biográfico*), 5ª ed., Rio de Janeiro, José Olympio, 1955, cap. XII.

221. Machado de Assis trabalhou sob o comando de Saldanha Marinho no *Diário do Rio de Janeiro*, órgão liberal "exaltado" na década de 1860; ver, por exemplo, Jean-Michel Massa, *A juventude de Machado de Assis, 1839-1870. Ensaio de biografia intelectual*, Rio de Janeiro, Civilização Brasileira, 1971, passim; e Marco Cícero Cavallini, "O *Diário* de Machado: a política do Segundo Reinado sob a pena de um jovem cronista liberal", dissertação de mestrado em História, Unicamp, 1999. Quanto a Joaquim Nabuco, no epistolário conhecido de Machado há registro de cartas apenas a partir de janeiro de 1882. As cartas, escritas depois da primeira vaga abolicionista e durante os dissabores que se seguiram para o próprio Nabuco, revelam clara simpatia política e sugerem que Machado acompanhava atentamente a atuação política do outro. Nabuco não conseguira reeleger-se deputado em 1881, ao que parece devido a suas ideias abolicionistas; estava exilado em Londres quando Machado lhe escreveu o seguinte, em maio de 1882: "Compreendo a sua nostalgia, e não menos compreendo a consolação que traz a ausência. Para nós, seus amigos, se alguma consolação há, é a têmpera que este exílio lhe há de dar, e a vantagem de não ser obrigado a uma luta vã ou a uma trégua voluntária. A sua hora há de vir. Tenho lido e aplaudido as suas correspondências. Ainda hoje vem uma, e vou lê-la depois que acabar esta carta, porque são nove horas da manhã, e a mala fecha-se às dez. E a minha opinião creio que é a de todos. [...] A impressão que V. me faz é a que faria (suponhamos) um grego dos bons tempos da Hélade no espírito desencantado de um budista. Com esta simples indicação, V. me compreenderá. Adeus, meu caro Nabuco. Você tem a mocidade, a fé e o futuro; a sua estrela há de luzir, para alegria dos seus amigos, e confusão dos seus invejosos. Um abraço do Amigo do coração M. de Assis". Afrânio Coutinho (org.), *Machado de Assis. Obra completa*, vol. III, p. 1037. As "correspondências" que Machado diz ler são provavelmente os artigos que Nabuco enviava de Londres para o *Jornal do Commercio*; ver Célio Ricardo Tasinafo, "A obra do presente e do futuro: alguns dos significados da proposta abolicionista/reformista de Joaquim Nabuco (1882-1884)", dissertação de mestrado em História, Unicamp, 2001. Ao publicar a coletânea *Papéis avulsos*, em novembro de 1882,

Machado incluiu a seguinte nota sobre o conto "A chinela turca": "Este conto foi publicado, pela primeira vez, na *Época* nº 1, de 14 de novembro de 1875. Trazia o pseudônimo de *Manassés*, com que assinei outros artigos daquela folha efêmera. O redator principal era um espírito eminente, que a política veio tomar às letras: Joaquim Nabuco. Posso dizê-lo sem indiscrição. Éramos poucos e amigos. O programa era não ter programa, como declarou o artigo inicial, ficando a cada redator plena liberdade de opinião, pela qual respondia exclusivamente. O tom (feita a natural reserva da parte de um colaborador) era elegante, literário, ático. A folha durou quatro números"; em *Machado de Assis. Obra completa*, vol. II, p. 364.

222. Alessandra Frota Martinez, "Educar e instruir: a instrução popular na Corte imperial — 1870 a 1889", dissertação de mestrado em História, Universidade Federal Fluminense, 1997, p. 62.

223. José Murilo de Carvalho, *A construção da ordem*, p. 65.

224. José Murilo de Carvalho, *Teatro de sombras*, p. 141.

225. Decreto nº 3029, de 9 de janeiro de 1881, que "Reforma a legislação eleitoral", na *Collecção das leis do imperio do Brazil*; as escaramuças estão todas em Sérgio Buarque de Holanda, op. cit. É verdade que leis eleitorais anteriores já exigiam que o eleitor assinasse o seu nome; o decreto de 1881, todavia, requeria que soubessem "ler e escrever". O cidadão provava essa condição "pela letra e assinatura" ao "requerer a sua inclusão no alistamento, uma vez que a letra e firma estejam reconhecidas por tabelião no requerimento que para este fim dirigir"; artigo oitavo.

226. Citado em Sérgio Buarque de Holanda, op. cit., p. 190.

227. Para melancolia e "caráter nacional brasileiro", ver Jefferson Cano, "Machado de Assis, historiador", em Sidney Chalhoub e Leonardo Affonso de Miranda Pereira (orgs.), *A História contada: capítulos de história social da literatura no Brasil*, Rio de Janeiro, Nova Fronteira, 1998, pp. 35-65. A citação da passagem de Capistrano de Abreu está nas pp. 45-6.

228. Sobre a "figuração do leitor" no romance machadiano, ver Hélio de Seixas Guimarães, "Os leitores de Machado de Assis. O romance machadiano e o público de literatura no século 19", tese de doutorado já citada.

229. O conto intitula-se "A Sereníssima República (conferência do cônego Vargas)"; foi publicado pela primeira vez na *Gazeta de Notícias*, em 20 de agosto de 1882, e logo incluído em *Papéis avulsos*. A nota mencionada é a seguinte: "Este escrito, publicado primeiro na *Gazeta de Notícias*, como outros do livro, é o único em que há um sentido restrito: — as nossas alternativas eleitorais. Creio que terão entendido isso mesmo, através da forma alegórica"; em *Machado de Assis. Obra completa*, vol. II, p. 366.

230. Num dos discursos mais importantes de todo o debate sobre a refor-

ma eleitoral, José Bonifácio dissera que "Esta soberania de gramáticos é um erro de sintaxe política"; Sérgio Buarque de Holanda, op. cit., p. 206.

231. *Annaes da Camara dos Deputados*, sessão de 1878, tomo III, pp. 191-6.

232. Robert Conrad, op. cit., p. 135.

233. Sessão de 8 de março de 1879; *Annaes*, sessão de 1878, tomo III, p. 312.

Fontes

1. PRINCIPAIS FONTES MANUSCRITAS CONSULTADAS (ARQUIVO NACIONAL, RIO DE JANEIRO, SALVO INDICAÇÃO EM CONTRÁRIO)

Ministério da Agricultura (Índice Boulier)

IA2-1 Secretaria de Agricultura, 3ª seção, registro de portarias e avisos sobre pessoal, 1876-89.

IA5-4 Ministério da Agricultura, 2ª seção, permissões diversas para exploração de ouro e outros minerais, em várias regiões; requerimentos, 1845-91.

IA5-5 Ministério da Agricultura, solicitações diversas para explorar ouro e outros minerais; exploração e solicitação de terras em várias localidades, 1864-90.

IA5-6 Ministério da Agricultura, diversos requerimentos, pedidos de permissão para explorações diversas: ouro e outros metais, cristais, minerais etc., 1866-89.

IA6-18 Ministério da Agricultura, Diretoria da Agricultura, 2ª seção, terras públicas, minutas de avisos e ofícios, 1888.

IA6-19 Ministério da Agricultura, Diretoria Central, 1ª seção, terras públicas, minutas, 1875.

IA6-20 Ministério da Agricultura, Diretoria da Agricultura, 2ª seção, terras públicas, 2º semestre, minutas, 1875.

IA6-22 Ministério da Agricultura, Diretoria da Agricultura, 2ª seção, terras públicas, avisos e ofícios, 1882.

IA6-23 Ministério da Agricultura, Diretoria da Agricultura, 2ª seção, terras públicas, portarias, circulares, ofícios (minutas), 1876.

IA6-24 Ministério da Agricultura, Diretoria da Agricultura, 2ª seção, terras públicas, 1885.

IA6-25 Ministério da Agricultura, Diretoria da Agricultura, 2ª seção, terras públicas, 1887.

IA6-26 Ministério da Agricultura, Diretoria da Agricultura, 2ª seção, terras públicas, minutas de avisos, ofícios, portarias e circulares, 1886.

IA6-27 Ministério da Agricultura, Diretoria da Agricultura, 2ª seção, terras públicas, minutas de avisos e ofícios, 1884.

IA6-28 Ministério da Agricultura, Diretoria da Agricultura, 2ª seção, terras públicas, minutas de ofícios e avisos, 1879.

IA6-29 Ministério da Agricultura, 2ª seção, terras públicas, minutas de avisos, ofícios e portarias, 1883.

IA6-30 Ministério da Agricultura, Diretoria da Agricultura, 2ª seção, terras públicas, minutas de avisos e ofícios, 1880.

IA6-31 Ministério da Agricultura, Diretoria da Agricultura, 2ª seção, terras públicas, minutas de avisos e ofícios, 1878.

IA6-163 Ministério da Agricultura, requerimentos diversos, solicitando permissão para explorações várias: chumbo, ouro e outros minerais; compra de terras para colonização etc., 1888-90.

IA6-164 Ministério da Agricultura, requerimentos diversos, solicitando permissão para explorações várias: chumbo, ouro e outros minerais, compra de terras para colonização, relações de imigrantes, informação da existência de jazidas de fosfatos e outras substâncias..., 1876-80.

IA6-173 Ministério da Agricultura, requerimentos diversos, solicitando permissão para explorações várias: chumbo, ouro e outros minerais; compra de terras para colonização, 1876-80.

Ministério da Agricultura, "Índice de Busca da Documentação Identificada" (Gifi)

Diretoria da Agricultura (1873-90) e Diretoria do Comércio (1890-92)

Maços:

1B-55

1B1-36

4B-13, 14, 16, 174, 176, 177
4I-59
5B-256
5E-373
5F-229, 262, 291, 292, 361, 464, 602,605
6D-60

Diretoria Central (1873-90)
1B-34, 35, 37, 65
1B1-5, 35, 106
2C-21
4B-13
4I-21
5D-150, 204, 206
5F-291, 602

Pareceres do Conselho de Estado

Códice 783, pareceres do Conselho de Estado, seção Agricultura, 1876-84.

Caixa 531, pacote 3, documento 46: Sociedade Beneficente da Nação Conga; parecer sobre estatutos (7 de maio de 1862).

Caixa 550, pacote 3, documento 37: Sociedade União Lotérica Cadeira de Ouro; parecer sobre estatutos (21 de março de 1871).

Caixa 552, pacote 2, documento 43: Associação Beneficente Socorro Mútuo dos Homens de Cor — Corte; parecer e consulta; estatutos (24/9/1874).

Caixa 552, pacote 2, documento 45: Sociedade de Beneficência da Nação Conga "Amiga da Consciência" — Corte; parecer e consulta; estatutos (24/9/1874).

Caixa 560, pacote 1, documento 11: Câmaras Municipais; parecer e consulta — projeto para a criação de uma caixa de emancipação de escravos (23/4/1883).

Caixa 599, pacote 3, documento 73: Sociedade Emancipadora 28 de Setembro — Libertação de escravos na Corte e Rio de Janeiro; parecer, aprovação de estatutos (1874).

Caixa 599, pacote 3, documento 83: terras públicas; parecer sobre questões de posses e sesmarias, prazos para interposição de recursos (1874).

Caixa 599, pacote 3, documento 90: generalidades, matrícula de escravos;

parecer sobre os escravos que não foram matriculados até 30/9/1873 por deficiência do serviço e sobre a marcação de novo prazo (9/12/1873).

Caixa 599, pacote 3, documento 91: idem (29/9/1874).

Caixa 600, pacote 3, documento 92: escravos; sobre pedido de correção de nome de escravo matriculado (22/6/1875).

Caixa 601, pacote 2, documento 31: terras públicas (4/3/1876).

Caixa 601, pacote 2, documento 32: terras públicas (7/6/1876).

Caixa 601, pacote 2, documento 33: terras públicas (18/3/1876).

Caixa 601, pacote 3, documento 82: escravos (7/8/1876).

Caixa 601, pacote 3, documento 83: escravos (14/8/1876).

Caixa 602, pacote 3, documento 42: escravos (26/2/1877).

Caixa 602, pacote 3, documento 43: escravos (26/2/1877).

Caixa 602, pacote 3, documento 44: escravos (26/2/1877).

Caixa 602, pacote 3, documento 75: escravos (11/6/1877).

Caixa 602, pacote 3, documento 76: escravos (25/10/1877).

Caixa 602, pacote 3, documento 77: escravos (novembro de 1877).

Caixa 603, pacote 3, documento 78: escravos (15/1/1878).

Caixa 603, pacote 3, documento 79: escravos (2/11/1878).

Caixa 603, pacote 3, documento 80: escravos (6/4/1878).

Caixa 604, pacote 3, documento 41: colonização, trabalhadores asiáticos (8/7/1880).

Caixa 604, pacote 3, documento 42: colonização (30/8/1880).

Caixa 604, pacote 3, documento 43: terras públicas (27/7/1880).

Caixa 604, pacote 3, documento 65: escravos (26/3/1880).

Caixa 604, pacote 3, documento 67: escravos (7/4/1880).

Caixa 604, pacote 3, documento 72: escravos (9/6/1880).

Caixa 605, pacote 3, documento 35: terras públicas (30/4/1881).

Caixa 605, pacote 3, documento 36: escravos (18/1/1881).

Caixa 605, pacote 3, documento 37: escravos (12/2/1881).

Caixa 610, pacote 1, documento 18: escravos (30/5/1887).

Caixa 611, pacote 1, documento 58: Sociedade de Beneficência da nação Conga "Amiga da Consciência" (24/9/1874).

Caixa 611, pacote 1, documento 60: Associação Beneficente Socorro Mútuo dos Homens de Cor, estatutos (24/9/1874).

Outros

Códice 43-1-29, Estatísticas das Estalagens, Agência de Santana, 1894, Arquivo Geral da Cidade do Rio de Janeiro.

IS4-32, Ministério do Império/Junta Central de Higiene Pública, ofícios e documentos diversos, 1879, Arquivo Nacional.

"Planta da Cidade do Rio de Janeiro, reduzida e desenhada por José Ribeiro da Fonseca Silvares, 1882", Arquivo Geral da Cidade do Rio de Janeiro.

2. PRINCIPAIS FONTES IMPRESSAS CONSULTADAS

Relatórios Ministeriais

Relatórios do Ministério da Agricultura (consultados em microfilme no Arquivo Nacional, Rio de Janeiro; identificação precisa de cada volume citado encontra-se nas notas referentes ao capítulo 4):

Ano de 1871, rolo 028.10-80
Anos de 1871-72, rolo 028.11-80
Ano de 1873, rolos 028.12-80, 028.13-80
Ano de 1874, rolo 028.14-80
Ano de 1876, rolos 028.16-80, 028.17-80, 028.18-80
Ano de 1877, rolo 028.19-80
Ano de 1878, rolo 028.20-80
Ano de 1879, rolo 028.21-80
Ano de 1881, rolos 028.22-80, 028.23-80, 028.24-80
Anos de 1882-83, rolo 028.25-80
Ano de 1884, rolo 028.26-80
Ano de 1885, rolos 028.27-80, 028.28-80
Ano de 1886, rolo 028.29-80
Ano de 1887, rolos 028.30-80, 028.31-80
Anos de 1888-89, rolos 028.32-80, 028.33-80

Anais Parlamentares, Legislação

Annaes do Parlamento Brazileiro. Camara dos Senhores Deputados, anos de 1871, 1878, 1879.

Annaes do Senado do Imperio do Brazil, ano de 1871.

Colleção das leis do Imperio do Brazil (identificação precisa das leis e decretos consultados encontra-se nas notas referentes ao capítulo 4).

"Constituição política do Império do Brasil", em Campanhole, Adriano e Campanhole, Hilton (orgs.), *Constituições do Brasil*, 4ª ed., São Paulo, Atlas, 1979.

Elemento servil: parecer e projeto de lei apresentados à Camara dos Srs. Deputados na sessão de 16 de agosto de 1870 pela comissão especial nomeada pela mesma Camara em 24 de maio de 1870, Rio de Janeiro, Typographia Nacional, 1870.

Mafra, Manuel da Silva, *Promptuario das leis de manumissão; ou, Indice alphabetico das disposições da Lei nº 2040 de 28 de setembro de 1871, regulamentos nº 4835 de 1º de dezembro de 1872, nº 4960 de 8 de março de 1872, nº 6341 de 20 de setembro de 1876, e avisos do ministério da Agricultura, Commercio e Obras Publicas, Tribunal de Justiça...*, Rio de Janeiro, Typographia Nacional, 1877.

Pareceres do Conselho de Estado no ano de 1868 relativos ao elemento servil, Rio de Janeiro, Typographia Nacional, 1871.

Terras, Ministério da Agricultura, compilação para estudo, Rio de Janeiro, Imprensa Nacional, 1886, 43 pp. "Feita por ordem de Antônio da Silva Prado, ministro da Agricultura, Com. e Ob. Públ. por Machado de Assis, chefe de seção".

Veiga, Luiz Francisco da, *Livro do estado servil e respectiva libertação contendo a lei de 28 de setembro de 1871 e os decretos e avisos expedidos pelos ministérios da Agricultura, Fazenda, Justiça, Império e Guerra desde aquela data até 31 de dezembro de 1875 precedido dos atos legislativos e executivos, em benefício da liberdade, anteriores à referida lei*, Rio de Janeiro, Typographia Nacional, 1876.

Textos Políticos

Bueno, José Antônio Pimenta, *Trabalho sobre a extinção da escravatura no Brasil*, Rio de Janeiro, Typographia Nacional, 1868.

Malheiro, Perdigão, *A escravidão no Brasil: ensaio histórico, jurídico, social*, Petrópolis, Vozes/INL, 1976, 2 vols.

Nabuco, Joaquim, *Um estadista do Império*, Rio de Janeiro, Nova Aguilar, 1975.

Nabuco, Joaquim, *O abolicionismo*, Petrópolis, Vozes, 1977.

Rocha, Justiniano José da, "Ação, reação, transação", em Raymundo Magalhães Júnior, *Três panfletários do Segundo Reinado*, São Paulo, Companhia Editora Nacional, 1956.

Silva, José Bonifácio de Andrada e, "Representação à Assembleia Geral Constituinte e Legislativa do Império do Brasil sobre a escravatura", Salgado, Graça (org.), *Memórias sobre a escravidão*, Rio de Janeiro, Arquivo Nacional, 1988.

Romances e Outros

Alencar, José de, *O tronco do ipê*, São Paulo, Ática, 1993.

Alencar, José de, *Til*, São Paulo, Ática, 1980.

Carvalho, Elysio de, "Gíria dos gatunos cariocas (vocabulário organizado para os alumnos da escola de polícia)", *Boletim Policial*, nºs 4, 5 e 6, 1912, pp. 168-81.

Machado de Assis: obra completa, organização de Afrânio Coutinho, Rio de Janeiro, Nova Aguilar, 1986, 3 vols.

Machado de Assis, *BONS DIAS! Crônicas (1888-1889)*, organização e notas de John Gledson, São Paulo e Campinas, Hucitec e Editora da Unicamp, 1990.

Machado de Assis, *A Semana*, organização e notas de John Gledson, São Paulo, Editora Hucitec, 1996.

Macedo, Joaquim Manoel de, *As victimas-algozes. Quadros da escravidão*, Rio de Janeiro, Typ. Americana, 1869, 2 vols.

Macedo, Joaquim Manoel de, *Memórias do sobrinho de meu tio*, São Paulo, Companhia das Letras, 1995.

Martins Pena, *Comédias*, Rio de Janeiro, Ediouro, s.d.

Voltaire, *Cândido ou o otimismo*, Rio de Janeiro e São Paulo, Ediouro e Publifolha, 1998.

Wallace, Alfred, *La seléction naturelle*, Paris, C. Reinwald et Cie., Libraires-Éditeurs, 1872.

Bibliografia

AZEVEDO, Célia Maria Marinho de, *Onda negra, medo branco. O negro no imaginário das elites — século XIX*, Rio de Janeiro, Paz e Terra, 1987.

AZEVEDO, Elciene, *Orfeu de carapinha: a trajetória de Luiz Gama na imperial cidade de São Paulo*, Campinas, Editora da Unicamp, 1999.

BATALHA, Cláudio H. de M., "Sociedades de trabalhadores no Rio de Janeiro do século XIX: algumas reflexões em torno da formação da classe operária", *Cadernos AEL*, vol. 6, n°s 10/11, 1999, pp. 43-68.

BERNARDINI, Jean-Marc, *Le darwnisme social en France (1859-1918)*, Paris, CNRS, 1997.

BLACKBURN, Robin, *The overthrow of colonial slavery: 1776-1848*, Londres, Verso, 1988.

BORGES, Dain, "'Puffy, ugly, slothful and inert': degeneration in Brazilian social thought, 1880-1940", *Journal of Latin American Studies*, vol. 25, nº 2, pp. 235-56.

BOSI, Alfredo, *Dialética da colonização*, São Paulo, Companhia das Letras, 1993.

BOURDIEU, Pierre, *As regras da arte. Gênese e estrutura do campo literário*, São Paulo, Companhia das Letras, 1996.

CALDWELL, Helen, *The Brazilian Othello of Machado de Assis*, Berkeley, University of California Press, 1960.

CANDIDO, Antonio, *Formação da literatura brasileira (momentos decisivos)*, 5ª ed., São Paulo/Belo Horizonte, Edusp/Itatiaia, vol. 2 (1836-80), 1975.

CANDIDO, Antonio, *O discurso e a cidade*, São Paulo, Duas Cidades, 1993.

_________ et al., *A crônica: o gênero, sua fixação e suas transformações no Brasil*, Campinas/Rio de Janeiro, Editora da Unicamp/Fundação Casa de Rui Barbosa, 1992.

CANO, Jefferson, "O fardo dos homens de letras: o 'orbe literário' e a construção do império brasileiro", tese de doutorado em História, Unicamp, 2001.

CARRARA, Sérgio, *Tributo a Vênus: a luta contra a sífilis no Brasil, da passagem do século aos anos 40*, Rio de Janeiro, Fiocruz, 1996.

CARVALHO, José Murilo de, *Teatro de sombras: a política imperial*, São Paulo, Edições Vértice, 1988.

_________, *A construção da ordem. A elite política imperial*, Rio de Janeiro, Campus, 1980.

CASTRO, Hebe Maria Mattos de, *Das cores do silêncio: os significados da liberdade no sudeste escravista — Brasil, século XIX*, Rio de Janeiro, Arquivo Nacional, 1995.

CAVALLINI, Marco Cícero, "O *Diário* de Machado: a política do Segundo Reinado sob a pena de um jovem cronista liberal", dissertação de mestrado em História, Unicamp, 1999.

CHALHOUB, Sidney, *Cidade febril: cortiços e epidemias na Corte Imperial*, São Paulo, Companhia das Letras, 1996.

_________, *Visões da liberdade: uma história das últimas décadas da escravidão na Corte*, São Paulo, Companhia das Letras, 1990.

_________, "What are noses for? Paternalism, social darwinism and race science in Machado de Assis", *Journal of Latin American Cultural Studies*, Londres, vol. 10, nº 2, 2001, pp. 171-91.

_________, "Machado de Assis e a política emancipacionista", *Anais da Biblioteca Nacional*, Rio de Janeiro, vol. 116, 1996 (publicado em 1999), pp. 123-32.

_________, "A história nas histórias de Machado de Assis: uma interpretação de *Helena*", *Revista do Departamento de História*, Fafich/UFMG, Belo Horizonte, julho de 1992, pp. 19-43.

_________, e Pereira, Leonardo Affonso de Miranda, *A História contada: capítulos de história social da literatura no Brasil*, Rio de Janeiro, Nova Fronteira, 1998.

CLARK, Linda, *Social darwinism in France*, University of Alabama Press, 1984.

COLLICHIO, Terezinha, *Miranda Azevedo e o darwinismo no Brasil*, Belo Horizonte /São Paulo, Itatiaia /Edusp, 1988.

CONRAD, Robert, *Children of God's fire: a documentary history of black slavery in Brazil*, University Park, The Pennsylvania State University Press, 1994.

_________, *The destruction of Brazilian slavery: 1850-1888*, Berkeley, University of California Press, 1972.

COSTA, João Cruz, *Contribuição à história das ideias no Brasil*, Rio de Janeiro, Livraria José Olympio, 1956.

COSTA, Tânia Rabelo, *Joaquim Manoel de Macedo ou os dois Macedos: a luneta mágica do Segundo Reinado*, Rio de Janeiro, Fundação Biblioteca Nacional, 1994.

CROOK, Paul, *Darwinism, war and history: the debate over the biology of war from the 'Origins of species' to the First World War*, Cambridge, Cambridge University Press, 1994.

CROSBY, Alfred, *The Columbian exchange: biological and cultural consequences of 1492*, Westport, Greenwood Publications, 1972.

DAVIS, David Brion, *The problem of slavery in the age of revolution: 1770-1823*, Ithaca, Cornell University Press, 1975.

FAORO, Raymundo, *Machado de Assis: a pirâmide e o trapézio*, São Paulo, Companhia Editora Nacional, 1974.

FONSECA, Gondin da, *Machado de Assis e o hipopótamo*, Rio de Janeiro, Livraria São José, 1974.

FONSECA, Marcus Vinícius, *A educação dos negros: uma nova face do processo de abolição da escravidão no Brasil*, Bragança Paulista, Edusf, 2002.

FREITAS, Judy Bieber, "Slavery and social life: attempts to reduce free people to slavery in the Sertão Mineiro, Brazil, 1850-1871", *Journal of Latin American Studies*, Londres, vol. 26, nº 3, outubro de 1994, pp. 597-619.

GENOVESE, Eugene, *Roll, Jordan, Roll. The world the slaves made*, Nova York, Randon House, 1974.

GILMAN, Sander L., *Making the body beautiful: a cultural history of aesthetic surgery*, Princeton, Princeton University Press, 1999.

GLEDSON, John, *Machado de Assis: impostura e realismo. Uma reinterpretação de* Dom Casmurro, São Paulo, Companhia das Letras, 1991.

________, (introdução e notas), *Machado de Assis: BONS DIAS!*, São Paulo, Editora da Unicamp/Hucitec 1990.

________, *Machado de Assis: ficção e história*, Rio de Janeiro, Paz e Terra, 1986.

________, *The deceptive realism of Machado de Assis: a dissenting interpretation of* Dom Casmurro, Liverpool, Francis Cairns, 1984.

GRAHAM, Richard, *Patronage and politics in nineteenth-century Brazil*, Stanford, Stanford University Press, 1990.

________ (org.), *Machado de Assis: reflections on a Brazilian master writer*, Austin, The University of Texas Press, 1999.

GRINBERG, Keila, *Liberata: a lei da ambiguidade. As ações de liberdade na Corte de Apelação do Rio de Janeiro*, Rio de Janeiro, Relume Dumará, 1994.

GUIMARÃES, Hélio de Seixas, "Os leitores de Machado de Assis. O romance machadiano e o público de literatura no século 19", tese de doutorado em Teoria e História Literária, Unicamp, 2001.

HAWKINS, Mike, *Social darwinism in European and American thought: 1860--1945*, Cambridge, Cambridge University Press, 1997.

HOFSTADTER, Richard, *Social darwinism in American thought*, Boston, Beacon Press, 1992 (1ª ed.: 1944).

HOLANDA, Sérgio Buarque de, *O Brasil monárquico. Do império à república*, 2ª ed., coleção História Geral da Civilização Brasileira, Rio de Janeiro e São Paulo, Difel, 1977, tomo II, vol. 5.

HOLT, Thomas C., *The problem of freedom: race, labor, and politics in Jamaica and Britain, 1832-1938*, Baltimore, The Johns Hopkins University Press, 1992.

JESUS, Ronaldo Pereira de, "O povo e a monarquia: a apropriação da imagem do imperador e do regime monárquico entre a gente comum da Corte (1870-1889)", tese de doutorado em História, USP, 2001.

JOBIM, José Luís (org.), *A biblioteca de Machado de Assis*, Rio de Janeiro, Topbooks, 2001.

"Machado de Assis: um debate. Conversa com Roberto Schwarz", *Novos Estudos*, Cebrap, nº 29, março de 1991.

MAGALHÃES JÚNIOR, Raimundo, *Vida e obra de Machado de Assis*, Rio de Janeiro, Civilização Brasileira/INL, 1981, 5 vols.

________, *Machado de Assis desconhecido*, São Paulo, Livros Irradiantes, 1971.

________, *Machado de Assis, funcionário público* (*No Império e na República*), Rio de Janeiro, Ministério da Viação e Obras Públicas, 1958.

MARQUES, Vera Beltrão, *A medicalização da raça: médicos, educadores e discurso eugênico*, Campinas, Editora da Unicamp, 1994.

MARTINEZ, Alessandra Frota, "Educar e instruir: a instrução popular na Corte imperial — 1870 a 1889", dissertação de mestrado em História, Universidade Federal Fluminense, 1997.

MASSA, Jean-Michel, *A juventude de Machado de Assis* (*1839-1870*). *Ensaio de biografia intelectual*, Rio de Janeiro, Civilização Brasileira, 1971.

________, "La bibliothèque de Machado de Assis", *Revista do Livro*, 6 (21-22), 1961, pp. 195-238.

MATTOS, Ilmar Rohloff de, *O tempo saquarema*, São Paulo, Hucitec/Instituto Nacional do Livro, 1987 (3ª ed.: Rio de Janeiro, Access, 1994).

MENDONÇA, Joseli Nunes, *Entre a mão e os anéis: a lei de 1885 e os caminhos da liberdade*, Campinas, Editora da Unicamp, 1999.

MENEZES, Raimundo de, *José de Alencar: literato e político*, Rio de Janeiro, Livros Técnicos e Científicos, 1977.

MEYER, Marlyse, *As mil faces de um herói canalha e outros ensaios*, Rio de Janeiro, Editora da UFRJ, 1998.

MOREIRA, Paulo Roberto Staudt, "Os cativos e os homens de bem. Práticas e representações sobre cativeiro e liberdade em Porto Alegre na segunda metade do século XIX (1858-1888)", tese de doutorado em História, UFRGS, 2001.

MOTTA, Márcia Maria Menendes, *Nas fronteiras do poder: conflito e direito à terra no Brasil do século XIX*, Rio de Janeiro, Vício de Leitura e Arquivo Público do Estado do Rio de Janeiro, 1998.

NEQUETE, Lenine, *Escravos & magistrados no Segundo Reinado*, Brasília, Fundação Petrôneo Portella, 1988.

PENA, Eduardo Spiller, *Pajens da Casa Imperial: jurisconsultos e escravidão no Brasil imperial*, Campinas, Editora da Unicamp, 2001.

PEREIRA, Astrojildo, *Machado de Assis: ensaios e apontamentos avulsos*, Belo Horizonte, Oficina de Livros, 1991.

PEREIRA, Leonardo Affonso de Miranda, *O carnaval das letras*, Rio de Janeiro, Secretaria Municipal de Cultura, 1994.

PEREIRA, Lúcia Miguel, *Machado de Assis (estudo crítico e biográfico)*, Rio de Janeiro, José Olympio, 1955.

REGO, Enylton José de Sá, *O calundu e a panaceia. Machado de Assis, a sátira menipeia e a tradição luciânica*, Rio de Janeiro, Forense Universitária, 1989.

RODRIGUES, Jaime, *O infame comércio: propostas e experiências no final do tráfico africano para o Brasil (1800-1850)*, Campinas, Editora da Unicamp, 2000.

SAMPAIO, Gabriela dos Reis, "A história do feiticeiro Juca Rosa: cultura e relações sociais no Rio de Janeiro imperial", tese de doutorado em História, Unicamp, 2000.

SANTIAGO, Silviano, "Retórica da verossimilhança", em *Uma literatura nos trópicos*, São Paulo, Perspectiva, 1978, pp. 29-48.

SCHWARCZ, Lilia Moritz, *O espetáculo das raças: cientistas, instituições e questão racial no Brasil, 1870-1930*, São Paulo, Companhia das Letras, 1993.

SCHWARZ, Roberto, *Duas meninas*, São Paulo, Companhia das Letras, 1997.

_________, *Um mestre na periferia do capitalismo: Machado de Assis*, São Paulo, Duas Cidades, 1990.

_________, *Ao vencedor as batatas: forma literária e processo social nos inícios do romance brasileiro*, São Paulo, Duas Cidades, 1981.

_________, "A poesia envenenada de *Dom Casmurro*", *Novos Estudos*, Cebrap, nº 29, março de 1991, pp. 85-97.

SCOTT, James C., *Domination and the arts of resistance: hidden transcripts*, New Haven e Londres, Yale University Press, 1990.

SCOTT, Rebecca, *Slave emancipation in Cuba: the transition to free labor, 1860-1899*, Princeton, Princeton University Press, 1985.

SCOTT, Rebecca, "Exploring the meaning of freedom: post-emancipation societies in comparative perspective", *Hispanic American Historic Review*, agosto de 1988.

SILVA, Silvia Cristina Martins de Souza e, "Ideias encenadas: uma interpretação de *O demônio familiar*, de José de Alencar", dissertação de mestrado em História, Unicamp, 1996.

SKIDMORE, Thomas E., *Preto no branco: raça e nacionalidade no pensamento brasileiro*, Rio de Janeiro, Paz e Terra, 1976.

SLENES, Robert, *Na senzala, uma flor*, Rio de Janeiro, Nova Fronteira, 1999.

SOUSA, José Galante de, *Bibliografia de Machado de Assis*, Rio de Janeiro, INL, 1955.

_________, *Fontes para o estudo de Machado de Assis (1857-1957)*, Rio de Janeiro, INL, 1958.

SPIEGEL, Gabrielle M., "History, historicism, and the social logic of the text in the Middle Ages", *Speculum: A Journal of Medieval Studies*, vol. 65, nº 1, janeiro de 1990, pp. 59-86.

STEPAN, Nancy, *"The hour of eugenics": race, gender and nation in Latin America*, Ithaca e Londres, Cornell University Press, 1991.

_________, *The idea of race in science: Great Britain, 1800-1960*, Londres, Macmillan, 1982.

SÜSSEKIND, Flora, "*As vítimas-algozes* e o imaginário do medo", introdução a Joaquim Manoel de Macedo, *As vítimas-algozes: quadros da escravidão*, São Paulo, Scipione/Fundação Casa de Rui Barbosa, 1991.

TASINAFO, Célio Ricardo, "A obra do presente e do futuro: alguns dos significados da proposta abolicionista/reformista de Joaquim Nabuco (1882--1884)", dissertação de mestrado em História, Unicamp, 2001.

THOMPSON, E. P., *Customs in common: studies in traditional popular culture*, Nova York, The New Press, 1993.

_________, *A formação da classe operária inglesa*, Rio de Janeiro, Paz e Terra, 1987.

TRAUTMANN, Thomas, *Aryans and British India*, Berkeley, University of California Press, 1997.

TREECE, David, *Exiles, allies and rebels: Brazil's indianist movement, indigenist politics, and the imperial nation-state*, Westport, Greenwood Press, 2000.

VENTURA, Roberto, *Estilo tropical: história cultural e polêmicas literárias no Brasil*, São Paulo, Companhia das Letras, 1991.

Índice remissivo

1ª EDIÇÃO [2003]

ESTA OBRA FOI COMPOSTA EM MINION POR ACQUA ESTÚDIO
E IMPRESSA PELA UMLIVRO EM PROCESSO DE IMPRESSÃO SOB DEMANDA
SOBRE PAPEL POLÉN SOFT DA SUZANO PAPEL E CELULOSE
PARA A EDITORA SCHWARCZ A PARTIR DE ABRIL DE 2019